개정 4판

문헌정보학이란 무엇인가

문헌정보학이란 무엇인가

Introduction to Library & Information Science

이종권

문현

  정보사회가 빠르게 발전하고 있습니다. 전통사회에서도 10년이면 강산도 변한다는 말이 있었는데, 오늘 같은 정보사회는 1년이 다르게, 그것도 급속도로 변화하고 있습니다. 하지만 아무리 변화의 속도가 빠르다 해도 인류문명의 뿌리가 송두리째 변하는 건 아니라는 데서 우리는 정신을 차릴 수 있습니다. 필자가 문헌정보학에 입문한 지 벌써 35년, 그리고 이 책 초판을 낸 지도 12년이 지났습니다. 2008년과 2012년 두 차례 개정했지만, 그 후 또 7년이 지나니 새로운 세대에 알맞게 개정할 필요성이 절실해졌습니다. 이 책은 문헌정보학에 뜻을 품는 신세대 독자들의 꾸준한 관심으로 12년 이상 장수를 누리고 있습니다. 절판할 수 없는 이유입니다.

  이번 개정에서도 책의 기본적인 역사적 골격은 유지하면서 우리 사회 도서관 및 문헌정보학계의 변화를 대폭 담았습니다. 1장부터 5장까지는 그간의 우리 도서관 사회의 변화를 반영하여 적절히 가감하였으며, 6장과 7장은 완전 새로운 내용으로 교체하였습니다. 앞으로도 이 책이 한국 문헌정보학의 문을 여는 좋은 열쇠가 되기를 기대해봅니다.

2019년 1월 한밭에서

이종권 拜

개정 2판이 나온 지 4년이라는 세월이 훌쩍 지나갔다. 그동안 이 책은 문헌정보학에 입문하고자 하는 학생들과 도서관에 대하여 알고자 하는 시민들의 뜨거운 관심으로 절판을 면하면서 서점의 한 모퉁이를 계속 지키고 있었다. 대학 입학을 앞둔 고3 학생들이 전공 선택을 어떻게 할지, 문헌정보학과가 무엇을 하는 학과인지 모를 때, 진학지도 선생님들이 학생들로부터 문헌정보학과가 무엇을 가르치는 학과인지 질문을 받을 때 딱히 구체적인 정보가 없는 상태에서 이 책이 그나마 친근한 안내서가 되었는지도 모른다.

그런데 세월은 가고, 세상은 계속 변화하고 있다. 지구촌은 해마다 모든 것이 변화하고 있는데 이 책 초판이 나온 지 벌써 5년이나 되었으니 고쳐야할 부분이 많이 생기게 되었다. 그래서 초판과 개정 2판을 검토하고 그동안 변화된 도서관의 환경과 상황, 그리고 필자의 체험과 연구 및 생각의 진전을 반영하여 개정 3판을 내기로 마음을 굳히게 되었다. 초판과 개정 2판에서 미숙했던 여러 가지 표현과 문구를 다듬고 장절을 가감함을 물론 새로운 글들을 많이 추가하였다.

이 책은 문헌정보학의 전체적인 윤곽을 필자의 연구, 강의, 체험을 곁들여 설명한 것이다. 제1장 "문헌정보학의 탄생"에서는 문헌정보학이 성립되게 된 역사적 맥락과 오늘의 디지털 문명을 개관하였고, 제2장 "도서관, 문명의 산실"에서는 도서관의 문명사적 역할을 서양과 우리나라를 중심으로 살펴보았다. 제3장 "우리나라 도서관의 종류와 현황"에서는 2012년 현재 우리 도서관의 실상을 소개하였고, 제4장 "전공과목 오리엔테이션"에서는 대학의 문헌정보학과에서 다루고 있는 세부 전공과목들에 대하여 알기 쉽게 안내하였으며, 제5장 "우리나라 문헌정보학 교육"에서는 우리 문헌정보학 교육의 역사를 요약하고 발전 방향을 제시하였다. 제6장 "도서관 밖 문헌정보학 특강"에서는 필자가 외부의 초청을 받아 강의한 특강자료들을 그대로 올려 도서관이 사회와 고립되어 있지 않다는 사실을 보여주고자 했다. 제7장 "문헌정보학 칼럼"은 도서관 관련 월간지에 연재했던 도서관 정책칼럼 및 도서관과 사회와의 융합을 위해 고심한 글들을 소개하였다. 제8장 "나의 문헌정보학적 세상읽기"는 문헌정보학자로 살아오면서 느낀 여러 가지 단상들이다.

필자는 이 책 전체에 걸쳐 독자들이 도서관과 문헌정보학의 윤곽을 파악할 수 있도록 핵심적인 내용들을 알기 쉽고 재미있게 설명하려고 노력했다. 그러나 이 책은 대학의 교양과정 이상의 수준이라고 자부한다. 아무쪼록 이 책이 문헌정보학에 입문하려는 학생들, 진학지도 선생님들, 그리고 정보문명사회의 교양을 넓히고자 하는 대학생들과 시민들에게 문헌정보학의 문을 여는 좋은 열쇠가 되기를 바란다.

이참에 출판사를 '도서출판 문현'으로 바꿨다. 언제나 좋은 책을 만들어 주시는 '도서출판 문현'의 한신규 대표께 진심으로 감사드린다.

2012년 10월 3일 하늘이 열린 날

서울 문정작은도서관 아카데미 연구실에서

이 종 권 拜

초판을 낸 지 1년이 다 되어간다. 원래 이 책의 편찬 의도는 문헌정보학을 처음 접하는 학생들과 일반시민들에게 문헌정보학의 전반적인 내용을 소개하기 위한 것이었다. 이러한 전공분야의 안내를 통해서 문헌정보학에 입문하고자 하는 학생들에게는 전공 선택의 길잡이로서, 일반시민들에게는 도서관을 좀 더 친숙하게 다가갈 수 있는 반려자로서의 역할을 기대했던 것이다.

그래서 그런지 독자들의 호응이 꾀 있었던 것 같다. 초판이 이제 거의 소진되었으므로 재인쇄를 할 것인지, 개정을 할 것인지를 결정해야 할 시기가 왔다. 그래서 여러 날 고심한 끝에 그대로 다시 인쇄하는 것보다는 고칠 것, 추가할 것, 빼낼 것을 검토하여 소폭이나마 개정판을 내기로 했다. 세월은 가는데 책도 좀 참신하게 변하는 모습을 보이는 것이 독자에 대한 예의라고 생각되었기 때문이다. 따라서 전체적인 내용은 초판과 거의 같다. 다만 "사서교사의 독서 논술지도능력 제고방안"과 "교육의 뿌리, 가정"이라는 글을 추가하고, 규장각 부분에서 조선왕조실록 번역 인용문과 학교도서관 부분에서 연도가 오래지난 학생 리포트 샘플, 그리고 맨 마지막의 뻐꾸기에 관한 인용 시 등을 삭제하였다.

아무쪼록 이 책이 계속해서 대학생들의 전공 선택과 시민들의 도서관 활용에 조금이라도 도움이 되기를 바라며 혹 이 책이나 문헌정보학에 대하여 의문사항이나 문의사항이 있을 경우, 저자의 이메일 또는 블로그를 통하여 질문을 주시면 성실히 답을 드릴 것을 약속한다.

이메일 : 450345@hanmail.net

블로그 : http://bellpower.tistory.com

2008년 2월 29일

一山閑房에서

이종권 拜

인류가 말과 문자를 창안한 이래 책과 도서관은 문명의 총명한 아들과 딸로 태어났다. 이들 책과 도서관은 무럭무럭 자라나 새 문명을 경작하고, 확대 재생산함으로써 인류문명은 오늘날 사통팔달의 '정보문명'으로 거듭 태어나고 있다. 세계의 역사를 통해서 볼 때 문명발전의 한 가운데에는 언제나 책과 도서관이 있었음을 확인할 수 있다. 그런데도 오늘 우리의 인식은 책과 도서관의 문명사적 역할을 바로 정립하지 못한 채 하루하루를 쫓기 듯 살아가는 것 같다. 일반인들은 문헌정보학이 무엇을 하는 학문인지를 별로 알려고 하지 않으며, 문헌정보학과를 전에 인기 없던 '도서관학과'의 개명된 명칭 정도로 생각하는 경우가 많은 것 같다. 우리는 물과 공기의 소중함을 망각하듯 책과 도서관의 본질과 중요성을 망각하고 있는 것은 아닐까? 이제 더욱 균형 있는 정보문명을 이룩하기 위해서는 시민 누구나 문헌정보학에 대한 기초적 이해를 가질 필요가 있다고 생각한다. 어떤 학문을 하든 문헌정보를 가지고 하며, 어떤 일을 하든 문헌정보 없이는 불가능하기 때문에 문헌정보와 도서관에 대한 기본적 소양은 현대인에게 필수적으로 요청되는 것이다.

이 책은 일반시민은 물론 대학생들에게 도서관과 문헌정보학을 알기 쉽게 접근할 수 있도록 다리를 놓아주기 위해 편찬한 것이다. 전체 학문과 문헌정보학, 그리고 문헌정보학의 각 영역들에 대하여 창문을 열어 보임으로써 그 속의 전반적인 모습을 파악하고 일상생활 속에서 문헌정보학이 어떻게 유용할 수 있는지를 느끼도록 하기 위한 것이다. 필자는 문헌정보학도로서 20여년을 실무와 연구 및 교육에 참여하고 있지만 아직 문헌정보학에 달통한 사람은 못된다. 그러나 도서관과 문헌정보학의 선험자로서 지난 세월동안 고민하고, 체험하고, 느낀 바를 솔직하게 털어놓음으로써 일반 시민과 학생들에게 문헌정보학의 스케일과 묘미를 느낄 수 있도록 안내하고자 하는 것이다.

　문헌정보학의 정체성正體性에 대해서는 다른 학문분야에서는 아직 의문이 있을 수 있다. 그러나 문헌정보는 역사적으로 문명사회의 기반이 되기 때문에 문헌정보를 대상으로 연구하는 문헌정보학은 세계의 거의 모든 나라에서 기초학문으로 자리 잡고 있다. 문헌정보학은 인문학적인 요소와 사회과학적 요소 그리고 과학기술적인 요소를 두루 포함하고 있다. 따라서 문헌정보학은 요즘 논의되기 시작한 '통섭의 학'이라 할만하다. 문헌정보학은 모든 학문의 기반이 되는 도구적 학문이기에 이에 대한 이해를 넓힐 때 다른 학문도 더 번창할 수 있다.

　여기에 쓴 글들은 오랫동안 생각한 것도 있고, 생활 속에서 느끼며 써 두었던 단상도 있다. 또한 강의를 위해 교과서 같이 쓴 것도 있고, 가벼운 유머와 수필도 있다. 또 군 장병 및 직장인을 대상으로 한 서툰 인생 강좌도 있다. 필자는 인간다운 인간, 인간다운 학문, 인간다운 교육을 위해 '인간적 도서관'을 꿈꾼다. 이 책은 이러한 생각의 내포內包와 외연外延 이다.

끝으로 아무것도 모르던 독학생獨學生 필자에게 문헌정보학이라는 좋은 학문의 길을 열어주신 고산古山 천혜봉 교수님, 창사蒼史 이춘희 교수님, 석천石泉 권기원 교수님께 진심으로 감사드리며, 고故 백암白巖 최성진 교수님의 영전에 삼가 머리 숙여 이 미진한 책을 바친다.

2007년 2월 22일

이 종 권 拜

차례

제1장　문헌정보학의 탄생

제2장　도서관, 문명의 산실

제3장　우리나라 도서관의 종류와 현황

제5장 우리나라 문헌정보학 교육

제6장 도서관과 출판의 역사와 미래

제7장 도서관 정책칼럼

제8장 나의 문헌정보학적 세상읽기

문헌정보학의 탄생

1. 문명의 탄생과 도서관

인류의 탄생과 문명

'인류문명은 기록의 산물이다.' 이렇게 말한다면 기록의 중요성을 과장해서 표현한 것처럼 들릴 것이다. 그러나 곰곰 생각해보면 이것은 과장된 말이 결코 아니다. 기록이 없으면 문명의 핵심인 지식의 축적과 전달이 이루어질 수 없기 때문이다.

사실 인류가 지구상에 출현한 이후 기록이 있기까지는 영겁의 세월이 흘러야 했다. 고고학자들은 지구상에 인류가 탄생한 시기를 대략 400만 년 전으로 잡고 있다. 이는 에티오피아Ethiopia의 하다르Hadar유적에서 발굴된 인류화석(오스트랄로피테쿠스 아파렌시스)이 약 350만 년 전 전쯤으로 추정되고, 케냐의 투루카나Turknana호수 근처에서 발견된 인골화석(오스트 랄로피테쿠스 아나멘시스)은 약 420만 년 전으로 추정되기 때문이다.[1] 인간은 그러나 탄생 이후 영겁의 세월을 문자기록을 갖지 못한 문맹의 상태로 생존하여왔다. 인류가 문자기록을 갖게 된 시기는 대략 5000년 전 정도로 보고 있다. 이는 인류의 전체 생존 기간에 비하면 극히 짧은 세월이라고 하지 않을 수 없을 것이다.

인류문명은 옛사람들이 남긴 유적과 유물 그리고 기록을 통해서 밝혀져 왔다. 지나간 세월은 우리가 직접 살아보지 못하였기 때문에 남아 있는 여러 가지 흔적과 기록들을 논리적이고 과학적인 방법으로 분석, 연구하여 추정하는 것이다. 그런데 문명의 가장 중요한 특징은 말과 문자의 사용이라는 것이다. 인류가 여타의 동물과 다른 점은 말과 문자, 즉 언어라는 소통의 도구를 가졌다는 점이다. 언어라는 지적 의사소통 도구가 있었기에 다른 동물과는 차원이 다른 문명사회를 형성 발전시킬 수 있었던 것이다. 사실 문명이라는 단어 자체도 서양에서는 'civilization'이라고 표현하여 시민이나 도시를 뜻하였으나[2] 우리는 '문명文明'이라고 표현함으로써 '글자文가 있어 밝은明' 사회라는 뜻을 잘 나타내고 있다.[3] 고대의 여러 문명은 세계의 몇몇 지역에서 각기 시기를 달리하여 발생한

....

1) 민석홍, 나종일, 윤세철. 2005. 『세계문화사』. 서울: 서울대학교출판부. pp.2-6.
2) 문명이란 미개와 대응하는 진보된 인간생활의 총체를 이른다. 라틴어의 'civis'(시민)와 'civitas'(도시)에서 유래한 바와 같이 특별히 도시문화를 가리키는 경우가 많다. 19세기 말에 '문화'를 최초로 정의한 타일러는 '문명'과 '문화'를 동일시했다. 그러나 아놀드는 문명과 문화를 대립적으로 파악하여 인간의 정신적인 생활을 문화로, 물질적 기계적인 측면을 문명으로 구분하였다.
3) 문명이라는 말은 서양 학문을 먼저 접한 일본인이 만든 말이라고 한다. 하지만 그 뜻을 잘 함축하고 있다.

것으로 밝혀졌다. 지금까지 밝혀진 세계 각지의 문명을 도서관과 관련지어 간략히 살펴보면 다음과 같다.

메소포타미아문명

인류 최초의 문명은 기원전 약 3000년경에 현재의 중동지역인 메소포타미아에서 일어났다. 메소포타미아는 두 강potamos의 사이mesos라는 뜻으로서 티그리스강과 유프라테스강 사이에서 발생한 도시문명을 의미한다.[4] 이 문명의 최초 주인공은 수메르인들로서 메소포타미아에 정착하여 농사를 지었다. 따라서 홍수를 다스리는 일이 가장 큰 국가적 사업이었다. 수메르인들이 남긴 서사시 길가메시Gilgamesh는 홍수를 다스리는 왕의 이야기로서 구약성서의 창세기에 나오는 홍수 및 '노아의 방주'와 관련이 있는 것으로 알려져 있다.[5] 이들이 사용한 문자는 사물의 형상을 본뜬 상형문자였으며, 기원전 3000년부터 기원전 2000년에 이르는 동안 표음문자인 설형문자楔形文字로 발전하였고, 이것이 나중에 페니키아 알파벳으로, 다시 그리스 알파벳[6]으로 발전하게 되어 알파벳의 근원이 되었다.

수메르인들은 그들의 그림문자로 세계 최초인 '우르남무Urnammu법전'을 남겼으며 그 이외에도 이들이 남긴 점토판 유물들이 다량으로 발굴됨으로써 기원전 3000년경부터 기록을 보존하고 활용했던 문서보존소 내

---

4) 민석홍, 나종일, 윤세철. 2005. 전게서. p.14.
5) N.K. 샌다즈 이현주 옮김. 2011. 『길가메시』. 서울: 범우사.
6) 알파벳은 그리스어의 알파(α)와 베타(β)를 합해서 지칭한 것이다.

지는 도서관이 존재했던 것으로 판단되고 있다. 또 기원전 1700년 무렵에는 셈족이 이 지역을 지배하여 페르시아만에서 지중해에 이르는 거대한 바빌로니아왕국을 건설하였다. 이 지역에 도서관이 존재했다는 사실은 우르크Uruk, 라가시Lagash, 니푸르Nippur 등지에서 출토된 수많은 점토판 유물을 통하여 확인되고 있다. 기원전 700년에서 기원전 600년경에는 아시리아가 이 지역을 지배하였고, 가장 강력한 국가를 건설한 아슈르바니팔Assurbanipal(재위 BC 668~BC 628)왕은[7] 기원전 668년경에 수도를 니네베Nineveh에 정하고 신하들을 교육하기 위한 시설로서 왕궁에 거대한 점토판 도서관을 세웠다. 약 3만 여점의 점토판이 발견된 이 유적이 바로 메소포타미아문명을 집약한 니네베도서관(아슈르바니팔도서관)이었던 것이다.

이집트문명

이집트에서도 기원전 3000년경에 나일강 유역을 중심으로 고대의 도시문명이 일어났다. 메소포타미아에 비해 자연적으로 폐쇄된 조건을 가진 이 지역은 비교적 오랫동안 외세의 침입을 덜 받으면서 안정적인 문화를 건설하였으며 기원전 525년에 페르시아에 의해 정복될 때까지 약 2500여 년 동안 단일 종족에 의한 통일국가를 유지하였다. 이집트문화의 특징은 영혼불멸을 믿었다는 것이다. 그들은 육신의 사후에도 생존의 모습 그대로 미라를 만들어 피라미드에 영구 보존하였다. 이집트의 문자는 용도에 따라 신성문자神聖文字(히에로글리프hieroglyph), 신관문자新官文字(히에

---

7) 아슈르(assure)는 수호신으로서 태양신을 의미한다.

라틱hieratic), 민중문자民衆文字(데모틱demotic)로 구분된다. 고대 이집트의 도서관의 흔적은 발견되지 않았으나 문자가 사용되었다는 점에서 기록을 보존하고 활용한 장소는 있었을 것으로 추측된다. 고대 이집트의 기록유물이 적은 것은 아마도 미디어가 주로 잘 부서지기 쉬운 파피루스였기 때문일 것이다.

지중해 동부의 문명

메소포타미아와 이집트에 인접한 지중해의 동부지역에서는 메소포타미아문명, 이집트문명 등 양대 문명의 영향을 받아 새로운 문명이 형성되고 있었다. 소아시아에 들어온 인도유럽어계통의 히타이트 인들은 기원전 1800년경에 청동기와 철기문화를 기반으로 하는 강력한 왕국을 세웠다.[8]

또한 가나안인Ganaanites들의 후예로 여겨지는 페니키아인들은 우가리트Ugarit지방을 중심으로 도시국가를 건설하였다. 이들은 또 기원전 1300년경 지중해 연안에 해상무역을 위한 식민 도시들을 건설하였는데 그 중 카르타고Carthago는 대표적인 무역도시였다. 페니키아인들이 사용한 문자는 페니키아문자이며 우가리트와 카르타고에는 페니키아어로 된 기록이 보존된 도서관이 있었던 것으로 알려져 있다.

헤브라이인은 유대족의 조상으로 팔레스타인 지역에 거주하였다. 이들

---

8) 민석홍, 나종일, 윤세철. 2005. 전게서. p.24.

은 자신들이 신의 선택을 받은 선민chosen people이라고 생각하면서 이웃 나라들과 지루한 분쟁을 계속하였다. 그러나 로마제국에 의해 예루살렘이 파괴되고, 서기 135년에 예루살렘이 완전히 멸망함으로서 유대인은 세계로 흩어지는 비운의 민족이 되었다.

이 혼란의 시기에 예수 그리스도Jesus Christ가 등장하여 기독교를 전도하다 순교함으로써 이스라엘 민족은 후일 기독교를 통해서 그들의 선민사상選民思想을 세계인의 것으로 승화시켰다. 유대인들은 비록 나라는 잃었지만 기독교를 통해 고대와 중세로 이어지는 서양문명의 형성과 전개에 하나의 정신적인 축을 형성하였다. 그들의 문자는 히브리문자로서 구약성서 및 신학에서 사용되었다. 그러나 신약성서는 유럽으로의 기독교 전도를 위해 당시 최고 문명어인 희랍어希臘語(그리스어)로 작성되었다. 유대인은 고난의 민족이었지만 정신력과 재능이 뛰어나 세계 도처에서 문명을 주도하는 수많은 인재들을 배출하였다. 또한 1948년 그들의 유대땅에 이스라엘 국가를 재건하였다.

에게문명과 그리스

에게문명은 지중해의 동부 에게해를 중심으로 기원전 3000년경부터 기원전 2000년경에 걸쳐 일어난 서양문명이다. 에게문명은 크레타섬에서 청동기문명이 먼저 발생하여 크레타문명이 형성되었고, 미케네를 중심으로 그리스반도로 이동하여 미케네문명을 이룩하였다. 에게문명은 인근 중동지역의 오리엔트문명의 영향을 받은 것으로 보인다. 그러나 오리엔트의 메소포타미아와 이집트 문명이 신 중심적인 종교사회이며, 왕은 곧 신의 아들 또는 대리인으로서 절대적 지배력을 형성하고 있었던 것과는 달리 에게문명은 인간중심적 사상의 흐름을 형성하였다. 물론 그리스에도 유명한 그리스 신들의 이야기가 전해지고 있으나 이는 인간과 사물의 근원에 대한 전설적인 이야기이며,[9] 실제적인 국가통치에 있어서는 폴리스라는 도시국가들을 형성하고 직접민주정치를 행하였다. 그리스에서는 인문주의적인 학문이 일어나고 최초의 대학이 설립되었다. 플라톤의 아카데미아academia는 그리스 최고의 고등교육기관이었던 것으로 전해지고 있다. 오늘날에도 인문학, 사회과학, 자연과학을 막론하고 거의 모든 분과학문들이 그 원조를 탈레스, 플라톤, 아리스토텔레스, 히포크라테스 등으로 들고 있는 것은 그만큼 그리스에서의 학문이 융성하였음을 말해준다.

그리스에서의 도서관 발달은 학문과 교육이 일어난 점과 후대에 전승된 고전문헌자료들로 미루어 볼 때 적어도 플라톤과 아리스토텔레스 시기에는 도서관이 있었을 것으로 추정되고 있다. 특히 플라톤의 제자로 20년 동안 아카데미아에서 수학한 아리스토텔레스는 스승의 가르침을 이어받아 '리케이온'이라는 학교를 세우고 후세의 교육에 더욱 노력하였으며, 교육을 위하여 도서관을 운영하였던 것으로 판단되고 있다. 이는 아리스토텔레스가 알렉산드로스의 스승이었으며 알렉산드로스와 그 후계자들은 그리스문화의 전파를 위해서 알렉산드리아도서관을 설립하였다는 사실로 미루어 보아도 신뢰가 가는 부분이다.[10] 그리스문명은 후일

---

9) 버트런드 러셀 저. 서상복 옮김. 2012. 『서양철학사』. 서울: 을유문화사. pp.34~67. 이 부분에서는 소크라테스 이전의 그리스의 철학과 종교에 대하여 비교적 상세히 설명하고 있다.
10) 김세익. 1982. 『도서 인쇄 도서관사』. 서울: 종로서적. pp.72~74.
이희재. 2005. 『정보미디어의 역사와 문화 e-book』. 서울: 북토피아. pp.19~20.

기원전 334부터 기원전 324년까지 마케도니아의 알렉산드로스왕과 그 후계자들이 오리엔트제국을 정복함으로써 오리엔트문화와 융합되어 헬레니즘문화를 꽃피우게 되었다.[11]

인더스문명

인도에서는 기원전 3000년경부터 기원전 2500년경에 인도의 서북부에 위치한 인더스 강 유역을 중심으로 독특한 아시아 문명이 일어났다. 이는 20세기 초에 이 지역에서 모헨조다로와 하랍파의 유적이 발굴됨으로써 이곳이 고대의 도시라는 것을 알 수 있게 되었다. 그러나 그러한 유적을 통해서만 이곳이 발달된 형태의 인간의 집단거주지임을 확인할 수 있을 뿐 이들이 어떤 언어를 사용하고[12] 어떤 교육시설과 도서관을 갖추고 있었는지는 아직 오리무중의 상태이다. 그래서 학자들은 인더스문명은 후대로 그 맥을 이어가지 못하고 기원전 2000년 내지 기원전 1500년 사이에 아리아인들의 침입 또는 대 홍수로 인하여 멸망한 것으로 보고 있다.

그 후 고대 인도에서 일어난 종교문화 특히 불교문화는 기원전 560년경[13] 카필라국의 왕자 싯다르타의 탄생, 출가 및 고행으로부터의 깨달음,

---

11) 그리스인들은 자신들을 헬라스(hellas)라고 불렀다고 한다. 헬레니즘문화는 독일의 역사학자 드로이젠(G. Droysen)이 1834년에 자신의 저서 '헬레니즘 역사'에서 처음 사용한 말이다. 헬레니즘은 헤브라이즘과 대비되는 그리스사상과 문화를 지칭한다. 그러나 역사적 시대적 개념으로는 알렉산드로스의 오리엔트 정벌로 인하여 출현한 그리스문화와 오리엔트문화의 혼합문화를 뜻한다(정수일. 2001. 『고대문명교류사』. 서울: 사계절, p.361).
12) 인더스의 문자로 보이는 몇 개의 기호들이 발견되었으나 아직 해독하지 못하고 있다.
13) 와다나베 쇼오꼬 저. 법정 역. 1990. 『불타 석가모니』. 서울: 샘터사, p.25.

그리고 그 깨달음에 대한 제자들과의 수많은 문답으로 교리가 형성되면서 방대한 불교경전이 성립되었다. 자비와 평등을 근간으로 하는 불교사상은 인본주의를 바탕으로 한 중국의 유교사상과 더불어 동양사상에 큰 줄기를 형성하면서 중국, 한국, 일본 그리고 동남아시아로 전파되었다. 산스크리트어 불교경전의 결집은 종교적인 면에서 뿐만 아니라 문헌사적으로도 역사적인 의미를 갖는 것으로, 후일 중국과 우리나라의 인쇄문화 발달에 큰 형향을 미쳤다.

황하문명黃河文明[14]

중국은 극동문명의 발상지이다. 특히 황하강黃河江 유역을 중심으로 일어난 신석기의 앙소문화仰韶文化와 산동지방을 중심으로 발달한 용산문화龍山文化는 중국 문명의 기원이라 할 수 있다. 중국 고대 국가의 탄생은 하夏, 은殷, 주周나라로 이어지는 것으로 전해지고 있다. 그러나 소위 어진 임금들이 다스린 태평한 요순시대堯舜時代와 그 후의 하夏나라는 아직 물증이 발견되지 않아 전설적인 국가로 여겨지고 있다. 역사가들은 기록된 중국 역사의 시작을 대체로 기원전 1500년경의 은殷나라(상商나라 라고도 칭함)로부터 잡고 있다.[15] 은나라의 기록은 은허殷墟(은나라 터)에서 발견된 수많은 갑골甲骨이다. 갑골은 19세기 말에 발굴된 것으로 그 이전에는 그것이 문자인줄을 몰랐었다고 한다. 그러나 이것이 한자의 기원임을 알게된 뒤로 여러 학자들과 중국정부에서 본격적으로 발굴, 연구함으로써 '갑골학'으로 발전하였다.[16] 갑골문은 알려진 바와 같이 거북의 배껍질

14) 황하(黃河)를 '황허'라고 표기하기도 하는데 이는 중국어 발음에 따른 것이다.
15) 윤내현. 1988. 『商周史』. 서울: 민음사.

이나 소의 늑골肋骨 등 짐승의 뼈에 그림문자를 새겨 넣어 길흉화복吉凶禍福을 점치는 데 사용되었다고 해서 이를 복사卜辭라고 부른다. 한자漢字는 갑골문을 기초로 하여 사물 및 여러 현상의 뜻을 나타내는 표의문자로 발전하였으며, 오늘날까지도 사용되고 있는 살아 있는 문자로서 동양문화를 형성하는 문자적 기반이 되었다.

주周나라는 중국 역사의 이상을 실현한 국가로서 후대의 공자孔子와 맹자孟子도 주나라의 주공을 칭송하였다. 하늘의 뜻에 따라 덕치德治를 베푸는 경천애인敬天愛人의 천명사상天命思想과 중국이 천하의 중심국가임을 의미하는 중화사상中華思想이 이미 주나라 때 형성되었다.[17] 안정을 이루었던 주나라는 후대에 이르러 왕족 간에 세력쟁탈이 일어나 사회가 매우 혼란스러워졌으며, 군웅이 할거하는 춘추전국시대春秋戰國時代가 도래하였다. 이 시대에 제자백가들은 저마다의 주의 주장을 펼쳤으며 후세인들은 이때를 가리켜 백가쟁명百家爭鳴의 시대라고 불렀다. 이 시대의 가장 괄목할만한 사상으로 공자의 인본주의人本主義와 덕치주의德治主義, 그리고 맹자의 왕도정치王道政治 사상이 주류를 이루었다. 노자老子의 자연주의와 순자荀子의 성악설, 법가法家의 사상도 중국의 정치사상사에 있어 괄목할만한 지혜를 제공하였다.

---

16) 董作賓 저. 이형구 역. 1993. 『갑골학 60년』. 서울: 민음사.
17) 민석홍, 나종일, 윤세철. 2005. 전게서. pp.32~33.

2. 언어의 발달과 도서관

고대부터 현대에 이르기까지 문명의 발전은 어떤 방향성을 가지고 진행되어 왔다. 시대의 조류와 맞지 않은 요소들은 퇴화되었고, 시대에 적응한 요소들은 발전되어 왔다. 인간이 문명에 적응하는 과정은 진화론자 헤켈의 '진화재연설進化再演說'을 방불케 한다. 이른바 진화재연설은 '개체발생은 계통발생을 반복한다.'는 것인데, 생물이 태동하여 성장하는 모습은 생물이 원초적으로 발생하여 진화되어온 과정을 반복한다고 설명하는 것이다. 이 진화재연설은 문명진화에 적용해도 잘 맞아떨어진다. 인류문명의 발생과 발전을 계통발생으로 본다면 고대로부터 현대에 이르기까지 인류문명은 말, 그림, 문자, 학문 및 과학기술을 개발하여 발전하여 왔다. 그리고 한 사람 한 사람 개체 인간의 문명화의 과정 역시 말, 그림, 문자, 학문, 과학기술의 습득과 개발이라는 과정을 되풀이하고 있다. 즉 아기는 먼저 '엄마', '아빠' 등 말을 배우고, 그림을 그리고, 문자를 배우며, 학교에 진학하여 학문, 예술, 과학기술을 배워 문명사회로 적응하는 것이다. 이렇게 볼 때 언어와 문자는 인간을 문명화의 단계로 이끌어주는 가장 핵심적인 기능을 하고 있다.

이러한 언어가 어떻게 발생하게 되었을까? 여기에 대해서는 대체로 3가지 가설로 설명되고 있다.[18] 첫째는 신수설이다. 언어는 전지전능한 신이 내려주신 것이라는 종교적 믿음으로서 인간은 하느님의 피조물이

---

18) 고려대학교 문과대학 대학국어편찬실. 1994. 『대학인을 위한 언어와 표현』. 고려대학교출판부. pp.3~8.

며 언어도 역시 하느님이 인간에게 점지하신 선물이라는 것이다. 이는 성경의 요한복음 제1장 1절에 "태초에 말씀이 계시니라. 이 말씀이 하나님과 함께 계셨으니 이 말씀은 곧 하나님이시니라"는 문구에서도 나타나듯이 하느님이 인간에게 말씀을 내려주신 것이라는 의미로 받아들여진다.[19] 둘째는 인간발명설이다. 언어는 인간이 의사소통을 하기 위해서 의도적으로 만들었다는 것이다. 혼자서 만들기는 어렵지만 능력 있는 사람이 중심이 되어 언어를 만들어 냈다는 주장이다. 이 가설은 문자언어에서 인정될 수 있는 측면이 있다. 세종대왕의 훈민정음은 집현전학자들을 중심으로 인간이 문자를 창제한 것이다. 또한 에스페란토어, 화학, 수학기호 등 인공언어는 인간에 의해서 창안된 것이다. 셋째, 자연발생설이다. 언어는 사람들이 의사소통을 하는 과정에서 자연스럽게 형성된 것으로 보는 것이다. 소리, 손짓, 몸짓, 발짓, 그림 등으로 의사소통을 하다가 일정한 의미를 전달하는 소리와 몸짓과 그림과 문자가 자연스럽게 형성되었다는 가설이다. 이는 언어의 사회성을 잘 설명해준다. 언어는 사회적 약속으로서 지역사회의 자연발생적 산물이라는 뜻으로 해석된다. 지역마다 말이 다르고 문자가 다른 것은 언어의 사회성 때문이다. 신이 언어를 내리셨다면 세계의 언어가 다 동일하여야 할 것인데 영국, 프랑스, 한국이 다르고, 한국 가운데서도 충청도, 경상도, 전라도, 평안도의 말이 조금씩 다르니 언어는 자연발생적이며 사회적 산물임을 부인하기 어렵다.

현재 지구상에는 약 6,000여 종의 언어가 있다고 한다. 그러나 문명을

....

19) 요한복음 제1장 1절 "In the beginning was the word. The word was with God and the word was God."의 신학적 해석에 대해서는 도올 김용옥의 『요한복음 강해』 참조.

주도하는 언어는 한정적이다. 초기에는 수메르, 페니키아, 이집트, 히브리, 그리스, 라틴어, 인도산스크리트, 중국어 등이 있었고, 오늘날에 와서는 영어, 독일어, 프랑스어, 스페인어, 중국어, 한국어, 일본어 등으로 압축되고 있다. 그러나 문명의 전파와 더불어 각국은 세계 언어를 수용하면서도 자국 언어의 보호와 유지 발전에 노력하고 있다.

운보 김기창 화백이 그린
'세종대왕'

도서관에서의 언어는 나라마다, 도서관마다 차이가 있다. 미국의 경우에는 영어중심이나 소수민족이 많은 관계로 그들의 언어자료도 포함되고 있다. 미국 의회도서관은 450여개 언어로 된 자료를 수집하고 있다고 한다. 우리나라 도서관에서는 국어가 중심이나 국립중앙도서관, 국회도서관, 대학도서관, 전문도서관에서는 영어, 독일어, 프랑스어, 일본어, 중국어 등 다양한 외국자료들을 수집 제공하고 있다.

3. 미디어의 발달과 도서관

'미디어는 메시지다(the medium is the message).' 이 말은 1960년대의 세계적 지성 마샬 맥루한Marshall McLuhan이 미디어의 중요성을 강조하여 이른 말이다. 캐나다출신인 맥루한은 미디어의 문화적 속성을 기반으로 현대문명을 연구하였다. 그는 매체의 형태와 기능에 따라 인간의 감각과 사고행위의 변화가 초래된다는 정보전달의 기술결정론을 주장하였다.[20] 다시 말하면 정보를 전달하는 미디어 기술에 따라 내용전달효과가 달라진다는 것이다. 이는 메시지를 돌에 새겨 전달하는 것과 종이로 전달하는 것, 그리고 멀티미디어로 전달하는 것의 차이점을 생각해보면 곧 이해가 간다. 문자가 발달된 사회라 하더라도 문자를 담는 그릇에 따라 정보의 전달, 보존 및 이를 통한 인간의 감정과 사고思考가 영향을 받는다는 것이다. 인류가 역사시대로 진입한 이후 정보전달 미디어는 인류의 기술 진보에 따라 동양과 서양에서 다양하게 변천되어 왔다.

석문(石文)

스페인의 알타미라의 동굴 벽화, 이집트 최고의 현존 석문인 센드석문 send inscription, 이란의 고대도시 수사Susa에서 발견된 바빌로니아왕국의 함무라비법전, 나폴레옹이 이집트의 로제타에서 발견한 로제타석 등은 대표적인 고대의 석문石文이다. 중국에는 도덕경을 돌에 새긴 개원석경開元石經이 있었다. 우리나라에도 신석기시대의 유적으로서 울산蔚山 태화강 암벽에 새겨진 반구대 암각화盤龜臺岩刻畵가 있고,[21] 고구려 광개토왕비와 신라 진흥왕순수비를 비롯한 수많은 비석들이 남아 역사의 면면을 고증해 주고 있다.[22] 석문과 더불어 쇠붙이의 활용도 있어 왔다. 주로 종鐘이나 솥(정鼎; 솥 정) 같은 용기에 글자를 새겨 넣었다하여 이를 종정문鐘鼎文이라 부른다. 이러한 석문과 금문을 합하여 금석문金石文, 이 분야를 연구하는 학문을 금석학金石學이라 지칭하며 조선조의 추사 김정희는 금석학

----

20) 마셜 맥루헌. 김성기, 이한우 역. 2002. 『미디어의 이해－인간의 확장』. 서울: 민음사. pp.35~55.
전석호. 1999. 『정보사회론』. 서울: 나남출판. p.65.
21) 김원용. 1980. 『울산 반구대 선사암각화 연구』. 서울: 한국고고학연구회.
22) 비석문보다는 비갈문(碑碣文)이 더 정확한 표현이다. 碑文은 비석의 지붕이 갖추어진 것, 碣文은 지붕이 없는 비문을 지칭한다. 이렇게 보면 광개토왕비는 '광개토왕갈'이 된다.

의 대가로 유명하다. 석문 자체는 도서관자료가 되기 어려우며 탁본의
방법으로 수집할 수 있다.

〈사진 1-1〉 울산 반구대 암각화

점토판(clay tablet)

메소포타미아 문명을 일으킨 수메르인과 번영을 누렸던 바빌로니아와
아시리아 사람들은 진흙으로 기왓장 같은 점토판을 만들어 그들의 문자
를 쐐기를 찍듯 새겨서 이를 햇빛에 말리거나 불에 구워 보존, 활용하였
다. 최초의 고대 도서관 유적은 바로 점토판을 질서 있게 분류하여 모아

〈사진 1-2〉 점토판

놓은 장소이다. 바빌로니아의 여러 도서관과 아시리아의 수도 니네베의 아슈르바니팔 도서관은 점토판을 소장한 도서관이었다.

파피루스(papyrus)

파피루스는 이집트의 나일강 유역에서 생산되는 사초莎草(방동사니)과 식물이다. 고대 이집트인들은 나일강 유역의 습지대에 무성하게 자라는 파피루스를 이용하여 보트, 돛대, 매트, 의류, 끈 등 생활 도구들을 만들었고 식용으로도 사용하였으며, 가볍고 쓰기가 편리한 파피루스종이를 만들어냈다. 이집트인들은 이 파피루스 종이에 갈대로 만든 펜과 잉크로 글씨를 써서 두루마리 형태의 책을 만들었다. 이러한 연유로 파피루스는 오늘날 영어 paper의 어원이 되었다. 그러나 파피루스 종이는 돌이나 점토판에 비하여 오래 보존되지 못 하였다. 고대에 70만 장서를 자랑하는 알렉산드리아도서관은 주로 파피루스 자료를 소장했던 것으로 알려졌다. 파피루스는 고대 이집트 및 그리스, 로마 등 서구사회에 종이의 사용이 일반화 된 중세에 이르기까지 거의 3500년 이상 활용된 미디어이다.

〈사진 1-3〉 파피루스

양피지(羊皮紙; parchment)

동물의 가죽을 가공하여 만든 가죽종이이다. 기원전 500년 경 부터 가공, 사용된 양피지는 파피루스와 더불어 중세까지 오랫동안 사용된 정보 미디어였다. 기원전 3세기에 이르러 소아시아의 페르가몬(현재 터키의 서부 도시 Bergama)에서 가죽 가공기술이 발전하여 널리 사용되게 되었다. 양피지는 양피지와 독피지로 구분되는데, 양피지는 양의 가죽, 독피지犢皮紙: vellum는 송아지 가죽으로 가공한 종이를 의미한다. 독피지는 양피지보다 질이 좋아서 고급책의 제작에 사용되었다. 양피지에 이르러 책의 모양이 두루마리卷子本 형태에서 오늘의 책 모양과 비슷한 방책方冊(codex; 네모나게 재단하여 제본한 책)으로 발전하였다.

〈사진 1-4〉 양피지

죽간목독(竹簡木牘)

고대 중국에서는 대나무를 쪼개어 일정한 크기의 조각을 만들어서 글씨를 쓴 다음 이러한 조각들을 내용 순서대로 끈으로 엮어 책을 만들었다. 또한 내용이 많은 것은 좀 더 넙적한 나무판(목독)을 사용하기도 하였다. 이러한 죽간이나 목독은 단일한 조각만으로는 책으로 성립될 수 없기 때문에 내용의 순서에 따라 비단 끈이나 가죽 끈으로 발처럼 엮어서 사용하였다. 독서를 많이 하기로 알려진 공자의 위편삼절韋編三絕이야기는 가죽으로 엮은 죽간목독을 하도 많이 읽어서 그 가죽 끈이 세 번이나 끊어졌다는 의미이다. 冊(책)이라는 한자는 이 끈으로 엮은 죽간목독竹簡木牘의 모양을 상형화한 것으로 오늘날에도 사용되고 있다.[23]

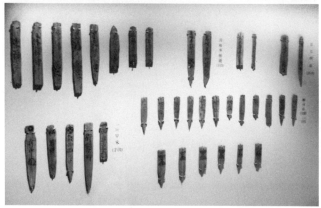

〈사진 1-5〉 죽간(위), 목간(아래)

23) 책의 명칭은 우리나라에서는 본래 어원에 충실하여 冊이라고 주로 쓰고 있으나, 중국은 書, 일본은 本으로 더 많이 사용한다.

겸백(縑帛)

비단에 글씨를 쓰는 전통은 중국 선진先秦에서 시작되었다. 그들은 비단을 이용하여 내용의 분량에 따라 적절히 잘라서 붓으로 글씨를 써서 문헌을 삼았다. 특히 비단은 가운데 축을 두고 말아서 보관하였기 때문에[24] 비단 책(帛書 : 백서)은 권자본의 원형이었을 것으로 생각된다.[25] 그러나 비단은 주로 문서용이나 행사용으로 사용하였고, 책으로 장정되어 널리 유통되지는 않은 듯하다. 이는 비단이 귀하고 고가였던 점도 있으나, 일찍부터 종이가 발명되어 편리하게 사용되었기 때문일 것이다. 책에 사용되는 경우에도 표지를 감싸거나 장식을 하는데 활용되었다. 비단은 가로 세로 올을 짜서 질기고 넓게 제작하여 펼칠 수 있기 때문에 오늘날에도 행사용 현수막, 광고 등은 천으로 제작, 활용하고 있다.

〈사진 1-6〉 겸백 / 비단

---

24) 오늘날에도 포목점에 가보면 옷감을 두루마리로 말아서 한 필, 두 필 셈하며, 한 마, 두 마 등, 자로 재어서 판매하는 것을 볼 수 있다.
25) 천혜봉. 1991. 『한국서지학』. 서울 : 민음사. p.93.

종이의 발명과 전파

중국에서는 후한後漢 무제 때인 서기 105년에 환관 채륜蔡倫이라는 사람이 글씨를 쓰거나 인쇄하기에 편리한 종이를 발명하여 세계 역사상 획기적인 미디어혁명을 이룩하였다.[26] 채륜은 왕실에서 일용 물품을 조달하던 하급관리로서 당시의 서사재료였던 죽간목독이나 비단 등의 불편함을 개선하기 위하여 나무껍질, 마, 떨어진 천 조각 등을 물에 풀어서 종이를 만드는 방법을 개발하였다. 이는 후한서 채륜전의 다음과 같은 기록을 통하여 명백히 확인되고 있다.[27]

"自古書契多編以竹簡 其用縑帛者 謂之爲紙 縑貴簡重 並不便於人 蔡倫乃造意 用樹 膚麻及敝布 魚網以爲紙 元興元年 奏上之 帝善其能 自是莫不從用焉故天下咸稱蔡倫紙

예로부터 많은 서적과 문서가 죽간이었으며, 비단(겸백)을 사용한 것을 종이(紙)라 하였다. 비단은 귀하고 죽간은 무거워서 둘 다 사용에 불편하였다. 이에 채륜이 나무껍질, 마, 헌 헝겊, 어망 등을 이용하여 종이를 만들어서 원흥 원년에 임금께 올리니 임금이 그 재능을 칭찬하였다. 이때부터 종이가 쓰이지 않는 곳이 없게 되었고 사람들은 이를 채륜지라 하였다."

그 후 종이는 동쪽으로 우리나라를 거쳐 일본으로 전파되었는데, 고구

---

26) 오늘날 멀티미디어가 발전하면서 종이를 얕보는 경향이 있다. 특히 '종이때기'라고 하면서 함부로 종이를 구겨버리기 일쑤이다. 그러나 종이가 인류문명에 끼친 영향을 생각한다면 종이를 절대로 얕보지 말아야 할 것이다.

27) 錢存訓저. 김윤자 역. 1990. 중국고대서사. 서울 : 동문선. p.149

려 영양왕 때(593) 들어왔으며, 고구려의 승 담징曇徵에 의해 일본(610)에 전파되었다. 또 서역으로의 전파는 누란(150), 돈황(200), 투루판(399), 사마르칸트(751), 바그다드(793), 이집트(900년경), 모로코의 수도 페즈(1100년경), 이탈리아 파브리아노(1270), 스페인 자티바(1390), 독일 뉘른베르크(1390), 영국(1494) 등으로 종이의 세계화에 무려 1400여 년이 소요되었다.[28]

종이의 발명과 전파 및 개량으로 세계는 미디어의 통일을 이룩하였다. 중국의 제지술이 우리나라에 와서는 한지韓紙로 개선되어 중국의 마지麻紙에 비해 훨씬 질 좋은 종이로 책을 만들 수 있었다. 유럽에서는 각지에 제지공장이 세워지고, 종이가 널리 보급되었으며, 1450년 구텐베르크의 인쇄기술과 접목되면서 서적의 대중화가 실현됨으로써 세계 문명의 발전을 급속도로 촉진시켰다.

디지털미디어

문명국가에서는 미디어가 종이로 통일된 이후 종이 이외의 미디어는 부분적으로만 사용되어 왔다. 그러나 산업혁명 이후 기술의 진보에 따라 새로운 시청각 미디어들이 나타나기 시작하였다. 사진술에서 비롯된 사진으로부터 마이크로필름, 무성영화, 그리고 녹음기술에서부터 축음기와 녹음테이프로, 통신기술의 발전에 의해 전신과 라디오방송으로, 비디오와 음향기술이 융합되어 텔레비전 방송으로…… 등등 미디어의 통합은 가속되어 왔다. 그래서 사람들은 이러한 종이 이외의 새로운 매체들을

---

28) 정필모, 오동근. 1991. 『도서관문화사』. 서울: 구미무역(주)출판부. p.54.

뉴미디어로, 또는 여러 미디어의 결합을 의미하는 멀티미디어로 지칭하였다.

뉴미디어는 문자 그대로 새로 나온 미디어로서 시대에 따른 상대적 개념으로서 언제든지 새로운 미디어가 나올 수 있어서 그 특성을 정의하기가 어려운 점이 있다. 멀티미디어는 음향미디어와 정지화상미디어, 동영상미디어 등 여러 가지 단일 미디어가 복합적으로 사용됨으로서 종합미디어의 의미로 사용되었다. 그러나 최근에는 컴퓨터의 비약적인 발전에 따라 모든 미디어들을 컴퓨터의 디지털 신호로 변환하여 저장, 유통할 수 있어 컴퓨터기술에 의한 미디어의 융합개념으로 디지털미디어[29] 라는 용어가 널리 사용되게 되었다.

오늘의 정보사회에서는 분야마다 디지털이라는 말을 접두어로 붙여 정보사회의 대명사처럼 사용하고 있다. 디지털시대, 디지털사회, 디지털방송, 디지털잡지 등등이다. 도서관도 디지털자료실, 디지털도서관이 개설되어[30] 불완전하게나마 종이 책이 없는 도서관이 실현되고 있으며, 완전한 디지털도서관을 목표로 계속 노력하고 있는 중이다. 또한 정보과학자들은 디지털미디어를 기반으로 머지않아 언제 어디서나 원하는 시간에 필요한 정보를 간편한 스마트 통신기기를 통하여 이용할 수 있는 이른바 '유비쿼터스ubiquitous사회'가 될 것으로 내다보고 있다.

....

29) 김영석. 2004. 디지털미디어와 사회. 서울 : 나남출판.
30) 우리나라 최초의 디지털도서관은 1996년에 설립된 LG상남도서관이다.

4. 문맹과 리터러시

문맹은 문명의 상대적 개념으로서 문자를 해독하지 못하는 경우를 말한다. 따라서 '문맹퇴치'는 문자해독능력literacy을 갖추게 하는 것이다. 그러나 문명과 문맹은 기준을 정하기에 따라 천차만별이다. 예를 들면 영어를 모르면 '영어문맹', 한자를 모르면 '한자문맹', 독일어를 모르면 '독일어문맹' 등으로 문맹의 종류는 문자언어의 종류만큼이나 많다. 따라서 문자 해독에서 완벽한 문명인은 없다.

정보 리터러시

문자언어 이외의 기준으로도 문명과 문맹을 구분할 수 있다. 그 대표적인 예가 정보 리터러시information literacy다.[31] 이는 정보 활용능력을 기준으로 삼은 것이다. 정보 문맹은 정보사회에서 정보를 활용할 줄 모르는 경우를 말한다. 지식과 정보가 널려 있어도 이를 제대로 활용하지 못하면 '정보문맹'이 된다. 문자 문명인도 정보활용 면에서는 '정보문맹인'이 되기 쉽다. 정보리터러시는 문자리터러시에 비하여 좀 더 복합적인 능력을 요한다. 책과 도서관, 정보와 도서관에 대한 이해가 필수적이다. 문헌정보학은 기존의 문자리터러시는 물론 정보사회에서 정보리터러시 배양을 돕는 도구적 학문이다. 문헌정보학의 목적 가운데 하나는 '정보문맹 퇴치'에 있다. 모든 시민들이 정보 활용방법을 터득하여 정보사회 속에서 문명생활을 원만하게 할 수 있도록 도와주는 것이다.

....

31) 고영만. 2005. 『정보문해론』. 서울: 한국도서관협회.

문화 리터러시

문화 리터러시culture literacy도 생각해 볼 수 있다. 문화 리터러시란 '문화의 본질을 이해하고 일상생활 속에서 문화생활을 구현하는 능력'이라고 정의할 수 있을 것이다.[32] 시민들이 문명인으로서 문자해독능력을 갖추고, 정보 활용능력을 갖추며, 문화적 생활을 향유할 수 있는 능력을 갖추어야만 진정한 문명인이라고 할 수 있을 것이다. 모든 사람이 만능의 천재일 수는 없지만, 문명인이라면 최소한 우리 국어는 물론 적어도 1개 외국어에 능통하고, 세상에 널려 있는 정보를 스스로 잘 찾아 활용할 줄 알며, 일상생활 속에서 그들의 개성 있는 문화를 향유할 수 있어야 진정한 의미에서의 문명인이라고 말할 수 있을 것이다.

리터러시의 계층구조

앞의 3대 리터러시, 즉 문자리터러시, 정보리터러시, 문화리터러시는 계층구조를 형성한다. 문자리터러시가 있어야 정보리터러시가 배양되며, 정보리터러시가 있어야 문화리터러시가 향상된다. 시민의 교양정신은 위와 같은 3대 리터러시가 구비되어야만 그 가치를 발휘할 수 있을 것이다. 그런데 이 모든 리터러시는 어디서 어떻게 배양되는 것일까? 단적으로 말하면 가정, 학교, 지역사회, 정부, 대학, 도서관, 박물관, 미술관, 음악관, 각종 회사 등 실로 다양한 사회적 기관들이 이러한 리터러시 형성에 영향을 미친다. 그 가운데서도 교육문화 환경이 되고 있는 가정, 학교, 도서관, 박물관 등이 가장 큰 영향을 미친다고 할 것이다. 이들은 모든

----

32) 박지선. 2006. 「문화콘텐츠 교육을 위한 교과과정」. 『문화 콘텐츠학의 탄생』. 서울 : 다할미디어. p.201

리터러시 향상의 기반infrastructure이 되기 때문이다.[33]

5. 디지털 콘텐츠와 도서관

컴퓨니케이션사회

현대는 정보소통의 시대이다. 그러면 무엇을 어떻게 소통해야 하는가? 여기서 '무엇을'에 해당하는 답은 각 학문분야의 연구에 바탕을 둔 충실한 내용, 즉 콘텐츠이며, '어떻게'에 해당하는 답은 콘텐츠를 전자적으로 소통하는 멀티미디어와 디지털미디어이다. 전통적인 소통은 면대면의 대화와 아날로그적 소통이었으나 지식정보사회에서의 소통은 디지털 네트워크에 의한 글로벌 컴퓨니케이션compunication 소통으로 변모되고 있다.

정보기술이 제공한 초기 컴퓨터 통신과 인터넷은 콘텐츠를 만드는 프로그램이 미숙했고, 컴퓨터통신과 인터넷의 유용성에 대한 인문학자들의 인식도 부정적이어서 인문콘텐츠를 구축하고 소통하는 노력이 적극적으로 이루어지지 않았으며, 다만 인터넷을 통해 뉴스를 보거나 전자메일을 이용하는 수준이었다. 또한 음란물이나 상업성 게임 등이 먼저 인터넷을 점령해 인터넷 중독, 게임중독 등의 사회적 문제를 야기하여 왔다. 그러나 2000년대 이후 인터넷에 탑재되는 각종 자료의 내용이 점점 충실해지

....

33) 리터러시의 기준을 확대하면 다음 예와 같이 모든 지식에 적용할 수 있을 것이다.
  literacy, information literacy, culture literacy, literature literacy, poet literacy, novel literacy, essay literacy, history literacy, philosophy literacy, administration literacy, economy literacy, management literacy, science & technology literacy etc.

고, 정부, 회사, 단체, 개인에 이르기까지 홈페이지를 구축하여 홍보와 마케팅의 수단으로 활용하면서 이제는 유용하고 수준 높은 내용들도 디지털문서에 탑재, 제공함으로써 지식정보의 소통이 상당부분 인터넷을 통해 이루어지고 있다.

특히 IT Information Technology기술과 CT Culture Technology기술의 접목으로 정보통신 산업과 문화산업이 급속도로 발전하고 있다. 오늘 우리의 삶의 모습은 문자생활을 하는 사람이라면 누구나 눈만 뜨면 인터넷에 접속하여 정보를 검색하고, 메일을 교환하며, 도서관에 가기 전에 먼저 인터넷으로 정보를 찾게 되었다. 또한 교육, 영화, 상거래 등 거의 모든 부문의 커뮤니케이션을 인터넷을 통해 실현해 가고 있다. 이제 지식정보사회는 역사를 흐르는 시대의 대세이기 때문에 전통적 방법을 고수하던 인문학자들도 이러한 역사적 흐름을 외면할 수 없게 되었다.[34] 따라서 인문학이던 사회과학이던 자연과학이던 지식정보 네트워크 속에 연구의 성과물인 콘텐츠를 올려 지식과 정보를 대중 속으로 전파하지 않으면 안되게 되었다.

콘텐츠의 의미 변화와 디지털콘텐츠

이러한 상황 속에서 이제 '콘텐츠'라는 용어는 본래의 사전적 의미인 책의 '목차, 내용'의 의미로부터 '전자적으로 구현되는 내용, 즉 디지털에 탑재되는 내용'으로 변모되었다. 사전에서 '콘텐츠'와 '디지털콘텐츠'

---

34) 이태진. 2001. 「정보화시대의 한국 역사학」. 『역사학과 지식정보사회』. 서울대학교출판부. pp.3~31.

를 검색하면 다음과 같은 해설이 나온다.

콘텐츠(contents)

원래는 책·논문 등의 내용이나 목차를 가리키는 것이었으나 지금은 영화나 음악, 게임 등의 오락으로부터 교육, 비즈니스, 백과사전, 서적에 이르는 디지털 정보를 말한다. 통신회선을 사용하여 간단히 접속할 수 있는 데다 개인용 컴퓨터의 보급이 확산 일로에 있으므로 콘텐츠 관련 비즈니스는 더욱 확대될 것으로 예상된다. 한편 콘텐츠의 사회적 영향력에 대해서는 예측 불가능한 부분이 있으므로 법적·윤리적 관점에서 어느 정도의 규제를 설정해 두어야 한다는 지적이 나오고 있다(DAUM 백과사전)

디지털콘텐츠(digital contents)

유무선 전기 통신망에서 사용하기 위해 부호·문자·음성·음향 이미지·영상 등을 디지털 방식으로 제작, 처리, 유통하는 자료, 정보 등을 말한다. 구입에서 결제, 이용까지 모두 네트워크와 개인용 컴퓨터(PC)로 처리하기 때문에 종래의 통신 판매 범위를 초월한 전자 상거래(EC)의 독자적인 분야로서 시장 확대가 급속히 이루어지고 있다(DAUM IT사전).

또한 '콘텐츠'에 접두어를 붙여 '인문콘텐츠', '문화콘텐츠'라는 용어가 사용되고 있고, '콘텐츠학'을 연구하는 학회들이 결성되고, 각 대학에서도 문화콘텐츠와 관련되는 학과들이 새로운 전공분야로 개설되고 있다.[35] '문화콘텐츠학'은 다학문적 성격을 띠고 있다. 이는 콘텐츠의 주제가 한두 가지가 아니기 때문일 것이다.

　이와 같은 '콘텐츠'의 의미와 '문화콘텐츠학'의 성격에 비추어 볼 때 인문콘텐츠, 문화콘텐츠, 디지털콘텐츠는 각기 콘텐츠의 포함 범위가 다르다는 것을 알 수 있다. 콘텐츠 앞에 붙여진 한정어들이 그 포함범위를 지시해주기 때문이다. 즉 인문학의 내용을 디지털화 한 것은 '인문콘텐츠'이며, 문화의 내용을 디지털화 하면 '문화콘텐츠'가 되는 것이다. 또 '문화콘텐츠'는 인문학을 기반으로 하지만 문화는 그 범위가 더 넓으므로 문화콘텐츠는 인문콘텐츠를 포함하는 개념으로 볼 수 있다. 인간생활의 모든 측면이 문화에 포함되기 때문이다. '디지털콘텐츠'는 인류의 전 지식 영역을 디지털화하는 것으로 해석되며 어떤 내용이든지 디지털화 하면 디지털콘텐츠로 되어 문화콘텐츠보다 더 광범하게 느껴진다. 또한 '디지털콘텐츠'가 인류의 전 지식영역을 콘텐츠화 한다는 의미로 본다면 이는 '디지털도서관'과 동일한 의미가 된다. 이와 같이 인문콘텐츠, 문화콘텐츠, 디지털콘텐츠는 순차적인 포함관계를 이룬다고 하겠다. 따라서 모든 지식과 정보는 궁극적으로 디지털화를 통해서 디지털도서관 개념으로 통합될 수 있다. 인류의 전 지식 부문에 걸쳐 디지털화가 완성되고 디지털유통으로 전 세계가 교류되면 지구촌은 거대한 디지털도서관이 될 것으로 예상된다.

....

35) 문화콘텐츠 관련학과를 개설한 국내 대학은 4년제 대학 14개교, 대학원 10개교 2년제 대학 11개교이다(자세한 것은 박지선. 2005. 「문화콘텐츠 교육을 위한 교과과정」. 『문화콘텐츠학의 탄생』. 서울 : 다할미디어. pp171~203 참조).

학문의 대중화와 도서관

현대사회가 인터넷으로 대표되는 디지털사회라고 하지만 아직 완전한 디지털사회가 이루어진 것은 아니다. 대부분 학문의 기초자료와 연구물들은 아직 아날로그 상태이다. 지식을 소통하는 데 중요한 역할을 하는 도서관 역시 아날로그의 비중이 높다. 그러나 디지털자료는 점점 확대일로에 있기 때문에 앞으로의 도서관은 모든 부문에서 디지털콘텐츠를 구축하고 소통시키는 기능을 갖추는 것이 시대가 요구하는 방향인 것 같다.

도서관은 현재 많은 종이 문헌자료를 수집, 보존하며 활용시키고 있다. 학자들은 개인적으로 수집해서 공부하는 책도 많지만 고문헌자료 등 역사자료들은 도서관을 활용한다. 전통적 인쇄자료인 종이 책의 편리와 유용성은 아직 훌륭하다. 학생들은 책이 없으면 공부하기 어렵다. 따라서 도서관은 종이책을 지속적으로 유지하면서 사라져가는 책들을 디지털화하는 노력을 기울이지 않으면 안 된다. 도서관을 통한 디지털콘텐츠의 구축은 대중의 문화적 수준과 질을 높이는 데 기여할 것이다.

그러나 중요한 것은 디지털사회는 인간사회의 한 측면에 불과하다는 점을 잊어서는 안 된다는 것이다. 디지털은 보존과 소통의 기술적 방법일 뿐이며 이를 활용하는 것은 인간이기 때문에 인간과 디지털에 있어 주객이 전도되는 현상이 일어나서는 안 될 일이다. 인간은 아날로그도 필요하고 디지털도 필요하다. 인간은 디지털 방식으로 결혼하고 아이를 낳을 수 없다. 디지털 방식으로 음식을 먹을 수도 없다. 인간은 인간이며 디지털은 디지털인 것이다. 따라서 인간은 앞으로도 인간정신을 뿌리로 하고, 과학기술을 도구로 삼는 '인간적 지혜'를 발휘하며 살아갈 것이다.

6. 문헌정보학의 의미와 유용성

문헌정보학의 의미와 성립배경

"문헌정보학은 문헌정보를 연구대상으로 하는 학문이다." 이렇게 말한다면 당연한 것이기는 하나 그 의미가 잘 와 닿지 않는다. 그래서 그 구체적인 의미와 유용성을 국어사전, 백과사전 그리고 전문사전을 중심으로 살펴보고자 한다. 먼저 국어사전을 찾아본다.

문헌(文獻)
1. 옛날의 제도나 문물을 아는 데 필요한 자료나 기록(용례 : "우리는 여행기간 동안 고구려와 발해의 많은 유적들을 돌아보고 문헌과 대조해 보았다."). 2. 특정한 연구에 대해 참고가 되는 서적이나 문서(용례 : "법과 형법에 관한 어떤 문헌도 이 문제에 대해서 전혀 이론을 제시해 주지 못하고 있다.").(연세한국어사전. 2001. p.744)

정보(情報)
1. 어떤 비밀의 사실이나 상황에 관한 자세한 지식이나 보고나 자료(용례 : "틀림 없이 중요한 정보를 가져왔을 것임을 직감했다."/ "적에게 정보가 누설될 만일의 사태에 대비하는 것이다."). 2.(주로 전자기술에 의하여 수집, 저장, 가공, 전달되는) 어떤 사실에 대한 지식(용례 : "21세기는 정보의 시대이다."). (연세한국어사전. 2001. p.1619)

국어사전에는 '문헌'과 '정보'의 의미가 문헌정보학의 의미와는 좀 다르게 매우 한정적으로 설명되어 있다. 따라서 이러한 국어사전적 의미만으로는 문헌정보학의 의미를 파악하기 어렵다. 차라리 한자말에 의존해서 풀어보면 그 뜻이 더 잘 들어날 것 같아 '문헌'과 '정보'를 한자 중심으로 해석해 본다.

'문헌文獻'에서의 '문文'은 '글월 문'이다. 그리고 '헌獻'은 '바칠 헌', '드릴 헌' 이다. 따라서 문헌은 '글을 바친, 글이 들어 있는' 자료의 의미가 된다. 따라서 글이 들어 있으면 미디어가 무엇이든 모두 '문헌'이 된다. 그것이 '옛날의 문물을 다룬 것'이든 '특정한 연구에 참고'가 되든 안 되든 아무 상관이 없다.

'정보情報' 역시 한자로 풀어보면, 정情은 '뜻 정'으로서 '뜻'은 '의미'를 나타낸다. '보報'는 '갚다, 알리다'의 뜻이다. 따라서 '정보'는 '뜻', 즉 '의미를 알리는 것'이 된다. 그것이 비밀의 뜻이든 공개적인 뜻이든 상관이 없고, 전자기술에 의하든 인쇄기술에 의하든 관계가 없다.

이를 종합하면 '문헌정보'란 '의미를 알리는 글이 들어 있는 자료'가 된다. 따라서 문헌정보학은 이러한 문헌정보를 수집, 정리, 보존, 유통 이용하는 방법을 연구하는 학문이라고 우선 정의할 수 있을 것이다. 그러나 이것은 단순한 문자적 정의로서 문헌정보학의 성립과 발전에 따른 구체적인 실체를 나타내지는 못한다. 따라서 좀 더 구체적으로 알아보기 위해 백과사전으로 가 보았다.

문헌정보학文獻情報學 informatics

정보의 성질, 행동, 유통을 연구하는 학문. 종래에는 도서관학(圖書館學)이라 하여 주로 도서자료를 인식하고, 수집, 정리, 조직, 운용하는 지식과 기술을 다루는 분야를 일컬었으나, 정보 개념이 도입되면서 넓은 의미의 정보와 이용자 및 그 상호관계로 분야가 확대되었다. 도서관학이라는 용어는 1808년 독일의 M. W. 슈레팅거가 처음 사용하였으나, 실무적으로는 기원전 마케도니아의 알렉산드리아도서관 사서였던 칼리마쿠스가 그리스 문헌 목록인 피나케스(Pinakes)를 작성하였으므로 도서자료와 그 기원을 함께 한다고 할 수 있다. 17세기 프랑스의 노데는 도서관 사상과 운영의 원리를 논한 최초의 개론서인〈도서관설립법 Advispour dresser une bibliothe que〉을 펴내어 이 분야를 본격적인 학문으로 다루었다. 한국에서는 1946년 국립중앙도서관의 전신인 국립도서관 내에 '국립조선도서관학교'를 설립함으로써 근대적인 문헌정보학 연구 및 사서 양성을 시작하였다. 정보학이라는 용어는 1959년 미국 펜실베니아대학 출판물에서 처음 쓰였는데, 정보형태의 다양화와 컴퓨터 및 통신공학의 발달에 따라 정보의 성질과 유통뿐 아니라 정보가공기술 및 시스템에 대한 연구가 활발히 이루어지고 있다. 도서관학과는 자료와 그 이용이라는 측면에서 정보학과 통합되어 다루어진다. 주요 연구 분야로는 문헌정보학사, 정보의 수집, 조직, 가공, 이용, 참고봉사, 도서관운용 및 협동체제, 서지학 등이 있으며 인접 학문으로는 정보이론, 사이버네틱스(cybernetics : 인간과 기계간의 정보처라를 연구하는 학문), 기호학, 언어학, 심리학, 도서학, 서지학 등이 있다(이신영, 두산세계백과사전 10권. 1996. p.619)

백과사전에서는 문헌정보학의 역사적 유래를 설명하고 있다. 그러나 문헌정보학의 의미를 완벽하게 파악하는 데는 어려움이 있다. 우선 '문헌정보학'에서 '문헌' 부문에 대한 설명이 미흡하고 정보 부문에 치중하고 있다. 영문 표기로 'informatics'라고 하여 Library and Information Science에 대한 설명이 아님을 드러내고 있다. 또 세부 연구 분야에 대한 언급이 간단하여 문헌정보학의 전 체계를 파악하기가 어렵다. 특히 도서관학과 문헌정보학의 성립 및 학문 명칭 변경에 대한 배경 설명이 부족하다. 그래서 문헌정보학사전을 찾아보았다.

문헌정보학 library and information science

내용 문헌과 관련된 모든 사실이나 현상을 논리적·과학적으로 규명하고, 사회적 적용 가능성을 추구하는 학제적인 성격을 띤 독자적인 학문. 문헌(文獻)이란 그 형태와 종류에 상관없이 정보매체에 기록된 정보의 총칭이며, 도서관학은 문헌의 수집, 보존, 조직, 이용과 정보센터로서의 도서관 업무 진작에 관련된 어떤 원칙, 이론, 기술에 대한 지식의 응용이라 할 수 있다. 정보매체란 인간의 지적활동의 내용을 정보로서 주고받기 위한 모든 방법이나 수단을 말한다. 정보학(情報學)이란 정보의 생산, 수집, 정리, 분석, 축적, 검색, 이용 등과 관련된 본질과 성질을 규명하고, 규명된 사항의 사회적 적용 가능성을 추구하는 학문이다. 즉 정보의 구조와 속성 그리고 정보활동의 일반적인 법칙, 역사, 방법, 조직화를 추구하는 영역에 붙인 이름이다. '도서관학'과 '정보학'이 융합되어 '문헌정보학'이 태어났다. 문헌정보학은 사회현장과 밀접한 관계를 갖는 학문분야이다. 내용을 정보의 처리기능이라는 측면에서 보면 크게 문헌의 수집, 색인(정리, 조직), 이용의 세 가지 기능으로 대별할 수 있다. 이용자는 수집된 정보를 이용하여 새로운 정보를 창출하게 되며, 이 결과는 다시 수집의 대상이 될 것이다. 그러나 문헌정보학상의 모든 과정은 마지막 단계인 이용을 위해서 존재한다.(한국도서관협회, 한국문헌정보학용어사전, 2011년 개정판)

문헌정보학Library and Information Science

문헌이란 그 형태와 종류에 상관없이 정보매체에 기록된 정보의 총칭이며, 도서관학(또는 문헌학)은 문헌의 수집, 보존, 조직, 이용과 정보센터로서의 도서관 업무 진작에 관련된 어떤 원칙, 이론, 기술에 대한 지식의 응용이라 할 수 있다. 정보매체란 인간의 지적 활동의 내용을 정보로서 주고받기 위한 모든 방법이나 수단을 말한다. 정보매체는 음반, 테이프, 필름 등의 시청각매체, 그리고 자기테이프, 자기디스크, 광디스크, 마이크로필름 등의 기계가독매체, 말이나 몸짓, 이들의 물리적인 표현 형태인 문자, 도형, 음성, 화상, 영상 등을 포함할 뿐 아니라 회화, 조각, 건축물, 음악, 공연, 영화 등의 저작물도 포함된다. 정보학(情報學)이란 정보의 발생, 수집, 조직화, 축적, 검색, 이해, 전달, 활용 등과 관련된 본질과 성질을 규명하고 규명된 사항의 사회적 적용 가능성을 추구하는 학문이다. 즉, 정보의 구조와 속성 그리고 정보활동의 전반적인 법칙, 역사, 방법, 조직화를 추구하는 영역에 붙여진 이름이다. 정보가 갖는 논리적 구조, 수학적 구조, 알고리듬 등 뿐 만 아니라 성질이 다른 대량의 정보를 어떻게 취급할 것인가도 연구대상이 된다.

> '도서관학'과 '정보학'이 융합되어 '문헌정보학(library and information science)'
> 이 태어났다. 문헌+정보의 병립적인 합성어가 아니라 '문헌정보학'이라는 새로운 학문
> 분야를 만든 것이다. 문헌정보학은 문헌과 관련된 모든 사실이나 현상을 논리적 및 과
> 학적으로 규명하고, 사회적 적용 가능성을 추구하는 학제적인 성격을 띤 독자적인 학
> 문이라 할 수 있으며, 사회 현장과 밀접한 관계를 갖는 학문분야이다. 내용을 정보의
> 처리기능이라는 측면에서 보면 크게 문헌의 수집, 색인(정리, 조직), 이용의 세 가지
> 기능으로 대별할 수 있다. 이용자는 수집된 정보를 이용하여 새로운 정보를 창출하게
> 되며, 이 결과는 다시 수집의 대상이 될 것이다. 그러나 문헌정보학상의 모든 과정은
> 마지막 단계인 이용을 위해서 존재한다.(한국도서관협회, 한국문헌정보학용어사전.
> 1996)

문헌정보학 전문사전이라 비교적 구체적인 내용을 설명하고 있다. 그러나 학문명의 변화과정, 특히 우리나라에서의 학문 명칭 변화 배경이 설명되어 있지 않다. 또한 세부 학문의 갈래에 대해서도 생략되어 있어 구체적으로 무엇을 배우는지가 뚜렷이 드러나지 않는다. 따라서 보충 설명을 좀 해보면, 우리나라에서 문헌정보학이라는 학문명칭을 사용한 것은 1991년 전남대학교와 한성대학교가 최초이다. 그 후 도서관학계에서 학문명칭을 문헌정보학으로 하자는 의견이 계속 제기되었고, 이에 1992년 한국도서관학회가 회원들의 설문조사를 거쳐 '한국문헌정보학회'로 명칭을 바꾸면서 본격화되었다. 그 이후로 도서관학과가 설치된 전국의 거의 모든 대학들이 도서관학과를 문헌정보학과로 개칭하였다.[36] 문헌정보학이라는 이름이 등장한 것은 전자기술의 급속한 발전으로 정보사회가 진전됨에 따라 도서관에서 다루는 매체가 도서뿐만 아니라 사회일

----

36) 대구 가톨릭대학은 현재(2019)에도 '도서관학과'의 명칭을 유지하고 있다.

반에 통용하는 전자정보를 포괄하게 되어 도서관학이라는 명칭으로는 한계점을 갖게 되었기 때문이다.

이러한 변화에 따라 문헌정보학 전공자들은 도서관학 전공에 비하여 그 연구 및 실용 범위를 넓힘으로써 전공 후의 진로가 도서관으로 국한되지 않고 사회의 모든 기관 단체에 정보관리자로 진출할 수 있는 소양과 능력을 갖추게 되었다.

결국 문헌정보학은 사회가 요구하는 도서관의 효율적인 구축과 이용을 연구 대상으로 하는 학문으로서 높은 실용성을 추구한다. 학문을 위한 학문이 아니라 도서관의 개선과 발전을 위한, 나아가 사회 각 기관의 정보관리의 개선과 발전을 위한 실사구시實事求是의 학문인 것이다. 따라서 우리의 도서관과 정보관리 및 이용의 문제를 개선하지 못하는 문헌정보학 관련 논의는 아무런 의미가 없는 것이다.

문헌정보학의 유용성-통합적 지식경영

문헌정보학의 궁극적 목적은 지식정보자원의 통시적(역사성), 동시적(최신성) 관리와 유통을 통한 학술문화의 창달에 있다. 도서관은 과거를 숨쉬고 내일을 잉태하는 오늘의 광장이다. 따라서 문헌정보학의 관심 대상은 '도서관의 과거와 현재 그리고 미래'이다. 그러나 도서관 밖에서의 정보관리와 정보봉사도 함께 아우른다. 21세기는 정보의 융합시대이기 때문이다. 문헌정보학은 건강한 도서관, 선진적 정보사회를 만들기 위한 방법을 제시하는 학문이다. 모든 사람들에게 책과 정보를 원활하게 유통,

활용시킴으로서 인류문명에 생명력을 공급하는 학문인 것이다

문헌정보학은 지식정보를 통합적, 체계적으로 경영하는 '통합적 지식
경영학'이다. 문헌정보학은 모든 지식정보의 경영관리를 연구 대상으로
한다. 지구상에 도서관만큼 지식과 정보를 구비하고 이를 알기 쉽게 조
직, 보존, 제공하는 기관은 없을 것이다. 도서관은 전 인류 지식에 대한
통합적 지식정보와 경영 노하우를 가지고 시민에게 서비스하는 사회적
도구이다. 따라서 도서관은 인류문화 발전의 디딤돌로서의 소임을 다해
야 한다. 책과 시민과 학자들의 소통 공간으로서 문화의 발전에 기여해
야 한다. 도서관은 정보의 '샘물'을 길어 지식을 조리하는 '창조적 공간'
이다. 도서관은 자료의 보존 뿐 아니라 학습과 연구를 지원하는 열람실,
연구실, 강의실, 세미나실, 스튜디오를 갖추고 각계각층에 맞는 학술 및
평생교육 프로그램을 제공함으로써 시민 속으로 융합되어 들어가야 한
다. 도서관은 '시민의 대학'으로서 대학보다 쉽고, 대학보다 재미있고, 대
학보다 실속 있는 지식과 지혜의 소통의 장으로서 정보사회를 이끌어 나
가는 문화의 기반이 되어야만 그 유용성을 발휘할 수 있을 것이다.

제2장

도서관, 문명의 산실

1. 세계 최초의 도서관 아슈르바니팔도서관

메소포타미아 문명 발생 이후 기원전 3000년경부터 기원전 4세기경에
이르기 까지 중동지역은 수메르인이라 불리는 종족이 지배하였다. 이들
은 우르Ur, 우르크Uruk, 라가시Lagash, 니푸르Nippur 등에 도시를 건설하고
번영을 누렸다.[1] 수메르인들은 설형문자楔形文字[2]의 창시자로서 설형문자
는 기원전 3000년경부터 약 3000년 동안 고대 오리엔트지역에 광범위하
게 사용된 대표적인 문자이며 외교문자였다. 설형楔形이라고 이름 붙인
이유는 글씨를 대나무펜이나 금속펜 등 날카로운 펜으로 점토판에 새겼

---

1) 수메르인들의 문화는 19세기에 이르러 위의 도시 발굴을 통해서 밝혀지게 되었다.
2) 楔形(설형)의 楔(설)은 쐐기 또는 문설주를 의미한다.

기 때문에 실제 쐐기로 찍어 쓴 것은 아니지만 마치 쐐기로 찍은 모양으로 나타난 데서 명명된 것이며 일명 쐐기문자라고 불린다. 설형문자는 처음에는 한자漢字와 마찬가지로 그림문자로 시작되었으나 점차 간소화되어 표음문자로 발전하였다. 현재까지 알려진 설형문자는 약 1000자 정도이며 함무라비법전은 설형문자로 된 고대의 법전으로 알려져 있다. 수메르인에 이어서 기원전 15세기경부터는 셈족계통인 아키드인Akkadian들이 중동지역을 지배하였다. 이들은 바빌로니아와 아시리아에 왕국을 건설하고 중근동을 지배하여 전성기를 누렸다. 이들 역시 설형문자를 사용하였으며, 그들의 문자는 인근 이집트에까지 영향을 준 것으로 보인다. 니푸르에서는 점토판을 소장한 대규모의 사원도서관과 고문서관이 발견되었는데, 점토상자가 벽을 따라서 목제서가에 보관되어 있었고, 목제상자들을 아스팔트로 감싸서 부식을 방지하였다. 또한 어떤 곳은 벽감壁龕(niche)을 따라서 점토판을 진열하였으며 어떤 것은 가지런히 묶여진 모습으로 발굴되었다.

근동과 메소포타미아 지역에서는 약 50만장의 점토판이 발굴되었는데 점토판의 모양은 장방형의 직사각형으로 앞면(내용이 기록된 면)은 볼록면, 뒷면은 오목 면이며 보관할 때는 뒷면 즉 오목편이 위로 드러나게 하여 파손을 예방하였다. 또한 오목 면에는 제목을 새겼으며, 소유자의 이름, 사자생寫字生의 이름을 새기고 어떤 경우는 점토판을 주의 깊게 다루라는 경고문을 써 놓기도 하였다. 한편 쓸모없는 점토판은 도로나 바닥의 보도블록으로 이용하거나 한곳에 쌓아 놓았다.

아시리아가 융성한 시기는 기원전 8세기에서 7세기경으로서 아시리아의 마지막 왕인 아슈르바니팔Assurbanipal(BC. 668~BC. 627)왕궁의 발굴에 의하면 왕궁에 설형문자로 새겨진 점토판이 흙 상자에 보관되어 가지런히 놓여 있었고, 점토판을 구별하는 식별표지가 있었으며, 점토판을 여러 개의 구획으로 배치하고, 각 구획에는 일종의 시각표지물인 소장 자료 목록이 있어서 장서를 분류하여 조직해 놓았던 것으로 여겨지고 있다. 아슈르바니팔도서관의 장서의 특징은 문학적인 저작물 보다는 실용적 문서와 학자들의 예언서omen[3] 등 주로 학문적 문헌이 많다는 것이다.

2. 헬레니즘 문화의 산실 알렉산드리아도서관

세계 지성사에 영원히 빛나는 도서관은 아마도 알렉산드리아도서관일 것이다. 알렉산드리아는 본시 마케도니아왕국의 알렉산드로스 대왕의 이름에서 딴 도시명이다. 알렉산드로스(BC. 334~324 재위)는 그리스의 북부 마케도니아왕국 필립2세Philip (BC. 359~336 재위)의 아들로서 부왕의 유지를 받들어 오리엔트를 정복하고 대 제국을 건설하였다. 이는 서양문명의 동방진출, 즉 서세동점의 화려한 출발이라 할 수 있다. 그는 전쟁에 계속 승리하면서 정복하는 곳마다 도시를 건설하고, 그의 이름을 따서 알렉산드리아라고 명명하였다. 그가 세운 알렉산드리아는 소아시아, 중앙아시아, 인더스강 유역, 이집트 나일강 유역에 이르는 광활한 지역에 걸쳐 무

---

3) 예언서(omen)는 일종의 점성술에 관한 책이며 점성술은 고대에 있어서는 중요한 하나의 학문 분야로서 오늘날의 '미래학'과 비슷한 것이다. 한편 기독교인들은 'Amen'이라는 말을 자주 사용하는데 그 뜻은 어떤 기도나 기원하는 말끝에 모두가 합창하는 것으로서 '진실로 그렇게 되기를 바란다.' 는 뜻으로 쓰는 다짐이라 한다.

려 70여 곳에 달하였다.[4] 그 가운데서도 가장 번성하였던 곳은 이집트의 지중해 연안에 위치한 알렉산드리아였다. 알렉산드로스대왕은 20대에 왕위에 올랐으나 동방 원정에서 33세의 젊은 나이에 열병으로 죽었기 때문에 그의 통치는 10여년에 불과하였다. 그러나 이집트의 알렉산드리아는 프톨레미 소터Ptomemy Soter와 그 후계자들에 의해 약 300년 동안 번영이 지속되었다. 프톨레미 소터는 BC. 300~290에 알렉산드리아도서관을 건설하였다.[5] 알레알렉산드리아도서관은 원래 뮤세이온museion이라는 종합교육기관이었다. 박물관과 도서관을 겸한 당시 세계 최대의 교육기관이 아프리카에서 출발한 점은 인류의 탄생지역이 아프리카였다는 점과도 우연히 일치된다. 뮤세이온의 설립 목적은 물론 그리스 문화의 세계전파를 위한 것이었다. 그러나 그리스문화뿐만 아니라 메포타미아와 이집트, 인도문화를 융합하여 헬레니즘문화라는 새로운 세계문화를 형성하였다.

알렉산드리아도서관에는 많은 학자 사서들이 연구와 교육에 종사하였다. 초기 도서관장이었던 제로도투스는 그리스 문학에 정통하였고, 지리학자 에라스토테네스는 최초로 지구 둘레를 측정하였다. 아리스토파네스는 사전을 편찬하였고, 유클리드는 기하학의 창시자였으며, 천문학자 프톨레미는 우주의 지구중심설을 주창하였다. 도서관의 경영면에서는 칼리마쿠스가 최초로 분류와 목록의 규칙을 확립하고, 'pinakes'라고 불리는

4) 징수일. 2001. 『고대문명교류사』. 서울 : 시계절. pp.353~361.
    명사형에 ia를 붙이면 지명이 된다. 예를 들면 아시아, 이탈리아, 브라질리아, 필라델피아 등.
5) James Thompson. 1977. *A history of the principles of librarianship*. LONDON ; CLIVE BINGLEY. p.204.

장서목록을 편찬한 것으로 유명하다.

알렉산드리아도서관의 장서는 한때 70만 권에 이르렀다. 물론 거의 파피루스 권자본이었으므로 오늘의 장서개념과는 많은 차이가 있다. 알렉산드리아도서관 직원들은 자료의 수집에 열정적이었다. 필사본에 의존해야 했던 그들은 수출입 시에 유통되는 개인 책들을 가져다가 필사하여 사본을 만든 다음 원본은 도서관에 보존하고 주인에게는 사본을 돌려주는 염치없는 일도 행하였다고 한다. 또 소아시아의 페르가몬 도서관보다 우위를 점하기 위하여 페르가몬에 파피루스의 수출을 금지함으로써 페르가몬에서 더욱 질 좋은 양피지가 개발되는 결과를 낳게 하였다.

알렉산드리아도서관은 여러 차례의 전쟁으로 파괴되어 갔다. BC. 48년 시저Caesar의 알렉산드리아 전쟁에서 화재로 소실되었고, 391년에는 기독교도들의 침입으로 파괴되었다. 마지막으로 640년에는 이슬람 칼리프 오마르Caliph Omar의 침입으로 완전히 소멸되었다. 그러나 프톨레미 소터 Ptolemy Soter가 건설한 알렉산드리아는 세계역사상 700년 동안이나 존속한 지상의 불가사의로 여겨지고 있으며, 알렉산드리아도서관은 약 900년 동안이나 존속한 인류 지성의 횃불이 되었던 것이다.[6]

헬레니즘문명의 산실 알렉산드리아도서관은 멸망으로부터 1362년만인 2002년에 유네스코에 의하여 다시 문을 열었다. 재건의 발단은 알렉

----

6) James Thompson. 1977. 전게서. pp.204~205.

산드리아대학의 역사학자 무스타파 엘 아바디 교수가 1971년에 주창하였으나 이집트의 경제적 사정으로 착수되지 못하다가 1987년 UNESCO가 호스니 무바라크 이집트 대통령의 요청으로 세계에 알렉산드리아도서관 건립지원을 호소하여 국제사회의 관심을 끌면서 중동 산유국을 비롯한 세계 여러 나라의 협조로 성사되게 되었다. 그 후 설계와 고적 발굴 등 사전 준비 기간을 거쳐서 1995년에 착공하여 2002년 10월 16일에 문을 열게 되었다. 비블리오테카 알렉산드리아Bibliotheca Alexandria로 명명된 이 거대한 도서관은 지중해를 향해 태양을 빨아들이는 웅장한 모습으로 부활, 우리 앞에 새로운 세계문명의 횃불을 밝히게 되었다.[7]

3. 인쇄, 출판, 문명

도서관의 역사는 정보문화의 역사라 할 수 있다. 정보문화는 또한 커뮤니케이션의 문화이며 이는 출판과 밀접한 연관을 가지고 있다. 또 문헌정보학의 관련 학문으로서 출판학, 언론정보학, 사회학도 밀접하게 연관된다. 또한 컴퓨터와 통신 기술이 정보의 가공, 저장, 유통을 급속도로 촉진시킴으로서 컴퓨터학과 통신공학도 중요한 커뮤니케이션의 학문 영역이 되었다. 그래서 이제는 어느 하나의 단일 분과학문만으로는 정보사회를 대처하기에 역부족이다. 도서관이 문헌정보학은 물론 인접 학문을 아울러 섭렵하여 학문적인 경계의 벽을 넘어야 한다는 의미이기도 하다.

....

7) DongA.com 2003.5.5(월). "古代 알렉산드리아도서관 재건".

종이와 인쇄술의 접목으로 이루어진 1119년(2019－751(무구정광대다라니경) = 1119)의 역사는 서서히 컴퓨터와 통신이라는 기술에 그 구심력 빼앗기고 있다. 처음에는 전자출판이라 하여 책의 출판 편집을 컴퓨터로 하더니 아예 종이를 쓰지 않고 출판을 하는 디지털북이 등장하고, 이에 따라 디지털도서관이 출현하여 종이 없는 도서관, 종이 없는 사회의 도래를 예고하고 있다. 우리가 현재 실감하듯이 사회의 전반적인 모습은 10년이 다르게 변화하여 앨빈 토플러가 예언한 '정보사회'를 실현해 감으로써 우리의 문명적 삶의 모습을 바꾸고 있는 것이다.

　그러나 과연 종이와 인쇄술은 디지털에 완전히 자리를 내어 줄 것인가? 여기에는 아직 많은 성급한 판단이 자리하고 있는 것 같다. 디지털에 비해 종이 책은 많은 장점을 가지고 있다. 우선 종이책은 인간에게 친숙하고 편리하다. 종이책은 휴대하고 다니면서 어디서든 꺼내 읽을 수 있다. 종이책은 보존 기술을 통하여 미디어를 대체하면서 영원히 보존할 수 있다. 그러나 디지털은 변화가 심하여 이전의 데이터가 없어지며, 한꺼번에 데이터가 바뀌고, 날아갈 수도 있다. 그러나 이러한 단순한 비교만으로 종이책의 존속을 항변하고 싶지는 않다. 종이책의 존속을 믿을 수 있는 보다 근본적인 이유가 있기 때문이다. 그것은 바로 인간 자신이 디지털이 아니라는 사실이다. 만일 인간이 디지털이라면 디스켓을 머릿속에 내장하고 USB를 귀에 꼽으면 정보가 활성화될 수 있겠지만 인간은 그런 로봇이 아니다. 인간이 디지털을 만들었으므로 인간의 능력은 디지털보다 우수하다. 따라서 앞으로도 인간은 아날로그와 디지털을 용도에 알맞게 적절히 활용하면서 문명생활을 편리하게 해나갈 것이다.

인쇄술의 발달

필사筆寫

문자발명 이후 사람들은 판판한 곳이면 어느 곳에나 글씨를 써 왔다. 처음에는 고른 땅에다 그림을 그리거나 글씨를 썼을 것이다. 그러나 앞서 살펴본 바와 같이 정보 매체는 돌, 점토판, 파피루스, 양피지, 종이 등으로 병행 또는 대체하여왔다. 또 글자의 모양도 초기에는 그림처럼 그리다가 점점 더 능숙한 솜씨로 글씨를 쓰면서 여러 가지 문자체를 형성하여왔다.

종이 발명 이후에도 손으로 직접 글씨를 써서 책을 만드는 사본시대는 오랫동안 지속되었다. 동양에서의 목판과 목활자 및 금속활자인쇄술, 그리고 서양에서의 구텐베르크 인쇄술이 발명된 후에도 책은 수요에 비하여 생산량이 부족하였으므로 필사는 오랫동안 병행되었다.

메소포타미아의 고대 바빌로니아와 아시리아의 도서관들에서는 점토판의 필사가 관습화되었고, 알렉산드리아도서관에서 대대적인 파피루스 필사가 이루어졌다고 한다.[8] 중세에 와서는 유럽 도처에 산재해 있던 수도원에서 필사작업이 수행되었다. 수도원의 사자생寫字生들은 파피루스나 양피지 또는 종이에 성서, 예배서와 교회 관련 문헌들을 필사하였으며, 고대로부터 전승되어온 그리스 로마의 고전들을 필사하여 수도원 도서

....

8) James Thompson. 1977. 전게서. p.52.

관에 보존함으로써 고대의 문화를 후세에 이어주는 중요한 역할을 수행하였다. 이렇게 전승된 필사 고전들은 15세기 르네상스 운동의 기반이 되었다.

중국과 우리나라에서도 고대로부터 필사가 이루어졌다. 유교경전을 비롯하여 정부행정기관 중심으로 정치와 행정에 필요한 책이 필사되었고, 농업, 의약관련 서적, 그리고 교육을 위한 전적들이 필사, 전승되었다. 불교의 경률론經律論 3장 등 경전 및 경전과 관련되는 서적의 필사는 사찰에서 승려들이 수행하였다. 특히 고려시대에는 불교를 국교로 정하였기 때문에 불경의 필사가 성행하였다. 불경의 필사는 불사佛事의 법공양法供養으로 이루어진 것으로 불자들은 목욕재개한 후 일자일배一字一拜(한자 쓰고 한번 절하는)의 지극정성으로 필사하였기 때문에 고려사경高麗寫經은 글자가 정연하고 아름답다.[9]

인쇄술의 시원始原

인쇄에 대한 아이디어는 같은 책을 손쉽게 많이 만들어 내고자 하는 인간의 욕구에서 비롯되었다. 필사에는 시간이 많이 걸릴 뿐 아니라 한 사람이 한 번에 한 책 밖에 쓰지 못하므로 매우 답답한 일이었다. 특히 더욱 간편한 매체인 종이가 등장한 이후로 책의 대량생산을 위한 시도들

....

[9] 오늘날에도 불교에서 사경공양(寫經供養)이 행해지고 있는 것은 경전을 정성껏 쓰는 것 자체가 기도이며 마음의 공부라고 생각하기 때문이다. 성경필사(聖經筆寫)의 모습은 기독교 교회에서도 흔히 볼 수 있는 일이다. 그러나 오늘날의 寫經에 있어서는 불교도나 기독교도나 대부분 정성이 좀 덜한 것 같다. 붓펜이나 사인펜으로 빠르게 흘려쓰기도 하고, 틀린 곳은 화이트로 지우고 쓰는 경우도 많으니…. 그러나 어쨌든 쓰기는 읽기에 비하여 공부가 더 잘 되는 것 같다.

이 있어왔다.

목판본木版本

동양 전적의 최초 인쇄는 목판본이었다. 이는 나무판에 달필가가 쓴 글씨를 뒤집어 붙이고 도장을 새기듯이 칼로 파서 책판을 만든 다음[10] 여기에 먹을 칠한 후, 종이를 올려놓고 솔 같은 부드러운 물질로 문질러 찍어내는 기법이다. 현존하는 세계최초의 목판본은 신라 경덕왕 10년 (751)에 조성된 권자본인 무구정광대다라니경無垢淨光大陀羅尼經이다.[11] 중국 최고의 목판 현존본은 868년에 간행된 금강반야바라밀경金剛般若波羅密經으로서 우리나라가 중국보다 100년 이상 앞선다. 우리나라의 목판인쇄 중 가장 방대한 것은 고려高麗의 팔만대장경판八萬大藏經板으로서 지금도 경판의 원형이 경상남도 합천 해인사海印寺에 보존되어 있다.

목활자본木活字本

목활자 인쇄는 나무로 낱개의 글자를 만들어 책의 내용에 맞추어 책판에 글자를 한자 한자 심어서 고정시킨 다음, 그 위에 먹물을 바르고 종이를 올려 찍어내는 방법이다. 목판본은 한 번 만들어 놓으면 한 종류의 책밖에 찍지 못하나 목활자는 한번 사용한 후에도 내용이 다른 책을 활자를 조판하여 인쇄할 수 있는 장점이 있다. 그러나 글자를 심는데 있어서 목판에 새긴 것처럼 정연하게 되지 못하는 단점도 있다. 목활자 사용의

....

10) 천혜봉. 1993. 『한국금속활자본』. 서울 : 범우사. p.9. 신라 경덕왕 10년(751)에 인쇄된 우리 나라 최초의 목판본으로 국립중앙박물관에 보존되어 있다.
11) 천혜봉. 1997. 『한국서지학』. 서울 : 민음사. pp.155~158.

확실한 기록은 1298년 중국 원나라 때의 인쇄된 것으로 알려진 농서農書의 인쇄기록이며, 우리나라에서는 조선 태조4년(1395)에 인행된 개국원종공신녹권開國原從功臣錄券이라는 문서가 가장 오래된 목활자 인쇄물로 알려졌다.[12]

금속활자본

목활자에서 활자의 장점을 터득한 우리 선인들은 보다 견고하고 오래 쓸 수 있는 금속활자인 동활자를 만들어냈다. 동활자는 나무활자에 비하여 마모와 부식이 더뎌 오랫동안 많은 종류의 책을 찍어낼 수 있는 장점이 있다. 그간 몇 몇 학자들에 의하여 우리나라에서는 11세기 말 또는 12세기 전반기에 금속활자를 만들었다는 주장이 제기되었으나 실물로 고증된 것이 아니어서 신빙성이 없는 상태였다. 그러나 주자鑄字로 인쇄되었던 남명천화상송증도가南明泉和尙頌證道歌[13]를 1239년에 복각한 실물이 전해짐으로써 적어도 13세기 초에는 금속활자가 조성된 것으로 보고 있다.[14]

또 실물이 전해지는 것으로는 고려 우왕禑王 3년(1377)에 청주 흥덕사에서 주자로 찍은 백운화상초록불조직지심체요절白雲和尙抄錄佛祖直指心體要節(간략서명으로는 '불조직지심체요절'이며 요즘은 '직지'라고 줄여 쓰기도 함)[15] 하

....
12) 천혜봉. 1993. 『한국목활자본』. 서울 : 범우사. pp.9~10.
13) 이 책은 남명천선사(南明泉禪師) 법천(法泉)이 당나라 영가선사(永嘉禪師) 현각(玄覺)이 지은 증도가 247구의 각 구절에 7자 3구, 그리고 원문이 3자인 경우에는 3자를 더한 형식으로 320편을 계송(繼頌)하여 선종 禪宗)의 진리를 한층 오묘하게 한 것이다.(천혜봉. 1993. 『한국금속활자본』. 서울 : 범우사. p.22에서 인용)
14) 천혜봉. 1993. 『한국금속활자본』. 서울 : 범우사. pp.11~13.

권下券 1책이 있다. 현존 유일의 최초 금속활자본인 이 책은 1887년 서울 주재 프랑스 공사가 수집해 간 것이며, 골동품상을 거쳐 1950년 프랑스 국립도서관에 기증된 것으로 1972년에 '국제도서의 해'의 기념 전시회에 출품됨으로써 세계 최초의 금속활자 인쇄본임을 공인받게 되었다.

한편 청주시는 청주에서 만들어진 금속활자 인쇄문화를 기리기 위해 흥덕사의 옛터에 고인쇄박물관을 지어 운영하면서 혹시라도 있을지 모르는 직지 원본의 발굴에 최선을 다하고 있다.

조선 시대에는 정부에서 아예 주자소鑄字所라는 활자제조공장을 만들어 유교서적 뿐 아니라 수많은 책들을 금속활자로 찍어내었으며, 특히 세종대왕의 한글창제 이후에는 한글 활자를 주조하여 석보상절, 월인천강지곡 등을 갑인자와 병용하여 인쇄함으로서 우리 전적문화에 또 하나의 큰 획을 그었다.[16] 그러나 재래식의 수작업에 의한 인쇄기술은 아이디어의 한계에 부딪혀 그 후 더 이상 자동화 기술로 개발되지 못하고 기계화된 독일의 구텐베르크 인쇄술에 자리를 내어주고 말았다.

구텐베르크 혁명과 초기간본(incunabula)

서양의 인쇄문화는 동양에 비하면 확실히 늦은 것이었다. 우리나라 최초의 인쇄시기를 무구정광대다라니경이 목판 인쇄된 서기 751년으로 본

<hr>

15) 이 책은 고려말기의 고승인 경한(景閑, 1298~1374)이 역대 조사스님들의 법어, 어록 등에서 선의 요체를 깨닫는데 필요한 내용을 뽑아 엮은 것이다.(천혜봉. 위의 책. p.29에서 인용)
16) 이종권, 1989. 조선조 국역불서의 간행에 관한 연구. 성균관대학교 대학원 석사학위논문.

다면 서양은 서기 1450년에 이르러서야 인쇄술이 개발되었으니 출발 시점으로 보면 우리가 무려 700년이나 앞선 것이다. 그러나 서양의 인쇄술이 출발은 늦었어도 기술면에서는 획기적인 발명과 개선을 함으로써 마치 토끼와 거북의 경주에서 후발주자인 토끼가 거북을 앞질렀고, 또 그 토끼는 중간에 낮잠도 자지 않아 계속 선두를 지켜낸 것과 다름이 없다.[17] 그 결과 15세기 이후의 문명발전은 서양이 월등히 앞서 나아가게 된 주요 요인이 되었다고 판단된다. 서양이 동양보다 앞서 세계를 리드하게 된 주된 이유 중의 하나가 획기적인 인쇄술의 발명과 이를 통한 정보의 원활한 유통에 있었다는 역사적 교훈을 깊이 되새겨 보아야 할 것이다.

구텐베르크 인쇄술의 등장 이후 최초의 간본부터 1500년까지 간행된 인쇄본을 초기간본incunabula이라 부르고 있다. 인큐베이터에서 자라난 인쇄본이라는 의미가 깃든 용어 같아서 재미있다. 최초의 인쇄는 1450년 구텐베르크가 인쇄소를 열어 면죄부를 인쇄하고, 그 후 36행성서, 42행성서를 인쇄한 것으로 알려져 있다. 독일에서 시작된 인쇄술은 이탈리아, 프랑스, 네덜란드 등으로 퍼져나갔으며 주제 영역도 처음에는 신학 도서 중심에서 점차로 여러 종류의 주제로 확대되었다.[18]

구텐베르크 인쇄술이 서양 도서관에 미친 영향은 서적의 대중화를 통

17) 동양과 서양의 인쇄술 비교에 대해서는 이희재. 2005. 『e-book 정보미디어의 역사와 문화』. pp.42~47 참조
18) 정필모, 오동근. 1991. 도서관문화사. p.81.

하여 중세 보존 위주의 도서관에서 이용위주의 도서관으로 도서관의 본질을 변화시켰다는 점이다. 중세 수도원 도서관이나 대학도서관에서는 책을 이용하려 해도 책이 희소하고, 값이 비싸 보존위주의 운영을 했기 때문에 도서관장서의 이용은 매우 제한적이었다. 그러나 인쇄술을 통하여 서적의 대량생산이 이루어짐으로써 서적은 점차 보존서고의 사슬에서 풀려나게 되었다.

4. 우리 옛 도서관 기행

사대사고四大史庫

우리나라는 삼국시대부터 교육기관을 중심으로 고구려의 태학太學, 백제의 책암冊巖, 신라의 국학國學에서 기록 자료를 보존하고 활용하였던 것으로 보인다. 그 후 고려와 근세조선으로 내려오면서 역사자료 보존을 전담하는 기관이 설치되었다. 고려시대에는 사관인 춘추관春秋館을 두어 역사기록을 보존 활용하였으며, 고려 고종 때에는 사고史庫를 두었던 것으로 전해진다.

조선조에는 고려의 전통을 이어받아 일찍부터 중앙에 춘추관春秋館을 두고 충청도 충주忠州에 실록보존소를 설치하여 운영하였다.[19] 또 세종21년(1439년)에는 경상도 성주星州와 전라도 전주全州에 추가로 사고史庫를

---

19) 최일성. 1987. 「충주사고에 대한 고찰」. 『충주공업전문대학 논문집』 21. pp.61~83.

설치하여 사대사고四大史庫에 실록을 분산 보존하였다. 그러나 임진왜란 때 전주사고를 제외한 3곳의 사고史庫가 소실되었다. 이에 정부에서는 전 주사고의 실록을 바탕으로 3질을 인쇄하고 전주사고 원본 1질 및 교정본 1질과 함께 총 5질의 실록을 확보한 다음, 전주사고에 있던 원본은 강화 도의 마니산摩尼山에, 교정본은 강원도의 오대산五臺山에, 새로 인쇄한 3질 의 실록은 중앙의 춘추관春秋館, 경북 봉화의 태백산太白山, 평안북도 영변 의 묘향산妙香山에 각각 봉안함으로써 오대사고五大史庫 체제를 확립하였 다.[20][21]

이후 조선왕조실록은 일부가 규장각으로 편입되었으며, 1910년 국권 의 상실로 일본인이 통치하는 조선총독부 관할로 들어가게 되었다. 일제 치하 36년 동안 우리 기록문화재는 일인들에 의한 약탈로 분산되고 망실 되는 수난을 겪었다.[22] 다음은 일본 도쿄대학 소장 조선왕조실록 반환과 조선왕조실록의 편찬 및 보존경과를 알 수 있는 신문기사들이다.

20) 이성무. 2006. 「UNESCO 세계기록문화유산 조선왕조실록(朝鮮王朝實錄)」. 『우리의 고전을 읽는다. 4 역사 정치』. 서울 : 휴머니스트. pp.57~70.
21) 이춘희. 2004. 「한국의 책 파괴의 역사」. 뤼시엥 플라스트롱 지음, 이세진 옮김. 『사라진 책 의 역사』. 서울 : 동아일보사. pp.8~15.
22) 천혜봉. 1997. 「전적(典籍) 문화재의 수탈과 유출－뺏아가고, 얻어 가고, 싸게 사가고…」. 『신 동아』. 1997년 6월호. pp.562~573.

한겨레21 인터넷판 2006. 8. 23

재주는 환수위가, 책은 서울대가…
2004년 도쿄대 소재 파악 뒤 2억여 원 들여 협상하던 중 반전

조선왕조실록 오대산사고본의 존재를 확인하는 데도 적지 않은 시간이 걸렸다. 애당초 오대산사고본이 도쿄대 도서관에 있다는 사실은 1980년대 중반에 알려졌다. 당시 〈조선실록 연구서설〉을 펴낸 계명문화대학 배현숙 교수가 도쿄대를 조사하면서 관동대지진 뒤 오대산사고본 46책을 3책 단위로 묶어 귀중서고에 보관한 사실을 밝혀낸 것이다. 그리고 지난 2004년 봉선사 총무 혜문 스님이 한국전쟁 때 사라진 '곤여만국지도'의 행방을 추적하다 오대산사고본 47책이 보관됐다는 기록을 찾아냈다. 이때부터 불교계를 중심으로 오대산사고본 환수를 위한 각계의 관심이 모아졌다.

그러다가 지난 3월3일 '조선왕조실록 환수위원회'(공동의장: 정념 스님, 철안 스님)가 공식 출범했다. 문화재청이 "오대산사고본 46책을 도쿄대가 소장하고 있다"는 사실을 공식 확인해 월정사에 통보한 뒤였다. 환수위는 출범식 직후 일본 총리와 도쿄대 총장에게 보내는 '조선왕조실록 반환요청서'를 노회찬 의원(민주노동당)을 통해 주한 일본대사관에 전달했다. 그런 다음 환수위는 3월15일 도쿄대를 방문해 정식 반환 요청서를 전달하고 오대산사고본이 47책임을 확인했고, 4월17일 다시 도쿄대를 찾아 2차 협상을 갖는 등 공식적인 환수운동에 나섰다.

이즈음 일본이 국내법에 따라 오대산사고본을 국내에 반환해야 한다는 견해도 나왔다. 월정사가 소송 당사자로 나서면 환수에 어려움이 없을 것이라는 이야기였다. 이렇게 환수위가 협상을 진행하면서 소송을 준비하는 동안 도쿄대는 다른 채널로 '기증'을 모색하고 있었다. 지난 5월15일 도쿄대 사토 부총장이 서울대를 방문해 기증 의사를 밝힌 것이다. 이미 27책을 보관하고 있던 서울대는 곧바로 정운찬 총장 명의로 "도쿄대의 기증 결정에 감사하며 적극 수용하겠다"는 서한을 보냈다. 이렇게 보름 가까이 기증을 위한 물밑 협의를 진행한 끝에 서울대는 지난 5월30일 오대산사고본 47책을 되돌려 받기로 한 사실을 공개했다.

그야말로 환수위가 도쿄대의 이중 플레이에 당한 격이었다. 도쿄대로선 소송을 통한 환수의 위기를 서울대를 통한 기증으로 돌파할 수 있었고 서울대는 손도 안 대고 코를 푸는 신기를 부렸다. 이에 견줘 도쿄대 방문 등에 2억원 이상을 쏟아부은 환수위로선 '문화재 강탈' 소송을 제기할 수도 없게 됐다. 오대산사고본 반환을 앞두고 유홍준 문화재청장, 환수위·서울대 등의 관계자가 지난 6월27일 만나 '서울대가 반환 창구 구실을 맡고, 소유권은 국가에 귀속하기로 했다. 이런 까닭에 국내에 들어온 오대산사고본은 곧바로 서울대 규장각에 임시 거처를 마련할 수밖에 없었다.(김수병 기자 hellios@hani.co.kr)

강원일보 인터넷판(문화면 2006-12-12 기사)

되돌아본 2006 강원문화예술, 전통문화
올 최대 이슈는 '오대산사고본 환향'

유·무형문화재의 제자리 찾기=올해 도민들의 최대의 관심사는 일제가 강탈해간 이후 93년만에 환국한 조선왕조실록 오대산사고본 47책(국보 제151호)의 관리주체 선정이라고 해도 과언이 아니다. 문화재청은 지난 8월 오대산사고본 환국 고유제 및 국민 환영행사를 가졌으며 이 때 문화재는 제자리에 있을 때 가치가 있다는 여론에 따라 사고본을 본래 보관장소인 오대산에 돌려놓겠다고 약속했다.

그러나 세계적인 문화재를 보관할 수 있는 시설이 마땅치 않다며 문화재청이 관리주체 선정을 차일피일 미루고 있는 상태다. 당초 월정사를 비롯한 민간이 앞장서 오대산사고본을 환국시켰고, 도가 조선왕조실록기념관을 건립하겠다는 의지를 밝힌 만큼 도민들의 염원에 따른 문화재청의 결정이 나올 수 있을지에 눈과 귀가 쏠려 있다.

한국일보 김주성 기자 블러그 2006. 7. 27 올린 글

조선왕조실록은 조선 제1대 태조 임금부터 제25대 철종 임금에 이르기까지 역대 왕들의 행적을 중심으로 춘추관(春秋館)의 사관(史官)들이 직필(直筆)로 서술한 조선왕조의 국가기록입니다. 그 이후 임금인 고종, 순종의 실록도 존재하나 이들은 조선왕조에서 편찬된 것이 아니므로 통상 실록에서 제외됩니다. 총 1천7백여 권에 달하는 방대한 양으로 국왕, 국정과 왕실문화와 같은 나랏일 전반에 걸치는 포괄적 내용을 담고 있습니다.

현재 정족산사고본(1,707권 1,181책/서울대학교 규장각), 태백산사고본(1,707권 848책/국가기록원), 오대산사고본(27책/서울대학교 규장각), 기타 산엽본(21책/서울대학교 규장각), 총 2,077책이 국보 151호로 지정되어 있는 한편 세계기록문화유산에 등재되어 있습니다.

이번에 환수되어 전시되는 오대산사고본은 관동대지진으로 대부분 사라지고 남은 74책 중 1932년 국내로 돌아온 27책의 나머지인 성종·중종·선조 3대 왕대 실록 47책입니다. 조선왕조실록이 이미 국보로 지정되어 있어서 오대산사고본 47책도 추가 지정될 예정입니다.

고종 · 순종실록 이제야 대접받나
국편, 고종 · 순종실록 인터넷 서비스(서울=연합뉴스) 입력 : 2007.01.11 19:50

조선왕조의 두 황제 고종과 순종의 실록이 비로소 조금 얼굴을 들 수 있게 됐다. 국사
편찬위원회(위원장 유영렬)는 태조–철종실록까지만 열람할 수 있던 '조선왕조실록' 인
터넷 서비스에 고종실록과 순종실록을 추가하기로 했다고 11일 밝혔다.
 국편은 2005년 12월부터 조선왕조실록의 한문 원문과 한글 번역문을 조선왕조실록
홈페이지(http://sillok.history.go.kr)를 통해 서비스했으나 고종실록과 순종실록
은 빠져있었다. 이는 고종과 순종실록이 일본 제국주의시대에 편찬됐기 때문이다. 실제
로 이 두 실록은 국보로 지정되지 않았을 뿐만 아니라 유네스코 세계유산 목록에도 빠
져있다.
 국편은 그동안 조선왕조실록 홈페이지를 통해 "두 실록은 조선시대의 엄격한 실록 편
찬 규례에 맞게 편찬되지 않았을 뿐만 아니라 사실의 왜곡이 심해 실록으로서의 가치가
떨어지기 때문"이라고 설명해 왔다. 그러나 고종실록과 순종실록도 엄연히 조선 왕의
행적을 기록한 역사자료이므로 조선왕조실록에 포함시켜야 한다는 목소리도 작지 않았
다. 또 고종실록과 순종실록이 일본인에 의해 왜곡됐다면 고종 이전의 실록도 당시의
정치적 이해타산에 따라 취사선택된 것도 사실이다. 실제로 선조실록과 현종실록, 경종
실록은 서로 다른 판본이 복수로 존재한다.
 조선왕조실록 홈페이지를 통해 열람할 수 있는 고종 · 순종실록은 한문 320만자에 달
하는 분량이다. 국편은 원문에는 없는 17종의 문장기호를 추가했으며 기존 조선왕조실
록과 동일한 문체로 수정한 번역문을 함께 실었다. 국편은 "두 황제의 실록은 조선왕조
최후의 역사와 근대사를 연구하는데 1차 사료로 사용되고 있고, 역사문화 자산으로서
의 가치가 있다"고 이번 조치의 이유를 설명하면서도 "두 실록과 이전의 실록들은 엄연
히 그 위상이 다르다"고 밝혔다.

조선왕조실록은 1960년대 후반부터 남한과 북한에서 각각 번역에 착
수하였다. 남한에서는 1968년부터 1993년까지 25년에 걸쳐서, 북한에서
는 1970년부터 1981년까지 11년에 걸쳐서 번역되었다. 또한 1995년에는
'국역조선왕조실록'이 CD-ROM으로 제작, 보급되었으며, 1997년 9월에

는 유네스코 세계기록유산으로 등재되었다. 2003년 국사편찬위원회는 실록 전질을 '원전, 표점조선왕조실록'이라는 제목으로 CD-ROM으로 제작하였으며, 2005년에는 '국역조선왕조실록' CD-ROM과 함께 국사편찬위원회의 홈페이지(www.history.go.kr, 조선왕조실록)에 올림으로써 일반인도 실록의 원문과 번역본을 무료로 열람할 수 있게 되었다.[23]

〈사진 2-1〉 조선왕조실록

존경각(尊經閣)

존경각은 조선조의 최고 교육기관인 성균관에 부속된 도서관이었다. 성균관은 고려시대의 국자감을 이어 받은 국가 최고의 교육기관이었다. 국자감은 고려 충렬왕 24년(1298)에 '성균감'으로, 같은 왕 34년(1308)에는 '성균관'으로 명칭이 변경되었다. 따라서 '성균관'이라는 명칭은 고려

23) 이성무. 2006. 「UNESCO 세계기록문화유산 조선왕조실록(朝鮮王朝實錄)」. 『우리의 고전을 읽는다. 4 역사 정치』. 서울 : 휴머니스트. pp.68~69.

때부터 사용되었으며 개경에 자리 잡고 있었다.[24]

성균관이 서울에 건립된 연유는 조선의 개국과 한양 천도에 따른 것이었다. 이성계가 역성혁명으로 고려왕조를 인수하였지만 초기에는 개경에 머물면서 고려의 문물제도를 그대로 계승하였다. 태조 2년(1393)에는 국호를 '조선' 으로 정하고, 태조 3년(1394) 8월에 수도를 한양으로 천도遷都하였고, 태조 4년(1395)부터는 한양의 궁궐(경복궁), 종묘, 사직, 성곽 등 도시건축에 착수하였다. 교육기관인 성균관은 도시기반시설을 어느 정도 갖춘 후 태조 6년(1397) 3월에 착공하여 태조7년(1398) 7월에 완공하였으며, 이때부터 500여 년간 조선조의 대학교육을 담당하였다.[25]

성균관은 창건 이후 77년 동안 도서관이 없었으나 성종 5년(1474) 좌의정 한명회가 경연에서 교육을 위한 장서의 부족과 교육의 부실에 대한 문제점을 보고하고 그 대책을 건의함으로써 도서관이 창건되게 되었다.[26]

> **조선왕조실록 성종 5년(1474 갑오/ 명나라 성화(成化) 10년)** 12월 2일 계미 2번째 기사
>
> 한명회가 성균관의 장서 확보와 향교의 서책 관리, 진의 축성에 대하여 아뢰다
> 경연(經筵)에 나아갔다. 강(講)하기를 마치고, 영사(領事) 한명회(韓明澮)가 아뢰기를, "성균관(成均館)은 풍화(風化)의 근원이요, 인재(人材)의 연수(淵藪)4692)인데, 지금 장서(藏書)가 얼마 되지 아니하여, 배우는 이들이 불편해 합니다. 청컨대 문무루

---

24) 성균관내학교사 편찬위원회. 1978. 『성균관대학교사』. p.19.
25) 성균관대학교사 편찬위원회. 1978. 『성균관대학교사』. pp.22~24.
26) 국사편찬위원회 홈페이지 조선왕조실록에서 가져옴(2007.2.9).

(文武樓)의 예(例)에 의하여 모든 경사(經史)는 인출(印出)함에 따라서 이를 소장(所藏)하게 하소서. 그리고 주(州)·부(府)·군(郡)·현(縣)의 학교가 엉성[疎闊]하며, 교수(敎授)하는 자가 훈회(訓誨)를 일삼지 않고, 구차스럽게 세월[日月]만 보내며, 수령(守令) 또한 여사(餘事)로 보아, 횡사(黌舍)에 이르러서도 또한 수즙(修葺)을 하지 아니합니다. 청컨대 이제부터는 향교(鄕校)의 건물[室宇]과 서책(書冊)을 아울러 해유(解由)에 기록하도록 하고, 또 학교의 영(令)을 거듭 밝혀서 문풍(文風)을 떨치게 하소서." 하니, 임금이 이를 받아들였다.

이렇게 한명회의 건의로 도서관의 건립이 추진되었고, 한명회는 개인의 사재로 도서관 건립비용을 내 놓았으며, 일부 문신들도 사재를 기부하여 성종 6년(1475)에 도서관의 건물이 세워졌다. 성종은 이 건물의 명칭을 '존경尊經'이라고 짓고, 많은 서적을 공급할 뿐 아니라 전담 관리직을 임명함으로써 존경각은 400여 년간 성균관의 부속 도서관으로 국립대학도서관의 기능을 수행하게 되었다.[27]

성균관대학교는 조선조의 성균관을 계승한 대학이다. 성균관대학교의 로고에는 1398이라는 숫자가 새겨져 있는데 이는 조선 태조 7년의 성균관 창건을 그 설립연도로 본다는 의미이다.

존경각의 장서는 화재 및 임진왜란으로 소실되거나 도난을 당하는 등 수난을 겪었다. 조선 말에 남아 있던 존경각의 고서들은 성균관대학교에 계승되었다. 존경각尊經閣은 조선조 성종 6년(1475년)에 성균관成均館에 설

....

27) 이춘희. 존경각고 대동문화연구 제10집.

치되어 수백 년 동안 성균관 유생儒生들의 학문연구를 지원하였던 우리나라 최초의 대학도서관이다. 그 당시의 장서는 주로 사서오경 100질, 제자백가 1,000여종을 포함하여 50,000여 책이었다고 전한다. 존경각의 옛 건물은 현재 성균관대학교 구내의 문묘일원 명륜당의 뒤편에 남아 있다. 다음은 성균관대학교 존경각 홈페이지 소개글 및 <사진 2-2>는 성균관대학교 정문 오른쪽에 있는 문묘 일원의 안내문이며 명륜당 및 존경각의 옛 건물의 모습이다.

〈성균관대학교 존경각 홈페이지 소개〉

2000년 3월 1일 동아시아학술원의 출범과 함께 개관한 존경각(尊經閣)은 동아시아학 연구의 기반 조성과 효율적 지원을 위하여 설립한 동아시아학 전문 자료정보센터이다. 존경각은 본교 중앙도서관 고서실(古書室)과 대동문화연구원 자료실을 통합하여 출범하였다. 존경각의 명칭은 조선조 성종 6년(1475년)에 성균관(成均館)에 설립되어 수백년 동안 성균관 유생(儒生)들의 학문 연구를 지원하였던 우리나라 최초의 대학도서관인 '尊經閣'에서 유래한다.

존경각은 국내외의 관련 학술 자료 및 연구 성과를 체계적으로 수집·정리·가공하여 연구자들에게 제공하는 것을 그 주요기능으로 하고 있다.

현재 존경각은 고전서적(古典書籍)인 한적(漢籍) 8만여책과 동아시아학 관련 학술서적 및 일반자료 1만여권을 소장하고 있다. 이 중에는 성헌(省軒, 이병희 李炳憲)문고(文庫), 중재(重齋, 김황 金榥)문고(文庫) 등 개인이 기증한 한적(漢籍)으로 이루어진 14개의 개인문고가 있다. 이들 문고는 그 자체의 내용적인 가치 뿐만 아니라 원 소장자의 역사적, 사회적 비중으로 인해 학계의 많은 관심을 받고 있다. 이들 자료는 학술원의 연구원, 본교 교수, 학생은 물론 본교를 찾는 외부 연구자들에게도 널리 이용하도록 하고 있다.

앞으로도 학교당국의 지대한 관심과 지원에 힘입어 '국학·동양학 연구자료 확충 5개년 계획'을 추진하여, 경서류(經書類), 국문학(國文學) 관계 자료, 고문서(古文書) 등과 성균관 관련 자료를 집중 구입할 계획이다. 이 계획이 완료되면 존경각은 국학(國學) 및 동양학 연구자료의 본산으로서의 우월적(優越的) 위상 확보나 자체연구역량 제고, 외부지원 증가 및 우수인력 유치 등 다양한 효과를 거둘 수 있을 것으로 기대된다.

존경각은 동아시아학 관련 자료의 정보센터로서의 기능을 수행하고 있다. 현재 소장 도서 목록 1만 3천여건의 데이터베이스를 구축하여 교내외 어느 곳에서라도 인터넷을 통하여 검색이 가능하며, 또 일반고서(古書)의 원문(原文) 47만여쪽을 Web을 통하여 원문이미지로 조회할 수 있어 고전과 첨단의 아름다운 만남을 보여주고 있다. 존경각은 향후 연구자들의 편의를 위해 국내외의 동양학 관련 학술정보를 파악하여 신속히 제공하고, 아울러 정보의 공유 및 대외적 홍보 차원에서 동아시아학술원 산하 기관의 연구성과를 효율적으로 외부에 소개할 수 있도록 지원하게 된다. 이를 통하여 존경각은 한국학·동아시아학의 원전자료(原典資料)와 연구 결과물을 네트워크화하는 동아시아 도서관으로 거듭 나게 된다. (2012.9.23 열람)

서울 문묘일원(文廟一圓)

지정번호 : 사적 제143호
시대 : 조선 태조 7년(1398)
소재지 : 서울특별시 종로구 명륜동 3가 53번지

이곳은 공자, 즉 문선왕과 우리나라 및 중국 성현들의 위폐를 모시고 제사를 드리는 사당이다. 태조 7년(1398)에 세워진 이곳은 그 후 몇 차례 다시 지어졌고, 고종 6년(1869)에 크게 수리하였다. 현재 이곳에는 보물 제141호로 지정된 서울 문묘의 대성전(大成殿)과 명륜당(明倫堂), 동무(東廡), 서무(西廡)와 삼문(三門)이 있고, 이들 건물 외에 동재(同齋), 서재(西齋), 존경각(尊經閣), 양현고(養賢庫) 등의 시설물이 사적으로 지정되어 있다.

이곳의 총면적은 4만 461m^{2}이다. 동재와 서재는 대성전 뒤편에 있는 명륜당의 좌우에 있는 건물로서 학생들이 거처하던 곳이다. 그 뒤에는 도서관 역할을 하던 건물인 존경각이 있다. 양현고는 교육경비로 쓰이던 돈과 곡식의 출납을 담당하던 곳이다.

문묘를 받들고 있는 성균관에서는 오늘날도 매년 봄가을에 공자를 제사하는 석전제(釋奠祭)를 지낸다. 성균관은 지방 230여 곳에 있는 향교(鄕校)를 관할하여 현대사회에 필요한 도덕 윤리를 널리 주지시키고 올바른 민족문화를 계승하고 발전시켜 나가는 역할을 담당하고 있다.

〈사진 2-2〉 명륜당과 존경각

〈사진 2-3〉 성균관대학교 600주년 기념관(현재 이 건물 내에 존경각이 있다.)

규장각(奎章閣)

규장각은 정조 즉위년인 1776년에 창설된 조선 후기의 왕실도서관이다. 정조는 즉위하자 규장각의 창설을 명하였다. 조선왕조실록 정조 즉위년 9월 25일조에는 규장각 창설에 대한 기록이 있다.[28]

규장각은 새로운 기구의 창설이라기보다는 그가 왕의 수업을 받던 동궁시절부터 학문을 좋아하여 강학을 받아왔던 주합루를 정식으로 도서관 및 강학기관으로 체계화 하려는 목적에서 추진된 것이다. 그는 이미 동궁시절에 경희궁에 주합루라는 2층의 건물을 짓고 1층은 존현각, 2층은 주합루라 명명하고 강학하여왔다. 그러나 즉위 후 거처를 창덕궁으로 옮기면서 주합루의 기구들을 그대로 창덕궁으로 이전하기로 한 것이다. 정조는 창덕궁의 후원 경치 좋은 곳에 터를 잡아 2층으로 건물을 짓고 '宙合樓'라는 현판을 직접 써서 달았다.[29] 그리고 1층에는 역대 임금의 문서와 서책을 보관하는 규장각奎章閣으로, 2층의 누각은 열람실로 삼았다.

정조는 규장각에서 학자들을 모아 경사經史를 토론하고, 문예진흥을 도모하였으며, 당시의 타락된 풍습을 바로잡기 위해 많은 노력을 기울였다. 서책을 보존 활용할 뿐만 아니라 많은 책을 저술, 편찬하고 경전과 역사서를 인쇄, 반포함으로써 규장각은 조선 후기의 문예부흥에 중추적 역할을 수행하였다.

28) 국사편찬위원회 홈페이지 조선왕조실록 정조 즉위년 9월 25일조 참조.
29) 이태진. 1994. 『왕조의 유산-외규장각 도서를 찾아서』. 서울 : 지식산업사. 110~147.

규장각은 고종高宗 31(1894)년에 궁내부宮內府에 두었고 이듬해에 규장원奎章院으로 명칭을 변경하였다가 고종 34(1897)년 다시 본 이름으로 환원하였고, 융희 4(1910)년에 일제 침략으로 그 기능이 종료되었다. 옛 규장각奎章閣의 장서는 경성제국대학을 거쳐 현재 서울대학교 규장각에 계승 보존되어 있다.

〈사진 2-4〉 규장각도

규장각도 및 설명

"정조 때의 규장각은 어제와 어필을 보관하는 기구에서 중국과 조선의 도서를 소장하고 소수의 정예관리들이 소속되어 국가의 주요정책을 마련하는 도구로 발전하였다. 중앙에 위치한 대형의 팔작지붕의 2층집이 규장각 정당正堂으로 1층에 규장각, 2층은 주합루의 현판을 걸었다. 왼쪽 일자집은 책을 포쇄하던 서향각西香閣이며, 오른쪽 앞 건물은 과거시험을 보던 영화당이다. 가파른 터에 석단을 쌓고 건물을 지었으며 남쪽에는 취병을 둘렀다."(국립중앙박물관. 145년 만의 귀환, 외규장각 의궤. 20쪽)

- 포쇄曝曬 : 물기가 있는 것을 바람에 쐬고 볕에 말림. 즉 책이 습기가 차지 않도록 가끔 바람과 햇빛을 쪼여주는 것으로 지금도 보존도서관에서 시행하고 있다. (국어사전)

- 취병翠屏 : 조선시대 독특한 조경기법의 하나. 푸른 병풍처럼 만든 울타리로 내부가 보이는 것을 막아주는 가림막 역할과 공간을 분할하는 담의 기능을 하면서 그 공간을 깊고 아늑하게 만들어 생기가 나게 한다. 주합루의 취병은 1820년에 그려진, 동궐도(국보 제249호)>를 토대로 <임원십육지관병법>에 기록되어 있는 제작기법대로 대나무 통을 짜고 신우대를 심어 재현한 것이다. (주합루 취병 설명문에서)

어수문과 주합루 안내문

주합루(宙合樓)는 정조 원년(1776)에 창건된 2층의 누각 건물이다. 아래층에는 왕실 직속기관인 규장각(奎章閣)을, 위층에는 열람실 겸 누마루를 조성했다. 규장각은 정조의 개혁정치를 뒷받침하기 위해 정책개발과 이를 위한 도서수집 및 연구기관으로 설립되었다. 정조는 세손 시절부터 정적들로부터 끊임없는 질시와 위협에 시달렸는데, 이에 굴하지 않고 학문연구와 심신 단련에 힘을 써 위대한 계몽군주가 될 수 있었다. 주합루로 오르는 길에 작은 어수문(魚水門)이 있다. "물고기가 물을 떠나 살 수 없다"는 격언과 같이 통치자들은 항상 백성을 생각하라는 교훈이 담겨진 문으로 정조의 민본적인 정치철학을 보여준다.

〈사진 2-5〉 어수문

〈사진 2-6〉 창덕궁 후원에 있는 주합루(규장각)

서울대학교 규장각에 전시된 규장각 소개의 글

규장각奎章閣

규장각의 '규(奎)'는 문장을 주관하는 별의 이름이며 '규장(奎章)'은 황제의 친필글씨를 의미한다. 따라서 '규장각(奎章閣)'은 '국왕이나 황제의 친필글씨를 보관한 건물'이라는 뜻이 된다.

규장각은 1694년(숙종 20년)에 처음 설립되어 역대 국왕의 문장이나 친필 글씨, 왕실 족보 등을 보관하는 역할을 담당하였다. 1776년 정조가 즉위한 이후 규장각의 기능은 크게 확대되었다. 즉 국왕의 문장 글씨를 관리하는 본연의 업무뿐만 아니라 서적의 출판 보관, 홍문관 승정원의 업무 대행, 사관 및 과거시험 주관 등의 임무도 수행하였다. 또 우수한 문신들을 선발하여 재교육하는 초계문신제도를 주관함으로써 정조의 친위세력을 양성하고 개혁정치를 학문적으로 뒷받침하는 역할을 하였다. 이처럼 규장각은 18세기 정조대의 문예부흥에 있어 중추적 역할을 담당하였다.

정조 사후 규장각은 왕실의 문서를 보관하는 도서관으로 그 기능이 축소되었다. 고종때 개혁정책의 추진과정에서 일시적으로 규장각의 기능이 강화되기도 하였지만 고종이 강제 퇴위된 이후 규장각은 일제에 의해 장악되었다. 일제는 궁궐 내 각 기관의 소장도서와 지방사고(史庫)의 도서들을 규장각 도서로 일괄 편입하였으며, 한일합병 이후 조선총독부와 경성제국대학 등에서 규장각 도서들을 관리하였다.

광복 이후 규장각 도서는 서울대학교 부속 도서관으로 이관되었다가 1975년 서울대학교가 관악캠퍼스로 이전하면서 서울대학교 도서관에 '규장각 도서 관리실'이 설치되어 규장각 도서의 보존 관리를 담당하였다. 1990년에 규장각 전용건물이 완공되어 규장각 도서들을 이전하였으며, 1992년에는 '규장각 도서 관리실'이 서울대학교 도서관에서 분리 독립되어 '서울대학교 규장각'으로 승격되었다. 1990년대 후반 이후 규장각의 사업이 대폭 확대되고 인원이 증가하면서 기존 건물만으로는 업무수행에 충분한 공간 확보가 어려워졌다. 이에 2003년 5월에 규장각 건물의 연면적을 2배 이상 확장하는 증축공사에 착공하여 2004년 12월에 완공하고, 2005년 4월 증축 개관식을 가졌다.

2006년 2월 1일 규장각은 한국학 연구기능의 확대 강화를 목적으로 서울대학교 한국문화연구소와 통합하여 '서울대학교 규장각 한국학 연구원'으로 새롭게 출범하였다. 규장각한국학연구원의 설립으로 소장 자료의 보존 관리 및 이를 바탕으로 한 연구 출판 교육 전시 등 다양한 사업들을 보다 종합적이고 효율적으로 수행할 수 있게 되었다.

현재 규장각 한국학 연구원은 고도서 17만 5천여 책, 고문서 5만여 점, 책판 1만 7천여 장 등 총 27만 여점의 한국학 관련 자료를 소장하고 있다. 이중 7종 7,078책이 국보로 8종 28책이 보물로 지정되어 있으며, 조선왕조실록(朝鮮王朝實錄)과 승정원일기(承政院日記)는 유네스코가 지정한 세계기록유산에 등재되었다.

우리나라 전통문화의 보고인 규장각 한국학연구원은 앞으로 선조들이 남긴 뛰어난 기록문화유산을 기반으로 폭 넓은 연구와 교육사업을 수행함으로써, 한국학 연구기관으로서의 사명을 다하고자 한다.

〈사진 2-7〉 서울대학교 규장각

외규장각

외규장각이란 서울 밖에 설치된 규장각이라는 뜻으로 정조 6년(1782)에 강화행궁의 고려궁터에 세워졌다. 이는 서울의 규장각 소장 자료가 많아지자 안전한 곳에 고문서를 분산 보존하기 위해서였다. 국역 조선왕조실록 정조 6년 2월 14일조에는 다음과 같은 기록이 있다.[30]

조선왕조실록 정조 6년(1782 임인 / 청 건륭(乾隆) 47년) 2월 14일 신사 3번째 기사

강화 유수 김익이 외규장각의 완성을 보고하다

강화 유수 김익(金熤)이 외규장각(外奎章閣)이 완성되었다는 것으로 아뢰니, 하교하기를 "외규장각의 공역(工役)이 이제 이미 끝이 났으니, 봉안(奉安)할 금보(金寶)·옥보(玉寶)·은인(銀印)·교명(敎命)·죽책(竹冊)·옥책(玉冊)과 명(明)나라에서 흠사(欽賜)한 서적(書籍), 열조(列朝)에서 봉안했던 서적, 보관되어 전해 오던 서적과 사고(史庫)에서 이봉(移奉)한 어제(御製)·어필(御筆) 등의 서적을 기록하여 책자(冊子)를 만들고 내각(內閣)·외각(外閣) 및 서고(西庫)에 나누어 보관토록 하라." 하였다.

그 후 왕실에서는 외규장각에 많은 중요 문서들을 보존하였다. 그러나 외규장각 문서들은 1866년 병인양요丙寅洋擾[31] 때 프랑스군이 퇴각하는 과정에서 방화, 약탈해 갔으며 퇴각하는 도중에 귀중한 것으로 보이는 일부 도서를 챙겨 프랑스로 가져가 프랑스 국립도서관에 보관하였다고 한다. 그러던 중 우리나라의 서지학자 박병선 박사가 프랑스 국립도서관에서 외규장각 문서를 발견, 이를 본국에 알리고, 되찾기 위한 노력을 전개하였다.

---

30) 국사편찬위원회 홈페이지 조선왕조실록에서 가져옴(2007.2.8).
31) 병인양요란 1866년(고종 3) 프랑스가 대원군의 천주교 탄압을 구실로 조선의 문호를 개방시키고자 강화도를 침범함으로써 일어난 사건.

박병선(1923 서울~ 2011. 11. 23 프랑스 파리)

프랑스에서 활동한 한국의 역사학자이자 서지학자. 아버지는 1950년대 국회의원으로 활동하다 전라북도지사를 지냈던 박정근(朴定根)이다. 서울 진명여자고등학교를 졸업하고 서울대학교 사범대학 역사교육학과를 졸업했다. 1955년 한국 여성으로는 최초로 프랑스 유학 비자를 받고 프랑스로 가서 소르본대학교와 프랑스 고등교육원에서 각각 역사학과 종교학으로 박사학위를 받았다. 1967년 동베를린 간첩단사건(동백림사건)이 터지면서 프랑스에 파견된 중앙정보부(현 국가정보원) 요원들이 귀국을 강요하자 프랑스로 귀화했다. 이후 프랑스국립도서관(BNF)에서 근무하면서 서울대학교 재학 때 교수였던 이병도가 병인양요 때 프랑스 군대가 약탈해간 고서들을 한번 찾아보라고 한 이야기를 잊지 않고 3,000만 종이 넘는 장서를 뒤졌다.

1972년 박병선은 동료사서가 말한 "아주 오래된 동양 책"인 '직지', 곧 〈백운화상초록불조직지심체요절 白雲和尙抄錄佛祖直指心體要節〉을 발견했다. 상권은 사라지고 하권도 첫 장이 찢겨나간 파지 상태였으나 그녀는 책에 찍힌 '鑄造'(주조)라는 글자를 통해 이 책이 1455년판 구텐베르크 성서보다 78년 앞선 1377년에 만들어진 금속활자본이라는 것을 확신하고, 목판과 금속활자의 차이를 실증하기 위해 프랑스 내 대장간을 돌며 활자 실험을 거듭하여 직지가 금속활자로 인쇄되었다는 사실을 국제 학계에 입증해 보였다. 이 일로 그녀는 '직지 대모'라는 이름을 얻었으며, 직지는 2001년 유네스코 세계기록유산에 등재되었다.

1975년 박병선은 프랑스국립도서관 별관 창고에서 외규장각 의궤를 찾아냈으나 도서관의 비밀을 발설했다는 이유로 사직을 권고 당했다. 1980년 도서관에 사표를 낸 후 10여 년간 도서관 이용자로 외규장각 도서 열람을 신청해 한 권씩 목차와 내용을 정리했다. 외규장각 도서는 1991년 서울대학교 규장각에서 처음으로 반환을 주장했고, 이 듬해 한국 정부가 프랑스 정부에 이를 공식적으로 요구하여 2011년 대여 형식으로 한국에 돌아왔다

그녀는 파리에 머물며 한국 독립운동사를 연구하는 등 생을 마칠 때까지 해외에서 한국 역사와 문화적 진실을 밝혀내는 데 힘썼다. 대한민국 문화훈장(1999), 국민훈장 동백장, 제7회 비추미 여성대상(2007), 자랑스러운 서울대인상(2010), 제7회 경암학술상 특별공로상, 국민훈장 모란장(2011) 등을 수상했다. 주요 저서로 〈조선왕조의궤〉, 〈한국의 인쇄사〉, 〈한국의 무속사〉, 〈한국의 역사〉, 〈병인년, 프랑스가 조선을 침노하다〉 등이 있다. 외규장각 도서를 반환하는 데 기여한 공을 인정받아 국립서울현충원에 안장되었다(브리테니카 백과사전).

〈사진 2-8〉 외규장각도

1991년에는 서울대학교 규장각이 외규장각문서를 되찾기 위해 정식으로 외교라인을 통해 프랑스정부에 요청하였으며, 1993년 프랑스와 고속전철사업 계약이 체결되는 즈음 프랑스 미테랑 대통령이 우리 외규장각 문서를 반환하겠다는 뜻을 밝혔다. 1993년 9월 서울에서 개최된 프랑스 미테랑 대통령과 김영삼 대통령과의 정상회담에서 미테랑 대통령이 외규장각 문서의 반환을 덕담으로 거론하는 등 일이 순조롭게 진행되는 듯 했으나, 프랑스 국립도서관의 실무자들과 프랑스 언론의 제동으로 난항에 부딪치게 되었다.[32] 외규장각 도서 반환문제에 대한 1993년의 상황은 서울의 한 시민이 독자의견란을 통하여 명쾌하게 정리하였으며, 서울대학교 국사학과 이태진 교수는 그의 책에서 그 시민의 의견 내용 전문을 소개하였다.[33)]

〈사진 2-9〉 강화도에서 복원한 외규장각

32) 이태진. 1994. 『왕조의 유산-외규장각도서를 찾아서』. 서울 : 지식산업사. pp.41~108.
33) 이태진. 1994. 앞의 책. pp.99~100.

그 후 우리 정부는 기회 있을 때마다 외규장각 도서 반환의 조속한 이행을 프랑스 정부에 촉구하였으나 프랑스 정부는 이를 마이동풍馬耳東風으로 흘려들어 왔다. 다음은 1998년 4월 6일의 경향신문 기사이다.

외규장각 고문서

규장각(奎章閣)은 개혁정치의 산실이었다. 정조는 즉위하자마자 궁궐 내에 규장각을 설치하고 이곳에 우수한 인재들을 끌어 모았다. 이들과 나라의 중대사를 토론하고 기획하며 또 이를 기록하는 일을 맡겼다. 그러나 집권 초기의 정조에게 가장 시급한 과제는 정국안정이었다. 규장각의 인재들도 정조의 이러한 뜻에 따라 노론벽파 등 반대파를 숙청하는 방안 등을 제시하면서 자연스럽게 혁신정치의 중추기관으로 떠오르게 된다. 오늘날의 제도로 보면 청와대 비서실에 가까운 역할을 한 셈이다.

규장이란 원래 임금의 글을 뜻한다. 이 글들을 모아 놓은 것이 규장각이다. 규장각이 이름에 걸맞게 왕실도서관이란 제자리로 돌아온 것은 정국이 안정된 후였다. 정조 즉위 5년이 지나면서 보관물이 엄청나게 늘어나자 강화도 고려궁터 부근에 또 하나의 규장각을 지었다. 이 외규장각에는 정조 이전의 임금들의 친필, 어새, 각종 의식을 상세히 기록한 의궤(儀軌) 등의 문건들을 옮겨놓았다.

김대중 대통령이 ASEM회의 기간 중 프랑스 자크시라크 대통령과 만나 외규장각 도서의 반환을 요구했다는 소식이다. 5년 전 미테랑 전 대통령이 '영구임대' 형식으로 한국에 돌려주기로 한 외규장각 문서에 대한 결단을 촉구한 셈이다. 132년 전 한국 내 선교를 빌미로 프랑스가 일으킨 병인양요 때(1866년) 강화도에 상륙해 외규장각이 불타자 이곳에서 300권의 왕실문서를 비롯해 은궤 어새 등을 가지고 갔다. 당시 프랑스 해군 장교의 기록에서 '약탈'했음을 인정하고 있는 문화재들이다. 지난 91년 서울대총장 명의로 처음 공식 반환을 요구한 이후 양국 정상회담 때마다 이를 거론했지만 아직도 미해결의 문제로 남아 있다.

약탈 문화재의 귀환을 바라는 한국민들의 심정은 누구보다도 프랑스가 잘 알고 있다. 프랑스 역시 2차 대전 당시 독일에 빼앗긴 문화재 가운데 모네의 작품 등 28점을 되돌려 받기도 했다. 또 러시아로부터도 양국간 반환협정에 따라 고문서를 되돌려 받았다. 이런 전력을 지닌 프랑스가 굳이 이런저런 변명으로 고문서 반환을 늦추는 것은 문화대국 답지 않다는 생각이다.〈경향신문 1998년 4월 6일 '여적'〉

그 이후로도 프랑스 정부는 2000년 10월 19일 자크시라크 프랑스 대통령이 방한 시, 김대중 대통령과의 정상회담에서도 2001년까지 외규장각 도서 반환을 완결 지을 수 있도록 노력하겠다고 해 놓고 실행에 옮기지 않고 시간을 끌어왔다.

2006년 6월 한명숙 국무총리가 프랑스를 방문 중 이 문제를 협의했으며, 앞으로 도서반환은 디지털 방식으로 추진하기로 하고, 국내 전시를 위해 2006년 9월 외규장각 도서가 일시 귀국할 것이라는 기사가 <국정 브리핑>에 실렸다.[34]

그러나 이는 매우 미온적인 협상이었고 그 후로 별다른 진전이 없었다. 그 후 국제사법재판소의 힘을 빌려서라도 무조건 반환시켜야 한다는 학술 및 시민단체의 외규장각 의궤 반환 운동이 있었으나 여전히 힘을 받지 못하고 미해결 과제로 남아 있었다. 그러던 중 2010년 3월부터 프랑스정부와 협상이 재개되었고, 같은 해 서울에서 개최된 'G20정상회의'에서 이명박 대통령과 니콜라 사르코지Nicolas Sarkozy 대통령간 합의가 이루어져 2011년 2월 7일 양국 정부간 합의문이 체결되었고, 2011년 3월 16일 실무기관간 약정이 체결되었다. 이로써 1866년 프랑스함대에 실려 갔던 외규장각 도서 296책이 2011년 4월 14일부터 5월 27일까지 총 4회에 걸쳐 항공편으로 돌아오게 되었다.[35]

....

34) 국정브리핑 2006. 6. 9 "한-프, 외규장각문서 서울 전시 합의"
35) 국립중앙박물관. 2011. 『145년만의 귀환 외규장각 의궤』. 221-222쪽

외규장각의궤의 귀환일지

1866년	10월 병인양요 때 프랑스군이 강화도에서 외규장각 의궤 약탈
1867년	1월 17일 프랑스 잡지 L'Illustration에 '강화 유수부를 점령한 프랑스 군대의 삽화' 등 수록
1867년	프랑스 해군청, 외규장각 약탈도서를 기증형식으로 왕립도서관(현 프랑스 국립도서관)으로 이관
1894~1896년	모리스 쿠랑, Bibliographie Coreenne 제2권에 외규장각 의궤에 대한 내용 기록
1975년	박병선 박사, 프랑스국립도서관에서 중국도서로 분류된 의궤 첫 발견
1991년 10월	서울대학교, 정부에 외규장각도서 반환 추진 요청
1991년 11월	한국 외무부, 프랑스 외무성에 공식 반환 요청
1993년 9월	미테랑 대통령, 『수빈휘경원원소도감의궤』(상) 1책 전달하며 반환 약속
1994년 11월	영구대여협상 무산
1999년	서울 및 파리에서 전문가 협상 진행
2000년 10월 19일	외규장각 도서와 국내 고문서의 등가교환 추진
2000년 11월 3일	국내 학술단체 "외규장각도서 맞교환 협상의 중단을 촉구하며" 성명서 발표
2002년	외규장각 의궤 전문가 실사단 1,2차 현지 조사
2003년 4월 15일	외교통상부 및 실사단, 『파리 국립도서관 소장 외규장각 의궤 조사 연구』발간
2010년 3월 4일	한·불간 협상 재개
2010년 4월 28일	파리 7대학 총장 등 프랑스 지식인들 '반환지지 협회 결성'

2010년 11월 12일	한·불 정상, 합의 공식 발표
2011년 2월 7일	한·불 협상 대표간 합의문 서명
2011년 3월 16일	한국 국립박물관·프랑스국립도서관 약정 서명
2011년 5월 27일	외규장각 의궤 297책 귀환 완료

〈사진 2-10〉 외규장각 의궤 귀환행사 장면

추석의 역마살, 국립중앙박물관에 가다.

2012년 9월 30일 추석날인데도 국립중앙박물관이 문을 열었다. 지하철 4호선 이촌역에서 내려 걸어 들어가는데 박물관 정원이 시원스럽다. 호수와 정원이 어울려 마치 좋은 대학 캠퍼스 같았다. 전시관만 있는 것이 아니라 커피숍, 레스토랑, 서점 등 많은 상업적 시설들이 있어 관람객에게 휴식과 편의를 제공한다. 군데군데 안내원들이 배치되어 시민들을 친절하게 안내하고 있었다.

도서관과 박물관은 공히 역사적, 문화적, 교육적 시설이다. 도서관은 책을 중심으로 박물관은 역사 유물을 중심으로 연구 교육하는 문화적 기반 시설이다. 그런데 오늘 박물관을 보니 도서관이 배워야할 점이 많은 것처럼 느껴졌다. 우선 도서관은 명절날 문을 굳게 닫고 시민을 맞이하지 않는다. 도서관은 어딜 가도 정원이 없거나 좁다. 도서관에는 커피숍, 식당, 서점 등 시민 편의시설이 없거나 열악하다. 도서관에는 시민들을 안내하는 친절한 안내원들이 부족하다.

나는 오늘 교보문고에서는 사지 못한 〈145년 만의 귀환, 외규장각 의궤〉 라는 책을 박물관 서점에서 샀다. 외규장각 도서를 도서관사 연구에 활용하기 위해서다. 이 책에는 1866년 병인양요때 프랑스군이 강화도 외규장각에서 약탈해간 외규장각 의궤의 귀환 경위가 소개되어 있고, 논고 부분에서는 이태진 전 서울대 교수의 '외규장각 의궤도서의 귀환을 반기며', 이성미 전 한국학중앙연구원 교수의 '외규장각 의궤의 문화사적의의' 두 편의 논설이 실려 있다. 그런데 지하철을 타고 오며 이태진 교수의 논고를 읽던 중

"규장각은 단순한 서책 보관 장소가 아니라 국정 프로젝트 연구기관을 겸하였으니 도서관이란 소개도 잘못된 것이다."(242쪽)

라는 문구를 보고 깜짝 놀랐다. 규장각을 도서관이라고 한 것이 잘 못된 표현이라는 것이다. 그 이유는 책을 보관만 한 것이 아니라 연구기관을 겸했다는 데 있다는 것이다. 그러나 도서관은 동서양을 막론하고 알렉산드리아도서관이건 성균관의 존경각이건 책을 보관만 한 것이 아니라 교육과 연구를 겸했다는 역사적 사실을 깜빡하신 건 아닌지 모르겠다. 도서관의 본질은 예로부터 서책의 보존에만 있었던 것이 아니라 연구와 교육 등 이용에 있었다는 사실을 우리들은 세계 도서관의 역사를 통해서 확인하고 있다. 이를 두고 우리는 '원인과 결과의 논리' 라고 부른다. 도서관은 보존은 원인이요, 이용은 결과라는 합리적 바탕위에 서 있다(이종권, 2012.10.1).

5. 도서관의 철학과 원리

철학과 도서관철학

도서관은 문명의 탄생으로부터 태동하여 문명 발전의 디딤돌이 되어 왔다. 도서관의 철학은 도서관의 사회적 필요성과 중요성을 체험하고 이론과 실무를 발전시켜온 도서관 선각자들의 경험이 축적되어 형성된 것이다. 따라서 도서관의 철학은 형이상학적, 관념적 철학이 라기보다는 경험에서부터 형성되어온 '경험철학'이라 할 수 있다.

철학philosophy은 어원적으로 '지혜sophy에 대한 사랑phil'이라고 풀이된다. 따라서 도서관철학Library philosophy은 '도서관 경영의 지혜에 대한 사랑'이라고 풀이할 수 있을 것이다. 철학은 삶의 가치를 판단하는 학문이다. 철학이 '지혜를 사랑한다'는 의미는 다시 말하면 '지혜를 발휘하여 삶의 가치를 판단한다'는 뜻이라고 할 수 있을 것이다. 따라서 철학은 지혜로운 사유를 통하여 인간 삶의 가치를 판단하여 왔다. 철학자들의 할 일은 가치 있는 삶(철학), 가치 있는 나라(정치철학), 가치 있는 교육(교육철학), 가치 있는 학문(역사철학, 과학철학)이 무엇인지를 고민하는 것이다. 그러한 고민 속에서 지혜가 생성되고 이러한 지혜를 활용하여 각각의 삶의 가치를 판단하는 것이다. 이와 같은 논리로 도서관철학은 계속적인 경험과 지혜를 모아 가치 있는 도서관이 무엇인지를 판단하는 기틀을 마련하는 것이라 말할 수 있다.

이처럼 도서관철학은 도서관의 가치 판단에 있어 기준을 제공하는 학문이다.[36] 도서관의 철학은 '경험에서 축적된 지혜'이기 때문에 역사적으로 도서관을 훌륭하게 만들었던 선각자들의 업적을 살펴보지 않으면 안 된다. 그리고 선각자들의 생각과 지혜를 오늘 우리의 도서관에 어떻게 적용할 것인가를 고민하면서 현세에 알맞은 지혜로 개선해 나가는 것이 도서관의 철학을 공부하는 목적이 될 것이다.

도서관의 가치 기준, 도서관의 법칙, 원리, 윤리

고대로부터 현대에 이르기 까지 도서관의 지혜에 기여한 역사적 인물

---

36) 도서관철학은 이처럼 중요한 분야인도 대학의 문헌정보학과에 도서관의 철학 교과목은 없으며, 문헌정보학 개론서나 도서관의 역사에서 단편적으로 다루어지는 실정이다.

들은 무수히 많다. 그러나 여기서 이들 역사적 인물을 모두 소개하는 것은 필자의 능력으로 보나, 본고의 지면으로 보나 불가능한 일이다. 그러므로 선각자들의 자세한 업적은 각주에 제시된 서적들을[37] 참고하기 바라며, 여기서는 가장 명쾌한 철학과 원리를 제시한 3인의 선각자들의 도서관 철학과 역사원리를 간단히 소개한다.

랑가나단의 도서관학 5법칙[38]

여기의 '도서관학 5법칙'과 설명은 랑가나단 저, 최석두 역. <도서관학 5법칙>에서 발췌 인용한 것이다. 다만 제4법칙의 설명은 발췌하지 않고 필자가 요약하였다.

제1법칙 "도서는 이용하기 위해서 있는 것이다."(Books are for use). 이 법칙의 정당성을 의심하는 사람은 아무도 없을 것이다. 그러나 현실적으로는 이야기가 다르다. 도서관 당국은 이 제1법칙을 좀처럼 염두에 두지 않는다(랑가나단 저 최석두 역, p.27).

제2법칙 "누구에게나 그의 도서를"(Every person his or her books).[39] 책이 교육의 도구라면 "누구에게나 그의 도서를"이라는 법칙은 "누구에게나 교육을"이라는 생각을 전제로 한다. 여기에 근본적인 문제가 있다. "누

----

37) 고인철 외 10인. 2005. 『도서관의 위대한 사상가들』. 파주 : 한울 아카데미.
   박상균. 2004. 『도서관학만 아는 사람은 도서관학도 모른다』. 군포 : 한국디지털도서관포럼.
   S. R. 랑가나단 저. 최석두 역. 2005. 『도서관학 5법칙』. 서울 : 한국도서관협회.
   James Thompson. 1977. *A history of the principles of librarianship.*
38) S. R. 랑가나단 저, 최석두 역. 2005. 『도서관학 5법칙』. 서울 : 한국도서관협회. p.27.
39) 일반적으로는 'Books are for all : or Every reader his book'로 알려져 있음.

구라도 교육받을 자격이 있는가?"라는 질문에 대한 답을 역사적으로 보면 현실 속에서는 제2법칙 역시 도서관 당국의 마음에는 거의 없었다는 것을 알 수 있다(랑가나단 저 최석두 역 p.87).

제3법칙 "모든 책은 독자에게로"(Every books its readers).[40] 제3법칙을 만족시키기 위해서 도서관이 채택하고 있는 방법은 개가제이다. 개가란 자신의 서재와 같이 자유롭게 장서를 보거나 조사할 기회를 의미한다. 개가제 도서관의 이용자는 마음대로 돌아다니며 아무 도서나 손댈 수 있다. ...중략... 보다 중요한 것은 이용자가 도서를 발견하는 빈도가 높아진다는 것이다. "이 책이 여기에 있을 줄이야"하고 기분 좋게 놀라 외치는 이용자가 없는 날은 하루도 없는 것이다(랑가나단 저, 최석두 역. pp. 268~269).

제4법칙 "이용자의 시간을 절약하라"(Save the time of readers) (랑가나단 저, 최석두 역, p.298). 이 법칙은 이용자 중심의 사고방식에서 나온 것이다. 이용자가 도서관을 이용할 때 자료의 검색에서부터 대출과 반납, 그리고 내부와 외부의 이용에 있어 이용자에게 가장 편리하고 신속한 서비스가 되도록 해야 한다는 의미이다. 예를 들면, 목록의 시스템이나 대출 및 반납 절차가 찾기 쉽고 간편해야 하며 서가의 배열도 이용자가 알기 쉽게 안내되어야 하는 것이다.

....

40) 위의 번역판에는 "Every books its readers가 "모든 도서에게 그의 독자를"로 번역되어 있다.

제5법칙 "도서관은 성장하는 유기체이다"(A library is a growing organization). 성장하는 유기체만이 살아남을 것이라는 것은 일반적으로 인정되고 있는 생물학상의 사실이다. 성장을 멈춘 유기체는 생기를 잃고 소멸한다. 제5법칙은 시설로서의 도서관이 성장하는 유기체의 속성을 모두 가지고 있다는 사실에 주의를 환기시킨다. 성장하는 유기체는 새로운 물질은 취하고 헌 물질은 버리며 크기를 바꾸고 새로운 모양이 된다(랑가나단 저, 최석두 역, p.336). 도서관도 이와 같다.

랑가나단의 도서관학 5법칙은 1931년에 나온 것으로 도서관학의 '고적적인' 법칙이라 할 수 있다. 또한 랑가나단의 도서관학 5법칙은 매우 간단하고 상식적이어서 이런 상식이 과연 법칙인가 의심이 가기도 한다. 그러나 그의 법칙 하나하나를 곰곰 생각해 보면 오늘의 도서관들도 이러한 기준을 별로 충족하지 못하고 있다는 사실에 놀라게 된다. 진리는 간단한 것인지 모른다. 그러나 그 실천은 매우 어렵다는 것을 랑가나단의 '도서관학 5법칙'을 통해서 다시 한 번 깨닫게 된다. 랑가나단의 도서관학 5법칙은 주창한지 88년이 지났지만 오늘에 있어서도 그 생명력을 발휘하고 있다.

도서관학의 새로운 5법칙

시대는 변화하고 있다. 도서관도 시대의 변화에 보조를 맞추어 나가야 한다. 랑가나단의 도서관학 5법칙 이후 정보기술의 발전과 정보사회로의 전환 등 세기적 변화가 진행됨으로써 이러한 급변의 시대에 도서관은 어떠한 가치를 유지할 것인가를 고민해 왔다. 1995년 미국의 문헌정보학자

Walter Crawford와 Michael Gorman은 『Future libraries; dream, madness and reality』라는 저서에서 도서관학의 새로운 5법칙을 제시하였다. 이 새로운 5법칙은 정보사회의 시대적 변화를 반영한 것이라고 볼 수 있다. 이들을 소개하면 다음과 같다.[41)]

1. Libraries serve humanity.

   도서관은 인류를 위해 봉사한다..

2. Respect all forms by which knowledge is communicated.

   인간의 지식을 전달하는 모든 형태의 매체를 소중하게 생각하라.

3. Use technology intelligently to enhance service.

   도서관 봉사를 증대하기 위하여 과학기술을 현명하게 이용하라

4. Protect free access to knowledge.

   누구에게나 자유로운 지식의 접근을 보장하라

5. Honor the past and creat the future.

   과거를 존중하고 미래를 창조하라.

도서관학의 새로운 5법칙은 정보사회의 도서관 철학의 변화를 반영하고 있다. 정보사회 속에서도 도서관의 본질과 목적은 언제나 인간을 위한 것임을 상기할 것, 발달되고 있는 매체들을 모두 소중히 여겨 수집 보존 이용시킬 것, 과학기술을 도서관의 경영에 잘 활용함으로써 기술적

----

41) Walter Crawford, Michael Gorman. 1995. Future libraries ; dream, madness and reality. Chicago : ALA. pp.7~8(이순자. 1997. 『도서관 정보센터 경영론』. 서울 : 한국도서관협회. pp.23~24에서 재인용).

편리를 향상시킬 것, 이용자의 자유로운 접근을 보장할 것, 온고지신의 정신으로 미래를 개척해 나갈 것 등을 명쾌하게 제시하고 있다. 랑가나 단의 도서관학 5법칙이 고전적 법칙으로서 생명력을 갖는다면, 도서관학 의 새로운 5법칙은 정보사회의 선도를 위한 도서관 경영철학으로서의 생 명력을 지닌다고 하겠다.

도서관의 역사원리

영국의 대학도서관 사서이자 도서관 역사가인 James Thompson은 1977 년 그의 저서 『A history of the Principles of Librarianship』에서 세계 도서 관사의 통찰을 통해 17개 항에 이르는 도서관의 역사원리를 도출하였다. 이 원리는 요약 부분만도 상당한 분량이어서 여기서는 각 원리의 타이틀 만을 간단히 소개한다.[42]

1. 도서관은 사회가 창조한다.

   The first principle of librarianship is : Libraries are created by society.

2. 도서관은 사회가 보존한다.

   The second principle of librarianship, a corollary of the first, is: Libraries are conserved by society.

3. 도서관은 지식의 보존과 전파를 위한 것이다.

---

42) 『국회도서관보』 2004년 3월호. pp.52~61. 「도서관의 역사원리」 참조.

The third principle of librarianship is : Libraries are for the storage and dissemination of knowledge.

4. 도서관은 권력의 중심지이다.

The fourth principle of librarianship is: Libraries are centres of power.

5. 도서관은 모든 사람을 위한 것이다.

The fifth principle of librarianship is: Libraries are for all.

6. 도서관은 반드시 성장한다.

The sixth principle of librarianship is : Libraries must grow.

7. 국립도서관은 모든 국가적 문헌과 다른 나라의 대표적 문헌을 소장해야 한다.

The seventh principle of librarianship is : A national library should contain all national literature, with some representation of all other national literatures.

8. 모든 책은 이용하기 위한 것이다.

The eighth principle of librarianship is : Every book is of use.

9. 사서는 교육을 받은 자라야 한다.

The ninth principle of librarianship is: A librarian must be a person of education.

10. 서서는 교육자이다.

The tenth principle of librarianship is: A librarian is an educator.

11. 사서의 역할은 정치적 사회적 시스템 속에 통합되어야만 그 중요 성을 발휘한다.

The eleventh principle of librarianship is: A librarian's role can only be an important one if it is fully integrated into the prevailing social and political system.

12. 사서는 훈련과 실습을 받아야 한다.

The twelfth principle of librarianship is: A librarian needs training and/or apprenticeship.

13. 도서관장서의 확충은 사서의 의무이다.

The thirteenth principle of librarianship is: It is a librarian's duty to increase the stock of his library.

14. 도서관은 어떤 질서체계에 따라 자료를 정리하고 그 내용에 대한 목록을 제공하여야 한다.

The fourteenth principle of librarianship is: A library must be arranged in some kind of order, and a list of its contents provided.

15. 도서관은 지식의 저장고이므로 주제에 따라 정리하여야 한다.

The fifteenth priciple of librarianship is: Since libraries are storehouses of knowledge, they should be arranged according to subject.

16. 도서관에서의 주제별 그룹화는 실제적인 이용편의를 고려해야 한다.

The sixteenth principle of librarianship is: Practical convenience should dictate how subjects are to be grouped in a library.

17. 도서관은 주제별 목록을 갖추어야 한다.

The seventeenth, and final, principle of librarianship is : A library must have a subject catalogue.

James Thompson이 제시한 도서관의 역사원리들은 어떻게 보면 다소 장황하고 산만한 느낌을 준다. 그러나 그 유사성에 따라 그룹화 하면 다음 다섯 가지로 명확하게 정리되며 이는 역사에서 도출된 도서관의 본질을 잘 요약한 것이라 할 수 있다.

- **도서관 설립과 보존의 사회성**
  1. 도서관은 사회가 창조한다.
  2. 도서관은 사회가 보존한다.
  4. 도서관은 권력의 중심지이다.

- **도서관의 장서수집 및 확충의무**
  6. 도서관은 반드시 성장한다.(랑가나단의 제5법칙과 비슷함)
  7. 국립도서관은 모든 국가적 문헌과 외국의 대표적 문헌을 소장해

야 한다.

13. 도서관장서의 확충은 사서의 의무이다.

- **지식의 보존과 이용, 전파**

    3. 도서관은 지식의 보존과 전파를 위한 것이다.

    5. 도서관은 모든 사람을 위한 것이다.(랑가나단의 제2법칙과 비슷함)

    8. 모든 책은 이용하기 위한 것이다.(랑가나단의 제1법칙과 비슷함)

- **장서 관리기술의 합리성**

    14. 도서관은 어떤 질서체계에 따라 자료를 정리하고 그 내용의 목록을 제공하여야 한다.

    15. 도서관은 지식의 저장고이므로 주제에 따라 정리하여야 한다.

    16. 도서관에서의 주제별 그룹화는 실제적인 이용 편의를 고려해야 한다.

    17. 도서관은 주제별 목록을 갖추어야 한다.

- **사서의 교육과 전문성**

    9. 사서는 교육을 받은 자라야 한다.

    10. 사서는 교육자이다.

    11. 사서의 역할은 정치적 사회적 시스템 속에 통합되어야만 그 중요성을 발휘한다.

    12. 사서는 훈련과 실습을 받아야 한다.

도서관인 윤리선언

우리나라에서는 도서관계가 뜻을 모아 도서관인의 철학적 윤리적 실천 덕목으로서 '도서관인 윤리선언'을 선포하였다. 도서관인 윤리선언은 1997년 10월 30일 한국도서관협회가 주관하여 도서관계의 중지를 모아 제정한 것이다. 이 윤리선언은 2019년 2월 28일 개정 선포되었다. 우리 도서관인들은 이와 같은 윤리를 평소의 생활 속에 실천할 수 있도록 성실과 인내로 지식과 지혜를 연마해야 할 것이다.

〈1997년 10월 30일 선포된 도서관인 윤리선언〉

도서관인 윤리선언

도서관인은 민족과 인류의 기억을 전승하여 사회발전에 기여하는 도서관의 운영주체로서 무거운 책임을 지니고 있다. 이 책임은 우리들 도서관인의 모든 직업적 행위의 바탕에, 비판적 자기 성찰과 윤리적 각성이 살아 있을 때 비로소 완수될 수 있다. 이에 우리는 스스로의 다짐이자 국민에 대한 약속으로 우리가 지켜 나갈 윤리적 지표를 세워 오늘 세상에 천명한다.

1. (사회적 책무)도서관인은 인간의 자유와 존엄성이 보장되는 민주적 사회발전에 공헌한다.
   가. 도서관인은 헌법이 보장하는 국민의 알 권리를 실현하는 데 기여한다.
   나. 도서관인은 국민의 자아성장 의욕을 고취하고 그 노력을 지원한다.
   다. 도서관인은 도서관과 이용자의 자유를 지키고 정보접근의 평등권을 확립한다.
   라. 도서관인은 성숙된 지식사회를 열어가는 문화적 선도자가 된다.

2. (자아성장)도서관인은 부단한 자기개발을 통하여 역사와 함께 성장하고 문명과 더불어 발전한다.
   가. 도서관인은 자신을 개선하는 데 게으르지 아니하며 끊임없이 연구하고 정진한다.
   나. 도서관인은 자신의 직무가 역사를 보존하며 사실을 전수하는 행위임을 자각한다.
   다. 도서관인은 사회의 변화와 이용자의 요구에 능동적으로 대처하는 능력을 배양한다.
   라. 도서관인은 개척자의 정신으로 일상의 난관을 극복하며 열정과 인내, 그리고 용기와

희망 속에서 일한다.

3. (전문성) 도서관인은 전문지식에 정통하며 자율성을 견지하여 전문가로서의 책임을 완수한다.
  가. 도서관인은 자신의 업무영역에 관한 전문 지식과 기술습득에 최선을 다한다.
  나. 도서관인은 전문가로서의 자율성을 발휘하여 스스로 사회적 지위를 확보한다.
  다. 도서관인은 소속된 조직의 입장이 전문성의 원칙에 배치될 경우 전문가적 신념에 따라 이의를 제기할 책임이 있다.
  라. 도서관인은 전문직 단체의 중요성을 인식하고 조직 활동에 적극 참여한다.

4. (협력) 도서관인은 협동력을 강화하여 조직운영의 효율화를 도모한다.
  가. 도서관인은 협력의 기초가 되는 소속 도서관의 능력신장에 먼저 노력한다.
  나. 도서관인은 도서관간의 협력 체제를 지속적으로 발전시켜 나간다.
  다. 도서관인은 다른 사회기관과 협력하여 부단히 활동영역을 확장한다.
  라. 도서관인은 자신의 조직에 불이익이 있을지라도 협력의 의지를 지켜나간다.

5. (봉사) 도서관인은 국민에 헌신하는 자세로 봉사하고 도서관의 진정한 가치에 대한 사회적 인식을 유도한다.
  가. 도서관인은 이용자의 다양한 요구에 적합한 전문적 봉사에 힘쓴다.
  나. 도서관인은 이용자의 이념, 나이, 성별, 사회적 지위 등을 이유로 차별하지 아니한다.
  다. 도서관인은 항상 친절하고 밝은 태도로 업무에 임한다.
  라. 도서관인은 도서관에 대한 사회의 정당한 인정을 획득하기 위하여 노력한다.

6. (자료) 도서관인은 지식자원을 선택, 조직, 보존하여 자유롭게 이용하게 하는 최종 책임자로서 이를 저해하는 어떠한 간섭도 배제한다.
  가. 도서관인은 민족의 문화유산과 사회적 기억을 지키는 책임을 진다.
  나. 도서관인은 지식자원을 선택함에 있어서 일체의 편견이나 간섭 또는 유혹으로부터 자유로워야 한다.
  다. 도서관인은 지식자원을 조직함에 있어서 표준화를 지향한다.
  라. 도서관인은 이용자와 관련된 개인정보를 보호하며 그 공개를 강요받지 아니한다.

7. (품위) 도서관인은 공익기관의 종사자로서의 품위를 견지한다.
  가. 도서관인은 언제나 전문가로서의 긍지를 가지고 업무를 수행한다.

나. 도서관인은 항상 정직하고 정당한 태도를 잃지 아니한다.

다. 도서관인은 업무와 관련하여 정당하지 아니한 일체의 이익을 도모하지 아니한다.

라. 도서관인은 직업적 윤리규범을 성실히 지킨다.

〈2019년 2월 28일 개정 선포된 도서관인 윤리선언〉

도서관인 윤리선언

도서관인은 인류의 기억을 전승하여 사회발전에 기여하는 도서관 활동의 주체로서 국민의 자유롭고 평등한 정보 접근과 알 권리를 보장하는 사회적 책무를 갖는다. 이에 우리 도서관인은 스스로의 직업적 소명을 다짐하고 전문직의 긍지를 튼튼히 하고자 우리가 실천해야 할 윤리지표를 세워 다음과 같이 선언한다.

1. 도서관인은 도서관 이용자의 신념, 성별, 연령, 장애, 인종, 사회적 지위 등을 이유로 그 이용을 차별하지 아니한다.

2. 도서관인은 도서관서비스를 제공함에 있어서 자신의 편견을 배제하고 정보접근을 저해하는 일체의 검열에 반대한다.

3. 도서관인은 도서관서비스 과정에서 수집되는 이용자의 프라이버시와 개인정보를 적극 보호한다.

4. 도서관인은 직업적 책무를 수행하는데 필요한 전문지식과 기술을 습득하고 응용하기 위해 노력한다.

5. 도서관인은 지식재산권을 존중하여 도서관서비스에 있어서 이용자와 권리자 간 이해의 균형을 추구한다.

6. 도서관인은 직업적 행위를 함에 있어서 개인의 관심에 우선하여 도서관 발전을 위해 노력한다.

1997.10.30. 제정
2019.02.28. 개정

제**3**장

우리나라 도서관의 종류와 현황

　도서관의 역사에서 본 것처럼 도서관은 문명사회의 필수적 도구다. 그렇다면 현재 우리나라의 도서관은 어떠한가? 우리는 제대로 된 문명사회의 도서관을 가지고 있는가?

　우리의 도서관은 광복 이후 1980년대까지는 국가 경제의 어려움과 국민 인식의 부족 등으로 침체의 늪에서 벗어나지 못했다. 그러나 경제발전이 이루어지고 국민 의식이 향상된 1990년대 이후 우리 도서관도 서서히 다시 태어나고 있다. 우선 행정, 입법, 사법을 대표하는 국가 도서관이 구색을 갖추고 있다. 그리고 공공도서관과 대학도서관들이 많은 발전을 이룩하였으며, 초 · 중 · 고등학교 도서관들도 서서히 변화를 모색하고 있다. 우선 행정, 입법, 사법의 국립도서관 현황을 살펴보고, 공공도서관, 대학도서관, 학교도서관, 전문도서관들의 모습도 간략히 관찰하여 보기로 하겠다.

전국도서관통계(2017년 12월 말 현재)

종류	도서관수	비 고
국립도서관	5	국립중앙도서관, 국립어린이청소년도서관, 국립세종도서관, 국회도서관, 법원도서관
공공도서관	1,042	지자체 791, 교육청 231, 사립공공 20
작은도서관	6,058	공립 1,407, 사립 4,651
대학도서관	454	국공립 60, 사립 235, 전문대 152, 각종 학교 7
학교도서관	11,644	초등학교 6,153, 중학교 3,147, 고등학교 2,344
전문도서관	609	
교도소도서관	52	
병영도서관	1,946	
장애인도서관	44	
총계	21,835	

자료 : 2018『한국도서관연감』에서 발췌.

1. 국립중앙도서관

국립중앙도서관은 1945년 10월 15일 서울 중구 소공동에 위치한 조선총독부도서관 건물과 장서를 인수, 국립도서관으로 개관한 정부의 도서관이다. 1946년 도서관학교를 개설하여 도서관 현장에서 필요로 하는 사서의 양성을 시작하고 조선십진분류법을 제정하는 등 활동을 벌였으나 1950년 6·25 전란으로 혼란기를 겪었다. 1963년 10월 28일 도서관법이 제정되면서 국립중앙도서관으로 개칭, 대한민국의 대표도서관이 되었으며, 1974년 남산 어린이회관 건물로 이전하였다가 1988년 서울 서초구 반포동에 신축 이전하여 현재에 이르고 있다. 현재까지 74년의 역사를 지나는 동안 국립중앙도서관은 국가 문헌 자료의 분류, 조직과 정리, 목록의 자동화, 국립어린이청소년도서관 개관, 국립디지털도서관 개관, 국립세종도서관 개관, 국립장애인도서관의 개관, 도서관법의 개정, 사서 직무교육실시, 도서관연구소의 운영 등 우리나라 도서관계를 주도하면서 도서관의 발전을 모색하고 있다. 2017년 12월 현재 총장서량은 11,264,763책(점)으로 집계되었다.[1]

국립디지털도서관은 우리나라 대표 디지털도서관으로 디지털 지식 서비스의 중심에 있다. 다양한 인터페이스를 통해 디지털 서비스를 기획, 총괄하며 디지털 지식체계의 서비스 모델을 개발, 적용하여 기술과 관리 역량을 전파하고 있다. 디지털 정보 교류센터로서 인포메이션 코먼스 Information Commons(정보광장)의 신개념을 정립하여 우리나라의 지식정보문화를 이끌고 있다.

국립어린이청소년도서관

국립어린이청소년도서관은 2006년 개관 이래 어린이·청소년이 도서관을 통해 꿈과 상상력, 미래를 향한 희망을 키울 수 있도록 기회를 제공하고, 관련 종사자와 연구자들의 연구 활동을 지원해 왔다. 어린이·청소년 자료와 연구자료 등 전 세계 다양한 장서를 확보하고 양질의 지식정보서비스 제공, 다채로운 독서문화 활동의 지원과 국내외 어린이·청소년 도서관 네트워크 구축을 통해 어린이·청소년 국가대표 도서관으로

---

1) 한국도서관협회. 2018『한국도서관연감』. p.95.

서 역할을 담당하고 있다.

주요업무로는 전국 어린이 청소년 도서관 발전을 위한 연구지원, 어린이 담당 사서의 전문성 강화, 어린이 청소년을 위한 전략적 장서개발모형 확립, 국내외 어린이 청소년 분야 연구자료 확충, 디지털콘텐츠 개발, 독서진흥 활동 지원, 도서관 문화프로그램 개발 및 지원, 글로벌 교류 협력, 국내 도서관 협력 네트워크 구축, 국제 교류협력체제 구축 등이다.

국립세종도서관

국립세종도서관은 국가정책수립을 위한 지식정보체계를 구축해 나가기 위해 2013년 12월 12일 행정중심도시 세종특별자치시에 개관하였다. 국립세종도서관은 국립중앙도서관의 최초 지역 분관이며 국내 최초 정책도서관으로서 행정기관과 공무원 등을 대상으로 정보서비스를 제공하는 정책도서관의 역할을 하고 있다. 아울러 세종특별자치시 및 인근 지역 주민을 대상으로 열린 복합 문화 공간 역할도 수행하고 있다. 주요업무는 국립세종도서관 장서확충계획 수립 및 국내외 자료의 수집, 일반도서 및 정책자료 등 수집자료 정리, 정부와 공공기관 공직자 연구자 대상 정책정보서비스 제공, 정책정보종합목록 구축 및 수탁자료 운영, 소장 자료 이용 제공, 독서문화프로그램 개발 및 운영, 문화시설, 학교, 어린이집의 도서관 프로그램 지원 등이다. 국립세종도서관은 세종시에 위치하지만 전 국민이 회원으로 가입할 수 있고, 대출 서비스를 받을 수 있는 전국구 열린 공공도서관이다.

〈사진 3-1〉 국립세종도서관

국립장애인도서관

국립장애인도서관은 2007년 이후 운영되던 국립장애인도서관지원센터를 확대하여 2012년 개정 도서관법의 시행에 따라 설립되었다. 정보화 시대에 장애인들이 일상생활, 교육, 고용, 사회 참여, 문화 향유에 있어서 장애가 없는 사람들과 균등한 기회를 확보하기 위해서는 지식정보 접근과 이용 능력이 그 무엇보다도 중요하다. 장애인들이 도로나 건축물을 자유롭게 이용할 수 있도록 각종 편의시설을 갖추어 물리적인 장벽을 허물어 가듯이 각종 도서관자료를 비롯하여 지식정보체계에 접근할 수 있도록 정보의 장벽을 없애야 한다. 국립장애인도서관은 우리나라 250만 장애인들이 지식정보에 접근, 이용하는 데 직면하고 있는 장벽을 허물기 위해 노력하고 있다. 주 임무는 도서관의 장애인 서비스를 위한 국가 시책을 수립, 장애인을 위한 각종 도서관자료를 수집, 제작, 정리하여 제공, 국내외 도서관 및 유관 단체들과의 협력 등이다.

2. 국회도서관(https://www.nanet.go.kr/)

국회도서관은 국회의원들의 의정활동에 필요한 자료를 지원할 목적으로 6·25 전란 중인 1952년 2월에 전시수도 부산에서 3,600여 권의 장서로 개관되었다. 1963년 국회도서관법의 제정으로 국회의 독립기관이 되었으며, 1964년부터 국회도서관법에 의해 납본이 시작되었다. 국회도서관은 입법지원 기관으로서 국회의원과 보좌진의 입법 활동을 지원하는 한편, 국가의 지식과 정보를 수집하고 체계적으로 관리, 보존하여 일반 국민에게 제공하는 역할을 수행한다.

2018년 12월 말 현재 도서 4,614.982책, 전자파일도서 1,318,524책, 비도서 533,287점, 디지털콘텐츠 3,306,433건, 정기간행물 26,747종, 신문 1,029종 총 9,801,002건의 장서를 보유하고 있다.[2]

헌정의 역사만큼 국회도서관은 장서, 시설, 정보처리 면에서 장족의 발전을 이룩하였다. 그러나 서비스에 있어서는 많은 비판을 받았던 것도 사실이다. 우선 일반 국민에게는 문턱이 높았다. 1998년 10월 12일에야 20세 이상 국민에게 도서관을 개방하였지만 국가적 도서관의 특성상 관외 대출은 시행하지 않고 있다. 최근 도서관의 문턱은 크게 낮아지고 서비스 개선도 이루어지고 있다.

....

2) 국회도서관 홈페이지 장서 현황, 2018년 2월 말 현재 통계.

〈사진 3-2〉 국회도서관

3. 법원도서관(https://library.scourt.go.kr/)

법원도서관은 1959년 대법원의 법원행정처에서 도서에 관한 사항을 업무분장으로 넣으면서 태동하였으나 실질적으로는 1972년에 법원행정처 조사국에 도서과가 신설되고 도서실 업무를 수행하면서 성립되었다. 1981년에는 법원조직법에 법원도서관에 관한 규정이 마련되었고, 1989년에 와서야 정식으로 법원도서관이 개관되었다.[3] 법원도서관은 국내에서 가장 광범위한 법률 관련 자료를 소장하고 있는 도서관으로서 법조계와 학계를 비롯하여 재판 실무와 학술연구 활동을 하는 이용자들을 위해 다양하고 유익한 법률정보를 제공하고 있으며, 대법원 산하 법원 도서실을 지휘, 감독하는 기능을 수행하고 있다.

....

3) 2018. 『한국도서관연감』. p.110.

서울특별시 서초동 대법원 청사에 있던 법원도서관은 2018년 12월 경기도 고양시 일산 사법연수원으로 확장 이전하여 대국민 서비스를 시작하고 열람실 '법마루'를 개관하였다. 하지만 원래의 대법원 청사에도 대법원열람실을 운영하고 있다. 또 법원도서관 분관은 서울고등법원, 대전고등법원 등 전국 37곳의 법원에 설치되어 있다.

법원도서관의 장서는 사법부 구성원들의 재판 업무 수행과 법률 조사 연구에 필요한 법률 관련 자료로 구성되며 전국법원 도서관의 총 장서 수는 2,017,051책(점)에 이른다. 법원도서관의 장서는 국내서 120,292책, 동양서 65,656책, 서양서 51,325책과 각 실용 59,090책으로 구성되어 있다.

법원도서관은 또 국내 최대의 종합법률정보시스템을 구축 운영하고 있다. 종합법률정보시스템은 판례정보, 법령정보, 법률문헌정보, 규칙·예규·선례정보를 유기적으로 통합하여 재판, 학술연구, 분쟁해결, 법학 교육 등에 널리 이용될 수 있도록 인터넷을 통해 서비스함으로써 이용자들이 어느 곳에서나 PC 또는 모바일을 통하여 필요한 정보를 직접 취득할 수 있게 하는 시스템이다. 2017년 12월 현재 대법원 판례 55,424건, 하급심판례 21,675건, 헌법재판소 결정 4,389건, 대한민국의 법령 전체(헌법, 법률, 조약, 시행령, 규칙 등) 122,455건, 국내외 법률문헌 833,797건, 대법원 발간 자료 및 외부 발간 자료 75,300건 등의 자료를 제공하고 있다.[4]

....

4) 2018. 『한국도서관연감』. p.111.

법원도서관은 그 성격상 법률과 판례를 중심으로 한 법률전문 도서관
이다. 따라서 법조계에 종사하지 않는 일반 국민이 항상 가까이 접근하
기에는 장소적, 정서적으로 거리감이 있는 것도 사실이다. 그러나 입법,
사법, 행정이라는 국가기능의 분류로 볼 때 법원도서관은 사법부 측면에
서 국민이 법률문제를 언제라도 검색하고 연구할 수 있도록 도서관서비
스를 친절하게 안내하고 제공하는 역할을 다해야 할 것이다.

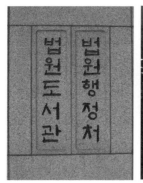

〈사진 3-3〉 법원도서관

4. 공공도서관

공공도서관은 역사적으로 민주주의의 산물이며 시민 문화생활의 거점
이다. 2018년 한국도서관연감에 따르면 우리나라 공공도서관은 2017년
12월 말 현재 총 1,042개 관으로 2016년의 1,010개 관에 비해 3.2% 증
가한 32개 관이 늘어났다. 도서(인쇄)자료 수도 2017년 104,965천 권으로
전년 대비 6.2% 증가하였고, 1관당 도서(인쇄)자료 수도 100,734권으로
전년 대비 3.0% 증가하였다. 여기에 아직 통계로 파악되지 않는 지하철

역 등의 무인 예약 대출 반납기와 스마트도서관의 설치, 그리고 나날이 확대되고 있는 상호대차서비스까지 시설과 장서의 접근성을 중심에 둔 도서관 인프라는 매년 빠르게 늘어나고 있다.

하지만 질적인 서비스는 각각의 도서관에 따라 많은 격차가 있다. 전국 공공도서관을 관장하는 운영 주체가 문화체육관광부와 교육부로 이원화되어 있고, 지방자치단체에 따라서도 서비스 수준은 천차만별이기 때문이다. 도서관법 제 30조는 도서관 경영의 전문성을 위해서 '공립 공공도서관장은 사서직으로 임명한다.'고 규정하고 있으나, 이 법이 강제성이 없어 많은 지역에서 비전문직을 공립 공공도서관장으로 보임하며, 공공도서관장 자리를 편하게 쉴 수 있는 한직으로 여겨 정년퇴직이 다가오는 공무원을 임명하는 경우도 적지 않다.

그러나 더 큰 문제는 공공도서관에 대한 국민의 인식과 협조와 지원이 부족하다는 데 있다. 도서관을 학생들의 독서실로 인식하고, 사서직의 전문성을 폄훼하며, 도서관에 대한 봉사와 지원을 등한시하는 풍토에서는 파행적 도서관의 운영을 근절하기 어려운 것이다. 영국과 미국의 공공도서관들이 시민의 봉사와 기부에 의하여 발전되어 왔듯이 우리나라도 도서관이 국민 문화생활의 터전이라는 시민의식과 함께 기업이윤의 사회환원이라는 차원에서 도서관에 대한 국민적 지원과 참여가 절실히 필요하다고 하겠다.

〈사진 3-4〉 충남도서관 내부(내포 신도시 소재)

작은도서관

작은도서관은 문맹퇴치와 농촌계몽을 목적으로 1960년대부터 마을문고 운동으로 시작되었고, 1970년 대 정부 주도의 새마을문고 운동으로 이어지다가 체계적이고 일관성 있는 정책 지원이 없어 지속되지 못하였다. 1990년대에는 「도서관 및 독서진흥법」에서 문고설치를 권장하는 조항이 신설되었고 이를 계기로 민간 어린이도서관 운동이 산발적으로 전개되었다. 2004년에는 문화관광부 정책보고서 "창의한국 21: 문화비전"에서 작은도서관을 1만 개를 확충하는 방안이 제시되었다. 그러나 작은도서관이 실질적으로 확산되기 시작한 것은 2006년 문화관광부 주요정책과제로 전국 3,560개의 읍·면·동에 '마을마다 작은도서관 만들기'

사업을 추진하면서부터였다. 또한 2007년부터는 이 사업을 조기에 달성하기 위하여 "고맙습니다 작은도서관"이라는 기치를 내걸고 민간자본 후원운동을 전개하였다.[5] 이로써 작은도서관은 기관이든 개인이든 누구나 소규모의 도서관을 운영할 수 있게 함으로써 각계각층의 모든 시민들이 그들이 살고 있는 바로 그 곳에서 도서관서비스를 받을 수 있도록 제도화한 것이다. 이와 관련 2012년 2월 17일 작은도서관을 활성화를 지원하기 위한 법률 "작은도서관 진흥법"이 국회를 통과하였으며, 2012년 8월 18일 발효되었다.

'2017년 작은도서관 실태 조사' 결과에 따르면 법적 기준을 맞추고 운영을 하고 있는 전국 작은도서관은 6,058개에 이른다. 이중 공립 1,407개 관(23.2%), 사립 4,651개 관(76.8%)으로 지자체에서 운영하는 공립의 경우보다는 사립 작은도서관이 더 많은 수를 차지함을 알 수 있다. 특히 공립은 작년 대비 4개관 밖에 증가하지 않았으나 사립은 140개 관이 증가하였다. 사립을 운영 주체별로 살펴볼 때 가장 많은 비중을 차지하는 것은 아파트단지 도서관으로 사립 작은도서관 전체의 33.6%(1,560개관)를 차지하는 것으로 나타났다. 개인 및 민간단체 설립과 새마을문고 등은 감소 추세로 나타나고 있다. 전체 작은도서관의 43.7%인 2,647개 관이 수도권에 밀집하고 있어 여전히 지역별 편차도 심하다는 것을 알 수 있다.

작은도서관은 '걸어서 10분 안에 도서관', 즉 생활밀착형 도서관의 실

---

5) 한국도서관협회. 2011. 『2011한국도서관연감』. p.64.

현을 위해 법령상 최소 기준을 두고 있다. 또 작은도서관진흥법과는 별도로 주택법에 500세대 이상의 공동주택에 도서관을 두어야 한다는 의무기준이 있어 작은도서관의 수적 성장은 이루었다고 할 수 있다. 하지만 설치 기준만 있을 뿐 운영은 개인 또는 아파트 관리 주체가 자율적으로 담당하는 경우가 대부분이어서 예산, 인력, 프로그램 등 모든 면에서 도서관의 역할을 제대로 수행하기는 어려운 실정이다. 특히 작은도서관에 사서가 꼭 필요하다는 것은 작은도서관진흥법에도 없으며 주민들의 인식도 아직 형성되지 않았다. 도서관의 필수요소는 건물, 장서, 사서라는 것을 모르는 사람은 거의 없다. 과거 새마을문고 운동이 실패한 주요 원인은 이러한 도서관의 필수요소인 사서 인력과 예산이 지원되지 않았기 때문이라고 생각된다. 그런데 오늘날에도 사서 없이 자원봉사자만으로 운영하는 작은 도서관들이 대부분이어서 도서관의 역할을 하지 못하고 있다. 앞으로 작은도서관이 예전에 실패한 마을문고의 전철을 밟지 않으려면 정부나 지방자치단체에서 작은도서관에 인력과 예산을 지속적으로 지원해야 할 것이다.

〈사진 3-5〉 작은도서관 사례

마이크로 트렌드 도서관

앞으로의 문명 경향은 '메가트렌드'가 아니라 '마이크로 트렌드'라는 말을 들은 적이 있다. 지금까지는 문명의 물결이 메가톤급으로 밀려와서 쓰나미식 영향을 주었지만, 앞으로의 문명은 지구촌 구석구석 '마이크로 톤'으로 저마다 개성을 드러내면서 전체와 조화하는 화음을 연출할 것이라는 말이다. 사람들이 멋모르고 지낼 때는 동양에서 밀려가든 서구에서 밀려오든 전체적인 큰 물결(wave)에 휩싸여 그것이 좋은 줄 알고 부화뇌동하였다. 그러나 이제 세계문명의 진실을 깨우친 현 시점에서는 어디서나 '나의 목소리'로 당당하게 살고자 하는 것이다.

따라서 '도서관 문명'도 대규모를 지향하면서 큰 열람실과 몇 백 만권의 장서를 목표로 하던 시대는 서서히 지나가고 있는 것 같다. 대신 동네방네 구석구석마다 정보와 자료를 접하여 활용할 수 있는 올망졸망한 소규모 도서관이 필요한 시대로 접어들고 있는 것이다. 사실 저 멀리 300만권, 500만권을 자랑하는 대규모의 대학도서관이나 국공립도서관이 있다고 해도 일반 소시민들로서는 거기까지 가기가 시간적 경제적으로 쉽지 않을 뿐 아니라, 거기서 얻어오는 서비스도 별로 신통하지 못한 경우가 많으니, 굳이 왕복 시간과 교통비를 낭비하면서 헛수고를 하고 싶지 않은 것이다.

그래서 작은 도서관은 이 시대 도서관문화의 대세이며, 따라서 국가의 도서관 정책도 작은 도서관의 활성화로 가야하는 것이다. 사실 도서관이란 무엇인가. 책이 있어 책을 읽고 문명을 익혀 모든 시민이 문명인이 되게 하는 곳이다. 그런데 시민의 가까이에 책이 없고, 책을 볼 자리도 없다면 그걸 문명 환경이라 할 수 있겠는가. 우리는 '문명, 문명' 하면서도 문명의 기본적 환경을 만들지 못하였다. 문명의 기본적 환경을 만들지 못하였으니, 학교와 학원이 전부인 줄로 착각하고, 학교를 건성으로 다니면서 학원으로 가고, 졸업을 하면 책과는 담을 쌓아 문맹이면서 문명인인척하고 '뽐내는' 사람들이 부지기수인 것이다.

이제 우리의 교육은 뭐니 뭐니 해도 가정에서부터 책과 친해지는 자연스러운 생활교육이 되어야 한다고 본다. 가정에 책이 있고, 이웃집에 책이 있고, 아파트관리사무소에도 책이 있는, 책과 자연스럽게 친할 수 있는 '친 독서환경'이 마련되어야 한다. 부모들이 책을 읽고, 자녀들이 책을 읽으며, 선생님이 책을 읽고, 학생들이 책을 읽는 독서환경이 되어야만 공교육이 살아날 수 있다. 동네마다, 아파트단지마다, 초등학교, 중학교, 고등학교마다 올망졸망, 짤짤한 도서관이 있고, 전문 사서 선생님이 서비스를 해주어야만 교육이 살아날 수 있다고 본다.

큰 도서관들은 국가의 상징이고, 대학의 심장이며, 시민의 대학이라고 한다면 작은 도서관들은 우리 이웃의 친구이며, 다정한 선생님이며, 즐거운 놀이터라 할 수 있다. 공부를 해도 즐겁게, 자연스럽게, 저마다의 소질에 따라 스스로의 속도대로 완급을 조절하면서, 책과 대화하고, 친구와 대화하고, 사서선생님과 부모와 다른 선생님들과 대화하는, 작지만 즐겁고 재미있는 '아카데미' 도서관들. 교육당국은 이런 실질적인 '아카데미'에 투자하지 않고 지금 어디서 무엇을 하고 있는가? (이종권)

어린이도서관

우리나라에서 어린이도서관은 공공도서관의 일환으로 1979년 '세계아동의 해'에 서울특별시에서 서울시 어린이도서관 조례(서울특별시 조례 제1308호, 1779.2.7. 공포)를 제정하고 같은 해 5월 4일 종로구 사직동에 어린이 전용의 사직어린이도서관을 개설함으로서 최초로 탄생하였다. 공립의 어린이전용도서관은 그로부터 20여 년이 지나도록 추가 설립이 없다가 2003년 2월에 서울특별시 노원구에서 공립 노원어린이도서관을 설립하였고, 국립중앙도서관은 서울 강남구 역삼동에 기존의 학위논문관을 개편하여 2006년 6월 28일 국립어린이청소년도서관을 열었다. 사립어린이도서관으로는 1990년부터 한국사회과학도서관을 설립한 에스콰이어 문화재단에서 국내외 낙후지역을 중심으로 어린이도서관을 설립하기 시작하였다. 설립자 이인표(1922~2002) 사장의 이름을 따서 '인표어린이도서관'이라고 명명한 이 도서관은 2006년 현재 국내에 14곳, 중국 조선족 밀집 지역에 6곳, 러시아 사할린과 카자흐스탄 알마티에 각각 1곳 등 총 22개의 어린이도서관을 지원하고 있다. 하지만 2019년 현재에는 인표어린이도서관의 홈페이지(http://www.inpyolib.or.kr/)는 살아 있으나 2009년 이후 새로운 활동들이 탑재되지 않는 것으로 보아 사실상 도서관지원을 중단한 상태인 것으로 보인다.

한편 2000년대에는 전국적으로 민간에 의한 어린이도서관 설립 운동이 확산되었다.[6] 1997년 '파랑새어린이도서관'이 사립 문고형태의 작은 어린이도서관으로 문을 열면서 개인들이 어린이도서관을 열기 시작했고, 2003년 '책 읽는 사회 만들기 국민운동'과 MBC 문화방송이 협력하여 텔레비전 오락방송프로그램으로 '느낌표, 기적의 도서관 프로젝트'를 방영하면서 전국에 '기적의 도서관' 설립 운동을 추진하였다. 기적의 도서관은 순천을 시작으로 전국 12곳(순천, 제천, 울산, 청주, 제주, 서귀포, 진해, 금산, 부평, 정읍, 김해, 도봉)에 어린이 전용도서관을 설립 운용하고 있다.[7] 또 이 프로그램의 방영은 전국에 걸쳐 어린이도서관에 대한 국민적 관심을 촉발하여 사립 어린이도서관을 설립하는 계기가 되었다.

공공도서관의 어린이실 활성화와 함께 이와는 차별화된, 어린이들에게 더 가까이에 있는, 어린이를 위한 도서관들이 전국적으로 설립되고 있는 것은 매우 고무적인 일이다. 특히 민간에 의한 어린이도서관 운동이 전국의 구석구석까지 실효성 있게 전파됨으로써 지지부진했던 도서관의 발전을 획기적으로 변화시켜 나갈 수 있다는 점에서 어린이도서관의 미래는 희망적이다.

국가도서관통계시스템에 따르면 2017년 말 현재 어린이도서관은 총

---

6) 도서관계의 주도가 아니라 일반 시민 사이에서 어린이도서관 설립 운동이 발생했다는 것은 어떻게 보면 다행스러운 일일지 모른다. 도서관계가 주도한다면 사회적 반응이 활발하지 못할 수도 있으나 시민들이 자생적으로 어린이도서관 운동을 주도함으로써 어린이도서관이 사회적 요구의 표출임을 웅변하고 있다고 볼 수 있기 때문이다.
7) 책 읽는 사회 만들기 국민운동 홈페이지(www.bookreader.or.kr) 기적의 도서관 소개.

95개 관이 운영되고 있으며, 이는 공공도서관부문(1,042개관)의 9.1%를 차지한다. 이는 IFLA 국제 기준을 적용하면 여전히 부족한 현황이지만 지속적인 어린이도서관 수의 증가, 사서 1인당 서비스 대상자 수의 감소, 대출 책 수의 증가 등으로 어린이들에게 독서의 즐거움과 더불어 다양한 독서 매체와 친숙해질 수 있는 독서환경을 조성하여 도서관서비스 향상을 위한 기반이 점진적으로 개선되고 있다.

〈사진 3-6〉 송파어린이도서관

이밖에 공공도서관의 범주에 속하는 도서관으로는 특수한 환경에 처해있는 사람들은 대상으로 하는 도서관들로서 군부대에 설치하는 병영도서관, 시각 장애인들을 위한 점자도서관, 병원의 입원환자를 대상으로 하는 병원도서관, 교도소 재소자와 교도관들을 위한 교도소도서관 등을 들 수 있다. 그러나 이 도서관들은 대부분 기관, 단체 등 시설의 재량사항으로서 해당 기관 경영행정책임자들의 관심 여부에 따라 천차만별의 상태로 운영되고 있는 실정이다.

5. 대학도서관

대학의 역사와 대학도서관

대학의 역사는 학문의 역사라고 할 수 있다. 학문이 일어나는 주요한 장소가 대학이기 때문이다. 학문은 배우고(學) 묻는(問) 상호작용적 행위이기 때문에 혼자서는 거의 불가능하다. 물론 독학을 하면서 의문을 제기하고 책을 통하여 해결해 나갈 수 있으나 혼자만의 문답은 객관화에 있어서 한계가 있다. 따라서 대학은 이러한 한계를 극복하기 위하여 탄생하였다고 할 수 있을 것이다. 대학의 발생 양상은 서양과 동양에서 각기 다른 모습으로 형성되어왔다. 따라서 서양과 동양을 구분하여 대학의 역사를 간략하게 살펴보고자 한다.

서양의 대학과 도서관

고대사회의 교육은 도서관에서부터 비롯되었다. 아시리아왕국의 강력한 통치자였던 아슈르바니팔왕이 BC. 668년경에 수도 니네베에 세운 아슈르바니팔도서관은 왕실도서관으로서 신하들의 교육을 위해 설립 운영된 것이다.[8]

고대 그리스에서 교육을 일으킨 대표적인 인물은 플라톤과 아리스토텔레스였다. 플라톤은 BC. 387년에 아테네의 서쪽 교외에 아카데미아 akademeia라는 교육기관을 창설하였다.[9] 아카데미아는 비교적 체계를갖

---

8) James Thompson. 1977. *A history of the principles of librarianship*.
9) 아카데미아(akademeia)는 영웅신 아카데모스의 이름을 따서 지은 것이다. 아카데미아에서는

춘 교육시설로서 수십 명의 귀족 청소년들이 숙식을 같이하면서 대화를 통하여 철학을 비롯한 모든 학문을 논하였던 곳으로 유명하다. 아카데미아에 도서관이 있었는지는 알려지지 않았으나 교육이 있는 곳에 책이 있다는 점에서 도서관이 존재했던 것으로 추측할 수 있을 것이다. 플라톤의 제자로 20년 동안 아카데미아에서 수학한 아리스토텔레스는 스승의 가르침을 이어받아 리케이온이라는 학교를 세우고 후세의 교육에 더욱 노력하였다. 특히 아리스토텔레스는 교육을 위하여 도서관을 운영하였던 것으로 판단되고 있다.[10] 이는 아리스토텔레스가 알렉산드로스의 스승이었으며 알렉산드로스와 그 후계자들은 그리스문화의 전파를 위해서 알렉산드리아도서관을 설립하였다는 사실로 미루어 보아도 신뢰가 간다. 또 아리스토텔레스 문하의 학문공동체를 특히 소요학파逍遙學派라고 일컫는 것도 재미있는 대목이다. 소요학파란 학문을 하는 데 있어서 답답한 실내에서만 수업을 진행하지 않고, 거리를 산책하면서 사색하고 담론하였던 데서 붙여진 이름이다. 아리스토텔레스는 당시 최고의 학자, 만능의 지식인으로 오늘날에도 모든 학문의 아버지로 칭송받고 있다.

또 BC. 330년경에 알렉산드로스 대왕의 후예가 건설한 알렉산드리아 도서관 무세이온mouseion은 학술연구소이자 도서관으로서 교육을 통하여

....

교수와 학생이 생활공동체를 구성하여 함께 생활하면서 혼의 정화를 위해 수면의 통제 및 금욕생활을 했던 것으로 전해진다. 철학, 수학, 천문학, 음악 등 전인교육을 하였으며, 사회에 유익한 인재의 양성에 노력하였다. 아카데미아는 525년 로마황제 유스티니아누스가 이 교사상異教思想이라고 지목하여 폐쇄될 때까지 약 900년간 존속하였다. 한편 아카데미는 르네상스 이후 중세적 대학과는 다른 차원에서 형성되어 주로 귀족이나 부호의 보호아래 활동한 새로운 학문연구 집단을 의미하는 명칭으로도 사용되었다.

10) 이희재. 2005. 『정보미디어의 역사와 문화 e-북』. 서울 : 북토피아. 제3장 pp.19~20.

헬레니즘 문화를 전파하기 위하여 세운 종합 교육기관이었다. 알렉산드리아도서관은 수백 명의 연구원과 수십만 권(전성기에는 70여 만 권)의 장서를 갖추고 학자들의 연구와 저작활동을 지원한 것으로 알려져 있다.

대학을 뜻하는 아카데미academy라는 단어는 플라톤의 아카데미아akademeia에서 유래한 것으로 이는 중세의 대학 유니버스타스universitas라는 명칭이 일반화될 때까지 사용되었다. 또 오늘날에 와서도 아카데미academy라는 단어는 고등교육기관을 뜻하는 보통명사로 사용되고 있으며, 도서관의 경우 대학도서관을 유니버시티 라이브러리university library라고 부르기보다는 주로 아카데믹 라이브러리academic library로 부르고 있는 것은 그리스 아카데미아의 어원을 충실히 유지한 것이다.

11세기 무렵에 유럽에서는 본격적인 대학들이 출현하였다. 중세의 대학들은 학생들의 자발적인 조합으로 형성되었다. 길드와 유사한 대학 조합들은 공부하고자 모여든 학생들을 중심으로 교수들이 모이고, 문답과 강의를 실시한데서 자발적으로 형성된 것으로 처음에는 특별한 건물과 도서관은 없었지만, 국가의 제도적인 인정과 더불어 서서히 장소적 존재로서의 대학을 갖추었다. 중세 최초로 손꼽히는 대학은 이탈리아의 볼로냐대학이다. 이는 로마의 법학자 이르네리우스가 1088년경 볼로냐에서 제자들을 가르치면서 형성된 것으로 법학 중심대학으로서의 특성이 강하였다. 이 대학은 1158년에 로마황제 프레드리히 1세가 학생들의 집단을 자치단체로 공인함으로써 대학으로서 국가의 인정을 받게 되었다. 이후 1231년에 항구도시 살레르노에 의학교가 설립되어 이를 기반으로 살레르노대학이 의학을 중심으로 한 종합대학으로 발전하였다.

프랑스에서는 1180년에 파리대학이 루이 7세의 인가를 받아 설립되어, 1215년 로마교황으로부터 자치권을 부여받음으로써 정식으로 인정되게 되었다. 파리대학은 소르본대학으로 더 알려졌는데 이는 1257년 신학자 소르본이 신학생들을 위하여 설치한 기숙사를 중심으로 대학이 발전한 데서 연유한 것이다. 이 대학은 소르본이 기증한 장서를 중심으로 도서관을 운영하였던 것으로 알려져 있다.

영국에서는 옥스퍼드대학과 케임브리지대학이 최초의 대학이다. 옥스퍼드대학은 12세기에 헨리 2세가 옥스퍼드시에 산재해 있던 학교들을 종합하여 설립하였다. 옥스퍼드대학은 파리대학을 본떠 1249년에 기숙사를 설치하는 등 대학으로서의 조직을 갖추었다. 옥스퍼드대학은 1602년 보들리경의 서적 기증으로 부속도서관인 보들리언도서관을 설립하였다. 케임브리지대학의 기원은 1209년에 옥스퍼드시에서 학생들과 시민들 간에 일어난 분쟁을 계기로 학자들이 케임브리지시로 이주하여 학생들을 가르치기 시작한데서 비롯된다. 대학으로서의 법적 지위와 특권은 1231년 헨리3세의 칙서와 1233년 교황 그레고리우스 9세의 교서에 의해 보장되었다. 1284년에는 최초로 칼리지인 피터하우스를 설립하였으며, 1318년에는 교황 요한 22세로부터 일반연구소로 인가되기도 하였다.

18세기와 19세기에 이르러 민족국가가 출현함에 따라 대학의 발전도 새로운 양상을 띠게 되었다. 1809년에 설립된 독일의 베를린대학은 근대 대학의 효시를 이루었고, 대학 발달사에 획기적인 위치를 차지하였다. 대학설립의 책임을 맡은 교육부 장관 훔볼트는 정치 권력에 제약받지 않는 교수의 자유와 학문의 자유를 대학설립의 이념으로 삼았다. 독일에서의 대학은 공동생활의 장소인 동시에 학문연구와 진리탐구의 장이 되었다. 베를린대학은 대학의 자유를 중추로 학문을 연구하고 학자를 양성하는 것을 중시하는 좋은 선례를 남겼다.

한편 프랑스에서는 나폴레옹이 1808년 제국대학을 설립하여 대학교육을 실시하고, 중앙집권적인 교육 행정기능을 겸하게 하였다. 또 관료조직과 국가시험제도를 발전시킴으로써 관리의 등용문 역할을 하게 되었다.

앞서 언급한 영국의 옥스퍼드대학과 케임브리지대학은 오랫동안 귀족계급을 중심으로 인격교육을 존중하는 학풍을 형성함으로써 신사도의 함양과 지도자 양성에 주력하였다. 그러나 1836년 런던대학을 비롯한 새로운 대학들이 설립되어 대학은 대중화되었고, 교육의 내용과 방법에 있어서도 새로운 변화가 일어났다. 그러나 영국의 대학은 신사교육, 인격교육, 지도자양성교육을 중시하는 전통을 이어오고 있다. 미국에서는 1636년에 설립된 사립 하버드대학이 최초로 꼽힌다. 매사추세츠주 식민지 일반의회의 결의에 따라 설립되고, 1639년 도서와 유산을 기증한 J.하버드 목사의 이름을 따서 명명되었다. 식민지시대에는 목사양성을 위한 종교교육이 강조되었으나 1869년부터 독일대학의 영향을 받아 전문적인 학문연구와 교육기관으로 자리를 잡게 되었다. 미국의 대학은 그 후 학문의 실용성을 강조하는 학풍이 확립되었고 대학의 문호가 개방되어 시민적 교양을 강조하는 대중교육으로 발전되어 왔다.[11]

....

11) 이상 서양 대학의 역사는 다음 책을 참조, 요약한 것임.
 이석우. 1998. 『대학의 역사』. 서울 : 한길사.

동양의 대학과 도서관

문헌에서 대학이라는 단어는 일찍이 중국의 고전 사서삼경四書三經 중의 하나인 <대학大學>이라는 책에 등장한다. 대학은 물론 책의 제목이지만 그 책의 목적이 소학에 비교되는 대인 교육에 있다고 볼 때, 대학교육의 의미가 충분히 내포되어 있다고 볼 수 있다. 고대 그리스와 마찬가지로 중국의 공자, 맹자 시대의 교육은 문답법 즉, 스승과 제자 사이에 문답의 방법으로 이루어진 것으로 보인다. 제자가 묻고 스승이 답을 주고, 스승이 묻고 제자가 답하면 이에 정·오를 교정해주는 문답법은 바로 학문學問 그 자체였다고 할 수 있다.[12]

우리나라는 고구려 때 중국의 5호 16국의 하나인 전진의 제도를 본떠서 소수림왕 2년(서기 372년)에 태학太學을 설립하였다.[13] 고구려의 태학은 우리 역사상 학교교육의 효시로서 당시 상류계급의 자제들만이 다닐 수 있는 귀족학교였으며 경학, 문학, 무예 등을 가르친 것으로 전해진다.

백제에는 책암冊巖이라는 교육과 서책을 담당하는 기관이 있었던 것으로 알려져 있고, 학자 왕인박사가 4세기 말에 일본에 건너가 천자문과 논어를 전하고 교육하였다는 기록을 통해서 백제에도 대학이 있었을 것으로 추정되고 있다. 신라에는 신문왕 2년(682)년에 국학國學이 설립되었다는 기록이 있어 국립의 고등교육기관이 있었음을 알 수 있다.[14]

....

이광주. 1997. 『대학사』(대우학술총서 95). 서울 : 민음사.
12) 논어는 공자와 제자와의 대화를 구성해 놓은 책이다.
13) 서기 372년은 전진의 승 순도가 고구려에 불교를 전래한 해이기도 하다.
14) 한기언. 2006. 『서울대학교의 정신』. 파주 : 한국학술정보㈜. p.10.

고려시대에는 태조 13년(930)에 서경에 학교를 세웠다는 기록이 있어 이를 통해서 그보다 이전에 수도 개경에도 교육기관이 있었을 것으로 추정되고 있다. 문물제도가 정비되는 시기인 성종 11년(992)에는 국자감이라는 국립교육기관이 설립되었다. 국자감은 당, 송의 제도를 참작하되 우리 실정에 맞는 대학으로 체계화시킨 것이다.[15] 국자감의 교육 목적은 유교 중심의 전인교육을 통한 국가의 인재양성에 있었다.

조선조는 고려의 제도를 그대로 계승하여 국자감(후에 성균관으로 명칭 변경)의 전통을 이어 받아 성균관이라는 교육기관을 설립하였다. 조선 초기에는 개경에서 성균관을 운영하였으나 서울 천도 이후인 태조 7년(1398)에 서울에 성균관을 창건하고 이조 500년간 유교 중심의 대학 교육을 시행하였다. 특히 성종 6년(1475) 에는 존경각이라는 도서관을 마련하고 성균관 유생들의 교육을 지원하였음은 앞서 '우리 옛 도서관 기행'에서 살펴본 바와 같다.

우리나라를 포함한 동양 대학의 특징은 첫째, 처음부처 국가가 관리와 인재를 양성하기 위해 설립한 국립대학이었다는 점이고, 둘째는 유교사상을 중심으로 한 윤리적 교육을 했다는 점일 것이다.[16] 이는 중세 서양의 대학들이 길드 형태의 조합으로 출발한 점, 신학 중심의 대학에서 철학을 비롯한 자유 7과의 교양 교육 중심, 나아가 의학, 법률, 자연과학 등 전문교육, 실용주의 교육으로 발전해온 점과 대비되는 특징이라 하겠다.

....

15) 성균관대학교사 편찬위원회. 1978. 『성균관대학교사』. pp.3~4.
16) 한기언. 2006. 『서울대학교의 정신』. 파주 : 한국학술정보㈜. p.11.

여기서 아쉬운 것은 우리나라가 근대에 와서 서양의 대학교육 제도를 도입하면서 우리의 유서 깊은 대학이었던 성균관의 전통을 접목하지 못했다는 사실이다. 이는 구한말의 혼란과 일제의 침략으로 인한 불가피한 상황이 있었다고 하더라도 우리의 좋은 점과 서양의 좋은 점을 접목했더라면 현재 우리의 대학의 모습은 한국적이면서 세계적인 대학으로 발전할 수 있었을 것이라는 점에서 아쉬움이 크다. 특히 국립대학인 성균관의 전통을 이어받아 국립의 성균관대학교로 발전시키지 못했다는 점도 역사의 교훈으로 깊이 되새겨 보아야 할 문제인 것 같다.

대학의 사명

대학의 사명과 목적은 대학의 존재 이유와 당위성을 말한다. 대학은 왜, 무엇 때문에 존재하고 존재해야 하는가? 그리고 우리는 왜 이토록 대학에 들어가기 위해 애를 쓰고, 대학에 들어가서도 돈과 젊음을 바쳐야 하는가? 이에 대한 답은 곧 대학의 사명과 목적에서 찾을 수 있다. 대학의 사명은 대학일반이 추구하는 보편적 가치와 특정 대학이 추구하는 특수한 가치를 포함하는 '대학의 철학'이라고 말할 수 있을 것이다.

대학이 추구하는 보편적 가치는 인류가 추구하는 보편적 가치와 일치한다. 대학은 인류를 위해서 존재하며 인류는 '인류의 행복'이라는 궁극적 가치를 추구하기 때문이다. 따라서 한국의 대학이나 미국의 대학이나 대학이 추구하는 보편적 가치는 '인류의 행복'을 위한 것이 되어야 한다. 우리나라 학생이 미국의 대학에서 공부하건 미국의 학생이 대한민국에 와서 공부하건 '인류의 행복 추구'라는 커다란 사명은 변함이 없을 것이다. 따라서 오늘의 대학은 지구촌의 어떤 대학이든 '세계의 대학(global academy)'으로서 그 역할을 다해야 한다.

한편, 각 대학만이 가지는 특수한 가치란 각 대학의 설립 정신에 근거하는 것으로서 그 대학의 특수성을 말한다. 이러한 대학의 가치는 대학의 교훈 속에 담겨 있다. 그러나 대학의 설립 정신은 대학의 보편적 가치에 위배되지 않으며 또 위배되어서는 안 된다. 한 대학만의 가치는 인류의 보편적 가치에 포함되는, 보편적 가치를 실현하는 수단적 가치이기 때문이다.

"인류의 행복 추구와 문명의 발전에 기여." 대학의 사명은 이렇게 크고 막연한 것이다. 따라서 이러한 막연한 사명을 구체화해 나가는 것은 대학의 주체와 객체가 함께 수행해야 할 일들이다. 대학의 주체는 학생이다. 대학의 객체는 교수와 직원이다.[17] 이렇게 말하면 거꾸로 된 게 아니냐고 반문할 것이다. 그러나 현재의 대학 구성원은 언젠가 대학을 떠나게 되어 있으며, 학생들은 졸업을 하면 떠나고, 교수와 직원도 임기를 다하면 떠나는 것이다. 대학은 학문을 하는 곳이다. 따라서 학문은 학생들이 주체가 되어야하며, 교수와 교직원은 학생들을 도와주는 사람들이기에 대학의 진정한 주체는 학생인 것이다. 그러나 교수도 교직원도 공부를 계속하면 학생이며,[18] 이때는 교수도 교직원도 대학의 주체가 될 수 있다. 따라서 대학의 사명 실현, 즉 인류의 행복추구는 대학 구성원

---

17) 서양 중세 대학이 길드라는 학생조합으로 형성된 것을 보면 대학의 주체는 학생이다.
18) 사실 교수가 학생들에게서 배우는 부분도 많다. 教學相長이기 때문이다.

모두가 '학생정신'으로 무장해야 가능하다. 학생이건 교수이건 대학에 들어가기 위해 애를 쓰고, 대학에서 공부하고, 연구하고, 가르치느라 애 쓰는 모든 활동은 우리 모두 스스로가 삶의 주체로서 인류의 행복을 추구하는 원대한 사명을 수행하기 위한 것이며, 이것은 학생, 교수, 교직원 모두에게 주어진 사명이라는 점에서 대학에는 주체와 객체가 따로 없는 대학인 모두가 주체가 되는 것이 가장 바람직하다.

한편 대학의 사명 수행은 자유와 질서 속에서만 가능하다. 자유란 신체의 자유, 학문의 자유, 예술의 자유, 양심의 자유, 언론 출판의 자유 등을 말한다. 질서란 대학의 자율성을 바탕으로 법률, 학칙 등 대학의 자유를 유지하기 위한 제반 규칙을 지키는 것을 말한다. 때로는 대학의 자유는 국가의 이념에 따라 제약을 받기도 하지만 대부분의 문명국가에서는 대학의 자유를 보장하고 있다. 우리나라는 헌법 제22조 ①항에 "모든 國民은 學問과 藝術의 自由를 가진다."라고 규정하고, 제31조 ④항에는 "敎育의 自主性·專門性·政治的 中立性 및 大學의 自律性은 法律이 정하는 바에 의하여 보장된다."라고 규정함으로써 학문과 예술의 자유와 대학의 자율성을 보장하고 있다.

대학의 기능

위와 같은 대학의 사명을 수행하기 위해서 대학은 구체적으로 세 가지 기능을 수행해야 한다. 이는 바로 교육과 연구, 그리고 봉사이다.

교육

대학의 사명은 교육에 있다. 대학은 유망한 인재들을 모아 장차 훌륭한 일꾼이 되도록 인격과 지식, 기술 및 지혜를 연마하는 곳이다. 대학인 모두 스스로의 행복을 위해, 나아가 인류의 행복을 위해 각자 소질과 적성에 맞는 학문과 예술을 배우고 익히며, 스스로 학문하는 방법을 터득하여 평생 행복한 인생을 살아갈 수 있도록 철저한 준비를 하는 곳이다.

연구

연구는 새로운 것을 창조하는 것이다. 완전히 새로운 것이 아니라 선행 연구의 바탕위에서 또는 역발상으로 새로운 아이디어를 창출하는 것이다. 연구는 교육을 새롭게 한다. 연구가 없이는 교육도 어렵다. 학생도 교수도 연구하지 않으면 발전할 수 없다. 교수는 학생의 연구를 지도하고 연구방법을 안내할 뿐 아니라 자신의 연구에도 정진해야 한다.

봉사

교육과 연구는 봉사를 통해 빛을 발한다. 봉사는 소극적인 의미에서 농촌봉사, 의료봉사를 떠올리기 쉽다. 그러나 보다 궁극적으로는 대학에서 배출된 인재들이 인류사회를 위해서 기여하는 것이다. 소극적인 봉사는 1회성이며 단기적이어서 그 효과가 적다. 그러나 궁극적인 봉사는 대학인들이 사회에 나아가 대학의 사명인 '인류의 행복 추구'를 실현하기 위해 노력하는 제반 활동이라 하겠다.

대학과 학문에 대한 관심

우리 대학생들은 일상 속에서 무엇을 추구하고 있을까? 밥 먹고, 강의 듣고, 음악 듣고, 친구 만나고, 연애하고, 영화 보고, 술 먹고, 담배 피우고, 수업시간에는 졸고, 그러나 진정으로 공부하고자 한다면 학생들의 관심은 우선 학문에 두어야 한다. 대학은 자신과 인류의 행복을 위해 큰(大) 학문(學問)을 하는 곳이기 때문이다. 왜 대학에 다니는가를 깊이 성찰하고 대학과 학문에 대한 사랑과 관심을 쏟아야 한다. 그러면 대학생활이 달라질 것이다. 사랑하는 사람은 관심을 가지고 본다. 관심이 떠나면 사랑도 떠난다. 마찬가지로 대학과 학문에 대한 관심과 사랑을 가질 때 대학은 학생들에게 생의 보람과 가치를 선물할 것이다.

대학도서관의 유용성

거의 모든 대학은 대학도서관을 두고 있다. 대학도서관은 대학의 사명 실현을 위한 필수 시설이다. 따라서 대학도서관은 대학의 중심자리에 서 있다. 물리적으로만 중심자리에 있는 것이 아니라 교수와 학습 연구의 중심자리에 있어야 한다. 대학의 기능인 교육, 연구, 봉사를 위해서는 지식정보를 활용할 수 있는 장소가 학생들에게 늘 가까이 있어야 하기 때문이다. 대학인은 대학에 속해 있는 모든 시설 가운데서 특히 지식정보의 보고인 도서관을 잘 활용해야 한다. 그렇게 하기 위해서는 대학의 사명에 대한 이해가 필요하고, 내가 왜 대학에 다니는가에 대한 자기정체성의 확립과 실천이 절실히 필요한 것이다.

대학도서관은 대학의 심장부라고 일컬어진다. 그만큼 대학은 도서관이 좋아야 한다. 대학도서관은 학문연구와 교수학습을 지원하는 도서관이다. 따라서 주제 전문성에 있어서는 공공도서관보다 차원이 높다.

우리나라의 대학도서관은 2017년 말 현재 국공립대학이 60개 관, 사립대학이 235개 관, 전문대학도서관이 152개 관, 각종 학교 7개 관으로 총 454개의 대학도서관이 있다.[19] 그러나 그 규모와 수준 및 서비스에서는 대학마다 많은 차이가 있다. 대학도서관은 다른 종류의 도서관에 비해 비교적 체계를 갖추고 정보서비스 개선에도 노력하고 있다. 교수와 학생들의 희망도서를 신속하게 구입하고, 한국교육학술정보원의 전국 대학도서관과 연계한 프로그램과 해외학술정보 검색프로그램을 통하여 학술정보에 대한 서지 데이터를 제공하고 있으며, 일부는 원문제공서비스도 제공하고 있다. 그러나 대부분의 대학이 도서관장의 보직과 인사운영, 사서직의 주제 전문성 등에서는 아직도 낙후되어 있고, 도서관의 명칭을 고상하게 하기 위해 학술정보관 등으로 변경하는 대학도 늘어나고 있다. 대학도서관은 명칭을 바꾸는 게 중요한 것이 아니라 교수와 학생들에게 얼마나 내실 있는 정보서비스를 제공하느냐 하는 것이 더 중요하다. '대학의 심장'이 '대학의 맹장'으로 전락하지 않기 위해서는 도서관경영의 의지가 항상 생동하고 있어야 한다.

---

19) 한국도서관협회. 2018. 『한국도서관연감』. p.219.

〈사진 3-7〉 서울대학교 중앙도서관

6. 학교도서관

학교도서관은 초·중·고등학교에 설치하는 도서관으로서 해당 학교의 교수와 학습을 지원하는 도서관이다. 학교도서관은 학교라는 성격상 교수와 학습을 지원할 뿐 아니라 직접 교육을 실행하는 장소이기도 하다.

2018 한국도서관연감에 의하면 우리나라는 2017년 말 기준으로 초등학교 6,153, 중학교 3,147, 고등학교 2,344 등 전국에 총 11,644개의 학교도서관이 있는 것으로 나타났다. 사서교사는 2017년 말 현재 전국적으로 총 1,134명이 근무하며, 사서 자격소지자는 5,788명이 근무하는 것으로 나타났다.[20]

학교도서관은 학교 교육의 기반이다. 특히 구성주의 교육학의 대두 이

20) 한국도서관협회. 2018. 한국도서관연감. pp.234

후 학교도서관은 교육의 필수적 환경이 되어가고 있다. 학습은 학생들이 능동적으로 구성하여 이루어지는 것이며 교사는 단지 안내자의 역할을 수행한다는 구성주의 교육은[21] 학교도서관이 없이는 실현되기 어려울 것이다. 이런 점에서 최근 우리나라에 학교도서관 운동이 지속적으로 전개되고 있고 교육부와 교육청들이 점차 관심을 가지고 정책에 반영하려는 노력을 보이는 것은 고무적이다. 도서관계도 전문직 사서교사의 양성과 학교도서관과 공공도서관의 연계 등 보다 실질적인 노력과 지원을 아끼지 말아야 할 것이다.

〈사진 3-8〉 학교도서관(위례 한빛초등학교)

7. 전문도서관

도서관법 제2조 7항에 의하면 전문도서관은 그 설립기관·단체의 소속 직원 또는 공중에게 특정 분야에 관한 전문적인 도서관서비스를 제공

21) 강인애. 1997. 『왜 구성주의인가?-정보화시대 학습자중신의 교육환경』. 서울 : 문음사.

하는 것을 주된 목적으로 하는 도서관이다. 또 도서관법 제41조는 전문적인 학술 및 연구 활동에 필요한 자료의 수집·정리·보존 및 이용 서비스 제공, 학술 및 연구 활동에 필요한 자료의 신속하고 효율적인 지원, 다른 도서관과의 자료공유를 비롯한 다양한 협력 활동, 그밖에 전문도서관으로서의 기능수행에 필요한 업무 등을 수행하도록 규정하고 있다. 전문도서관은 주로 연구기관, 대학부설연구소, 금융기관, 기업체, 언론기관, 통신기관, 기타 기관 단체에 설치된 도서관, 정보자료실, 기술정보실, 정보센터, 도서실 등이며, 모기관 또는 단체의 구성원뿐만 아니라 일반 대중에게도 소장 자료와 정보서비스를 제공하는 도서관이다.

2018 한국도서관 연감에 따르면 2017년 말 현재 전문도서관은 총 609개 관으로 나타났다. 시도별로는 서울 261개 관, 경기 92개 관, 대전 48개 관 등으로 이들 3개 시도에 전체 전문도서관의 65.8%인 401개 관이 소재하고 있어 극심한 지역 편중성을 나타내고 있다. 그러나 전문도서관은 법적인 설치 의무가 없고, 기관, 단체, 기업체마다 도서관에 대한 인식과 위상이 매우 달라 그야말로 천차만별이라 할 수 있다. 대덕 연구단지 연구소들은 비교적 도서관을 잘 운영하고 있는 것으로 알려져 있으나 기타 기업체 등은 대기업이든 중소기업이든 대부분 도서관을 경영하지 않고 있다.

제4장

문헌정보학 전공 교과목 개요

문헌정보학의 목적

문헌정보학의 목적은 문헌과 정보에 관련된 모든 사실과 현상을 논리적, 과학적으로 구명하고, 그 사회적 적용 가능성을 추구하며, 사회현상과의 관계성을 분석하여 세계인들에게 문헌 정보 활용의 사회적 기반을 제공하는 데 있다. 이를 위해 정보처리에 관한 제 이론과 실제 및 정보사회 현상에 대하여 폭넓게 공부하며, 사물인터넷, 인공지능 로봇 등 4차산업혁명 시대 새로운 정보기술의 도서관정보센터 응용 방법을 끊임없이 개발할 수 있는 창의적 인재를 양성한다.

문헌정보학 교육과정은 연세대학교, 성균관대학교, 중앙대학교 등 전국 4년제 대학의 홈페이지에 간략히 소개되어 있다. 또 국가평생교육진흥원의 문헌정보학 표준교육과정에는 전공필수 8과목, 전공선택 28과목

등 총 36개 교과목의 개요가 소개되어 있다. 여기서는 각 대학 및 국가평생교육진흥원의 표준교육과정 개요를 기초로 동일 계통 교과목 중 실습, 연습 교과목을 제외한 34개 과목에 대하여 필자의 강의경험과 의견을 곁들여 소개한다.

전공필수

---

1. 문헌정보학 개론

문헌정보학의 개념과 발달과정을 이해하고, 정보의 생산, 선택, 처리, 축적, 탐색 및 이용의 원리와 기술을 개괄적으로 다루며, 인류문화의 보존 및 전달 기능을 담당하는 도서관과 정보센터의 목표와 기능을 다룬다. 특히 지식정보사회에서 정보의 중요성과 다양한 서비스의 형태 등 문헌정보학을 공부하기 위한 기초적 개념을 공부한다.

2. 도서관정보센터경영론

도서관과 정보센터에 적용되는 경영이론과 기법, 직원, 자료, 시설, 예산, 봉사를 포함한 제반 업무의 조직과 관리를 다룬다. 또 도서관·정보센터의 사회적 존재 이유를 규명하기 위해 도서관의 역사적 발전과정의 개요 및 시대별로 적용되었던 경영이론의 기초를 살펴보고, 아울러 실제

도서관 현장에서 실행되는 계획, 조직, 인사, 예산, 지휘, 통제, 평가 등 경영 실무를 익힌다. 나아가 사회적 공익기관으로서 도서관 정보센터의 경영에 관계되는 정치, 경제, 사회, 문화, 법률, 정보기술, 국제사회의 변화 등 미래 도서관의 경영환경 변화와 관련한 주제들을 탐구한다.

3. 서지학 개론

한국 및 동양 고전 자료의 판본, 간행, 필사 시기를 고증하고 고서의 선본 여부를 식별하는 이론과 실제를 연마하여 고전자료의 평가선택 및 고전 서비스 활동을 원활하게 수행할 수 있는 기초지식을 기른다. 서지학은 고서를 대상으로 조사, 분석, 비평, 연구하여 기술하는 학문이라고 할 수 있다. 서지학 개론에서는 책의 기원으로부터 책과 도서관의 역사, 서지학의 형성과 발전과정, 고전적의 조사 평가방법 등을 체계적으로 학습하고 이를 바탕으로 고전의 디지털화 및 온라인 이용 등 새로운 분야를 연구 개발할 수 있는 기반을 다진다.

서지학 개론 맛보기

서지학은 현대서지학과 고서지학으로 구분된다. 현대서지학은 목록학이라고 할 수 있으며 정보자료를 이용하거나 어떤 분과학문을 연구하는 데 있어 자료를 안내하기 위해 각종 정보원의 목록을 제시하는 기법에 관한 학이다. 예를 들면, 아동 청소년 권장도서 목록, 독서치료 자료목록, 도서관소장 자료목록 등을 작성, 공개하여 이용자들이 도서관에서 원하는 정보를 쉽게 찾을 수 있는 길을 안내하는 것이다. 따라서 현대서지학은 특별히 서지학이라는 명칭을 사용하지 않고, 분류목록에서 주로 다루고 있다. 그러나 내용을 좀 심화하면 인문과학정보원, 사회과학정보원 등 주제별 정보원으로 확대할 수 있고, 정기간행물 기사색인 등과 같이 색인 초록으로도 확대할 수 있다. 현대서지학은 서지학이라는 말은 잘 쓰지 않으나 일반적으로 '서지사항'이라는 말을 자주 사용한다. 예를 들어 "그 책의 서지사항을 알려 주세요"와 같이 쓰이는 것이다. 이는 책에 대한 정보를 막연하게 알면 원하는 정보를 찾기가 어려우므로 서지사항, 즉 저자, 서명, 출판사, 출판년도, 크기 등을 알면 훨씬 접근이 쉽기 때문이다.

고서지학은 문자 그대로 옛 책에 대하여 연구하는 학문이다. 현재 우리나라에서는 서지학이라 하면 일반적으로 고서지학을 일컫는다. 문헌정보학과에서의 서지학 전공은 고서지학, 즉 옛 책을 대상으로 연구하는 분야이다. 고서지학을 공부하는 목적은 도서관에서, 특히 한국학 관련 도서관(예: 국립중앙도서관 고서자료실, 서울대학교 규장각 한국학연구원, 성균관대학교 동아시아학술원 존경각, 한국학 중앙연구원 장서각, 국사편찬위원회, 각 대학도서관의 고서자료실 등)에서 우리 민족의 문화유산인 고서들을 식별, 수집, 정리하여 연구자들이 편리하게 이용할 수 있도록 도와주는 데 있다. 또 서지학자는 역사적으로 흩어진 우리의 기록 유산을 발굴, 보존, 활용시키며, 우리 문화유산을 회복하는 데 중추적인 역할을 한다. 우리 서적 문화재는 프랑스, 일본, 미국 등 해외에 산재해 있으며, 이들 문화재를 식별하고 되찾는 일은 서지학적 바탕이 있어야 가능하다. 프랑스에서 우리 외규장각도서를 발굴한 서지학자 박병선 박사의 예는 서지학의 중요성을 잘 증명해 준다. 서지학이 골방에 앉아서 고리타분한 한문으로 된 고서를 만지는 가치 없는 일을 하는 분야로 생각하는 경향이 있으나 이는 서지학의 본질을 모르는 사람들의 생각일 뿐이다. 서지학은 우리의 역사와 민족문화를 연구하는 바탕으로서 서지학을 공부하지 않으면 역사학, 국어학, 민속학 등 과거와 관련된 동양 인문학을 연구하기 어렵다.

고서는 일반적으로는 1910년 이전의 책으로 통용하고 있으나 세월은 계속 흐르고 있으므로 1911년 이후에 간행된 책, 그리고 항상 현시점에서 약 1세대(30년) 이상 지난 책들도 또 다른 성격의 새로운 고서에 포함하여 연구해야 한다고 본다. 또 책으로 제본되지 않고 전해지는 고문서 역시 서지학연구에 포함하여 연구해야 한다고 본다. 옛 책, 즉 고서 및 고문서는 현대인이 접근하기에는 매우 어려운 점이 있다. 우선 고서는 한자 및 고어로 되어 있어 읽기 어렵고, 언제 어디서 발행한 책인지 판별하기 어렵고, 진본인지 여부도 판단하기 어려운 것이다. 따라서 고서 및 고문서 연구는 보다 심도 있는 역사 언어적 지식과 실물 실사 경험을 필요로 한다.

우선 서지학을 공부하기 위해서는 한문공부가 필수적이다. 한문을 모르면서 서지학을 한다는 것은 마치 한글을 모르고 우리 책을 읽는 것과 같이 무모하고 불가능한 일이다. 한문은 한자와도 다르고 중국어와도 다르다. 한자는 낱개의 글자 하나하나를 말한다. 한문은 낱개의 한자들이 문장으로 구성된 것이다. 따라서 낱개의 한자를 알아도 문장으로서의 한문을 해석하기는 어렵다. 한문의 문장을 배우고 익혀 문리文理를 터가는 수밖에 없다. 또 현대 중국어는 한문이 아니라 백화어, 즉 간자체로 단순화되어 고전에서 사용하는 한문이 아니다. 그러나 중국어를 전공하면 옛

글도 공부하게 되므로 한문공부에 큰 도움이 된다.

우리가 이 땅에 살면서 우리의 옛 책을 보고도 읽지 못하고, 읽어도 뜻을 모른다는 것은 어불성설이다. 그러나 이미 이렇게까지 진전되어 버렸으니 어떻게 할 것인가. 한문학과, 역사학과, 국어학과, 문헌정보학과 등 전공자만이라도 한문을 해독할 수 있는 전문학자로 양성하여 민족문화의 끈을 이어가야 한다. 필자도 한글세대라서 한문에 달통하지 못 하지만 기회 있을 때마다 강좌를 듣고, 평생교육원 등에서 사서삼경을 배우고 있다. 배우면 배울수록 우리 조상들의 생각이 사려 깊고, 인간적이며, 합리적임을 느끼게 된다. 한문을 공부하는 데는 영어도 큰 도움이 된다. 그래서 성균관대학교 중문과 전광진 교수는 한자와 영어의 '쌍끌이 학습'을 제안하였고, 사전 및 교재도 편찬하였다. 한문학습을 영어 학습과 병행하면 도움이 된다는 것은 한문을 잘 배운 미국인을 보아도 알 수 있다. 외교관으로 우리나라에 와서 근무한 미국인 휘트록James C. Whitlock Jr.은 영어로 한자어 사전을 펴내기도 했다(James C. Whitlock Jr. 2001. Chinese Characters in Korean. Seoul : ILCHOKAK). 우리가 세계인으로서 영어도 공부하고, 한문도 공부하고, 우리 국어도 충실히 공부해서 우리 민족문화의 위상을 책과 도서관을 통해서 고양시키며, 한국학적 뿌리 위에서 새 시대에 부응하는 학문을 개척해나가는 것이 우리 시대에 서지학을 공부하는 목적이라 하겠다.

4. 자료선택구성론

도서관에 소장할 자료의 선택 기준, 장서 구성 원리, 각종 선택 도구의 평가 및 이용, 자료 검열 문제, 장서 평가법 및 평가 후 처리법, 출판 목록 및 상업서지 등 자료의 유통과 평가를 포괄적으로 다룬다. 이 교과는 개설 대학에 따라 자료선택론, 장서구성론, 장서개발론, 장서관리론 등 다양한 명칭을 사용하지만 다루는 내용은 대동소이하다. 자료선택구성론은 관종별 도서관의 목적 및 예산의 한계를 극복하고, 최적 자료를 선택, 구성, 이용에 제공하기 위한 일련의 관리기법을 연구하는 교과이다. 도서관의 장서 구성에 관련한 자료선택의 이론, 선택정책, 관종별, 주제별, 형태별 선택, 선택 도구 등 제 선택문제 및 수서 행정, 예산, 출판 동향 등을 연계하여 도서관 실무에 적용할 수 있는 종합적 능력을 기른다.

5. 정보봉사론

이 교과는 개설 대학에 따라 정보서비스론, 정보조사제공론 등으로도 불리나 교과에서 다루는 내용은 대동소이하다. 도서관 정보센터에서 필수적으로 수행해야 하는 정보봉사업무의 목적과 기능 및 이에 필요한 제반 기술과 원칙을 이해하고, 참고 자료의 선택과 이용, 참고 봉사 부서의 조직 및 운영, 정보사서의 업무와 전문성에 대하여 학습한다. 즉 정보서비스 업무를 수행하기 위한 면담기법, 정보요구 탐색과 정보탐색, 온라인 서비스, 이용자 연구 및 교육, 정보서비스 업무 평가, 기본 자료의 평가 등을 다룬다. 말하자면 정보 사서가 고객인 이용자의 정보질문에 신속,

정확, 친절하게 답변하고 해결해 줄 수 있는 인간적, 지식적, 자료적 능력을 갖추도록 정보봉사의 이론과 실제를 공부한다.

6. 정보검색론

온라인상의 자료 활용과 정보검색의 이해를 위해 검색이론 및 검색엔진 사용법을 개괄적으로 알아보고, 인터넷 디지털 도서관의 효율적인 활용에 초점을 맞추어 학습한다. 정보의 주제분석법, 색인초록법, 정보의 탐색과 평가 등 정보검색 과정과 시스템의 기본 요소를 학습하여 정보검색 실무 능력을 기른다.

7. 정보조직론(목록론)

문헌정보의 검색 도구로서 목록의 구성 요소와 규칙을 이해하고, 실제로 표준적인 서지기술에서 규정한 데이터 요소의 기술방법에 따라 목록 작업을 수행 평가하여 기술 목록의 작성 능력을 기른다.

8. 정보조직론(분류론)

문헌정보의 체계적 분류체계의 원리와 역사를 학습하고, 실제 적용능력을 배양하며, 듀이십진분류법과 한국십진분류법을 중심으로 분류의 제

이론과 실제를 익힌다. 아울러 도서기호의 기능과 그 적용과정을 학습하여 주제분석 능력을 함양한다.

9. 도서관 및 인쇄사

동서양 도서관의 역사를 개관하여 도서관의 역사적 본질과 사회적 기능을 바르게 인식하고 아울러 당면한 도서관의 제 문제를 역사적으로 분석, 판단할 수 있는 능력을 기른다. 즉 책의 인쇄출판과 도서관의 관계를 세계문화사적 관점에서 연구함으로써 책과 도서관의 역사적 본질을 이해하고, 21세기 도서관의 사명과 역할을 새롭게 정립하여 책의 인쇄출판 및 도서관에 대한 확고한 미래관을 형성시킨다. 이를 위해 동서양 고대 사회의 문자사용과 도서관 발생, 서양의 책과 인쇄술 및 도서관의 발달, 동양의 책과 인쇄술 및 도서관의 발달, 한국의 책과 인쇄술 및 도서관의 발달, 세계사에서 도출한 도서관의 철학과 역사원리 등을 탐구한다. 개설 대학에 따라 도서관사, 도서및도서관사라는 명칭을 사용하기도 하나 교과 내용은 대동소이하다.

10. 고전자료의 이해

고전자료의 평가선택, 분류목록 및 문헌 봉사 활동을 원활하게 할 수 있는 기초능력 제고를 위하여 한문 자료의 해석 및 응용능력을 기른다. 고전자료를 중심으로 문헌의 발달과정을 살피고, 고전자료를 관리할 때 관리자가 갖추어야 할 한문 해석 능력과 고서 관리 및 이용방법을 익힌다. 또 도서관, 박물관, 기록관 등에서 고서 및 고문서를 조사, 정리, 분류, 편목, 해제할 수 있는 기본 능력을 기른다. 고서 및 고문서 이해의 열쇠는 한문과 고어이므로 이들을 해독하는 역사 언어학적 능력을 기른다.

11. 고전자료 조직론

고문헌조직법이라고도 하며 동양의 고전자료에 대하여 특성을 파악하고 국제서지 기술 원칙이 적용되는 것은 그에 따라 조직하는 방법, 그리고 그렇지 못한 것은 독자적으로 개발하여 조직하는 방법에 대해 이론과 실제를 연구한다. 이를 위해 고문헌에 대한 서지학적 지식을 바탕으로 고서의 감정 및 고서 자료 관리, 분류, 편목 등의 실제를 학습한다. 도서관, 박물관, 기록관 등에서 고문헌을 효과적으로 정리할 수 있는 능력을 기른다.

12. 한국서지

한국 고전자료를 다양하게 엮은 고금의 각종 목록의 개요와 특징, 목록체계와 분류방법을 살피고 각 주제 및 유형별 주요 문헌을 학습하여 한국문헌을 평가하고 선택할 수 있는 능력을 기른다. 이를 위해 분류목록 및 서지 정보활동을 원활하게 수행할 수 있는 능력 및 한국 고문헌에 대한 종합적인 관리능력을 기른다.

13. 공공도서관 운영론(공공도서관 경영론)

현대사회에 있어 공공도서관의 이념, 기능을 비롯한 조직, 인사, 자료, 예산, 시설, 프로그램, 봉사 등 전반적인 경영 실무를 익힌다. 공공도서관 경영을 보다 효율적이며 효과적으로 할 수 있는 기본지식과 기법을 갖추게 한다. 특히 공공도서관이 정보사회에 어떻게 적응하고 미래 정보사회를 선도할 것인지 등 발전적 관점에서 공공도서관을 포괄적으로 공부함으로써 도서관을 시민의 평생 교육과 문화 광장으로 경영할 수 있는 능력을 기른다.

공공도서관 경영 맛보기

공공도서관 사상의 태동

공공도서관은 민주주의의 산물이다. 오늘날 당연시되는 민주주의는 그 역사가 결코 순탄하지 않았음을 우리는 역사를 통해서 배워왔다. 왕실이나 사원에 갇혀 있던 책과 도서관이 시민의 품으로 들어오는 데는 수십 세기가 필요했던 것이다. 그것은 미디어 및 인쇄술과 같은 기술적인 요인도 있었으나 근본적으로는 정치의 영향이 컸다. 전제 왕정이나 절대군주의 치하에서 대중의 지식인화는 통치에 장애물이었다.

그러나 계몽주의 이후 구미세계의 학술과 지식은 착실히 성장했고 대중화되어 갔다. 서적의 수요도 급격히 늘어나 도서관이 충족시킬 수 없는 시민의 지적 욕구는 시민 스스로의 아이디어로 해결하기 시작하였다. 회원제도서관과 교구도서관, 유료대출도서관은 바로 시민들의 자발적인 노력으로 형성된 것이다. 회원제도서관은 도서관이라고 하기는 어렵지만 뜻을 같이하는 회원들이 공동으로 책을 사서 돌려보던 전통으로 도서관조합으로 발전하였다. 교구도서관은 종교인들이 중심이 되어 영국과 미국에서 펼쳐졌던 시민도서관운동이었다. 또 유료대출도서관은 서적상에서 돈을 받고 책을 빌려주는 상업적 도서관이었다. 이러한 시민들의 요구는 영국에서 먼저 제도화되었다. 영국의 도서관 사상가인 에드워드 에드워즈 Edward Edwards와 의회 의원 윌리엄 에와트William Ewart의 연구와 노력으로 1850년에 공공도서관법을 제정함으로써 법제화되었고, 1852년에 맨체스터공공도서관이 개관됨으로써 영국 최초의 공공도서관이 문을 열었다. 미국에서는 보스톤시에서 1848년 주 단위 법률을 마련하고 1854년에 최초로 보스톤공공도서관을 개관함으로써 공공도서관이 제도화되었다.[22]

....

22) 이만수. 2003. 『공공도서관 길라잡이』 상. 서울 : 학술정보㈜. pp.118~142.

그러나 법제화만으로는 시민과 가까운 거리에 골고루 도서관을 짓고 운영하기에는 재정적 어려움이 뒤따랐다. 이러한 어려움은 기업인 카네기의 기증으로 어느 정도 극복되어갔다.[23] 공공도서관을 위한 기업인과 시민들의 봉사와 기증은 도서관을 발전시키는 데 크게 공헌하였다. 구미 각국에는 오늘날에도 도서관에 대한 기증의 전통이 이어지고 있다. 뉴욕 공공도서관의 150여 년의 전통과 방대한 장서, 다양하고 내실 있는 프로그램들은 뉴욕 시민들의 기증과 봉사로 이루어지고 있다.[24] 공공도서관은 명실공히 시민의, 시민에 의한, 시민을 위한 민주주의의 기반이 되고 있다.

공공도서관의 기능

오늘날의 공공도서관은 '시민사회의 꽃'이라고 말할 수 있다. 인류가 문명을 시작한 이후 문맹의 퇴치는 인류사회의 최대의 과제였다. 그러나 근대 시민사회의 성립 이전에는 종교적 세속적 특권 지배층만이 문화의 혜택을 누려왔으며, 대다수 시민은 배움의 기회가 제한된 채 문맹에서 벗어나지 못하고 노예적 생활을 면하기 어려웠다.

그러나 19세기 서구 근대 시민사회의 성립과 더불어 도서관도 시민을 위한 사회적 문화적 도구로서 변모되기 시작하였다. 다시 말하면 공공도서관은 민주주의 실현과 발전을 위한 하나의 사회적 장치로서 출발하게

....

23) 스가야 아키코 저. 이진영, 이기숙 역. 2004. 『미래를 여는 도서관』. 서울 : 지식여행. pp.172~174. 카네기는 1917년까지 미국과 영국에 2509여개의 도서관을 지어 기증하였다.
24) 스가야 아키코 저. 이진영, 이기숙 역. 2004. 『미래를 여는 도서관』. 서울 : 지식여행. pp.167~199.

된 것이다. 정보와 사상은 인간의 기본적 욕구로서 모든 시민에게 정보와 사상에 접근할 평등한 기회를 부여하여야 한다는 것이 근대 공공도서관의 발생 근거이다.

유네스코가 규정한 공공도서관의 기능

공공도서관 사상은 20세기에 들어와 전 세계적으로 전파되었다. 공공도서관 선언은 1949년 국제연합 교육문화 전문기구인 유네스코에 의해 최초로 채택되었고, 1972년과 1995년 두 차례의 개정을 거쳐 오늘에 이르고 있다. 유네스코의 공공도서관 선언에서는 '공공도서관 봉사는 연령, 인종, 성별, 종교, 국적, 언어 또는 사회적 신분에 관계없이 모든 사람들에게 평등하게 제공한다'는 원칙이 확립되었다. 그리고 이를 실현하기 위해 '공공도서관은 무료로 운영되어야 하며 지역사회의 요구에 맞는 목표와 우선순위 및 봉사내용을 분명히 하고 효과적으로 전문화된 기준에 의해 운영되어야 함'을 규정하였다. 유네스코가 제시하는 공공도서관의 임무는 다음과 같다.[25]

- 어린이 독서습관의 형성과 증진
- 정규교육에 대한 지원과 자주적 교육의 지원
- 개인의 창조적 발전을 위한 기회 제공
- 청소년의 상상력과 창조성 자극
- 전통문화의 인식, 예술, 과학의 업적이나 혁신에 대한 인식 촉진

....

25) 현규섭. 1996. 「유네스코 공공도서관 선언의 개정과 의의」. 『도서관문화』 1996년 3,4월호, pp.4~10.

- 모든 공연예술의 문화적 표현과 접촉
- 다른 문화 간의 교류 및 다양한 문화 공존
- 구전에 의한 전승의 지원
- 시민에 대한 지역정보 제공
- 지역의 기업, 협회 및 관련단체에 대한 정보제공
- 정보개발 촉진과 컴퓨터 이용 능력제고
- 모든 연령층의 준 문맹퇴치 활동 계획 지원

14. 대학도서관 경영론

대학도서관 경영에 적용할 수 있는 이론과 기법, 직원, 자료, 시설, 예산, 조직, 관리, 봉사 등 제반 사항을 학습한다. 대학도서관의 특성을 이해하고, 도서관을 활성화하기 위한 학제적 지식을 습득하여 대학도서관 경영에 효과적으로 적용할 수 있는 능력을 기른다. 특히 오늘날 고등교육의 질적인 변화가 급속히 진행되는 상황에서 대학도서관은 그 교육적 역할을 다해야 한다. 대학도서관이 최신 학술정보자료를 확보하고 학생, 교수, 연구자들의 요구를 지속적으로 파악, 학문연구에 매진할 수 있는 학습 및 연구환경을 조성해야 한다, 대학도서관 경영론은 이러한 대학도서관의 교육 경영 능력을 연마하는 교과목이다.

15. 특수도서관 운영론

전문도서관 운영에 필요한 제반 요소를 다루며, 이용자에 제공되는 전문서비스 내용을 분석하여 미래지향적인 전문도서관 모델 및 운영기법을 학습한다.

16. 학교도서관 운영론

학교도서관 매체센터경영론으로 개설한 대학도 있으며 초등학교 및 중·고등학교 도서관, 특히 학습 자료원으로써 시청각센터와 통합 운영되는 학교도서관의 전반적인 조직관리와 운영을 학습한다. 본 교과목의 학습을 바탕으로 학교도서관을 보다 효율·효과적으로 경영할 수 있는 능력을 기른다.

17. 인문과학정보원

인문과학정보원은 사서들에게 인문학과 예술 분야의 주제 전문성을 길러 주기 위해 마련한 교과목이다. 사서들이 인문 예술 분야 지식의 갈래와 개념을 이해하고, 이용자들을 각기 그들의 눈높이에 맞는 지식정보원으로 안내할 수 있도록 준비하는 교과목이다. 인문학 분야 이용자 특성 파악과 뉴미디어 활용, 인문 예술 분야 문헌 정보 해제와 북 큐레이션, 인문학 프로그램 및 정보서비스 경영기법을 연구하여 인문 예술 분야의 정보서비스 능력을 함양한다. 인문과학 정보 유통의 특징, 생산과 보급, 정보처리 기법, 정보 네트워크, 연구 동향 등을 중심으로 학습한다.

18. 사회과학정보원

사회과학정보원은 사서들에게 사회과학 분야의 주제 전문성을 길러 주기 위해 마련한 교과목이다. 사서들이 사회과학 분야 지식의 갈래와 개념을 이해하고, 이용자들을 각기 그들의 눈높이에 맞는 지식정보원으로 안내할 수 있도록 준비하는 교과목이다. 사회과학 분야 이용자 특성 파악과 뉴미디어 활용, 사회과학 문헌 정보 해제와 북 큐레이션, 프로그램 및 정보서비스 경영기법을 연구하여 사회과학 분야의 정보서비스 능력을 함양한다. 사회과학 정보 유통의 특징, 생산과 보급, 정보처리 기법, 사회과학 정보 네트워크, 사회과학 연구 동향 등을 중심으로 학습한다.

19. 자료이용법

도서관 자료 이용지도를 위한 지식, 기법, 기술을 습득하여 도서관 이용자에게 최적 자료를 선택, 제공할 수 있는 능력을 기른다. 본 교과는 사서가 도서관 서비스 및 도서관 자료(온라인자료, 오프라인 자료)를 심층적으로 분석, 평가하여 도서관 정보서비스의 질을 향상할 수 있도록 하는데 목표를 두고 있다. 즉 사서들의 자료 활용 및 이용지도역량을 기르기 위한 교과목이다.

20. 독서지도론

독서교육의 개념과 본질을 이해하고 그것을 바탕으로 독서자료를 효율적으로 읽는 전략과 기능을 습득하게 하며, 독서 문제아 지도방법과 현장에서 활용도가 높은 독서회, 북클럽 조직 및 운영에 대한 지식을 학습한다. 또 독서치료의 이론과 방법 및 사례를 소개하여 독서지도 실무 능력을 배양한다.

21. 연구방법론

해당 분야의 연구계획서 작성, 자료 조사, 논문 작성 등 과학적 연구방법을 이해하고 각 전공 분야 연구에 적용할 수 있는 과학적 방법을 체득한다. 연구설계, 자료의 수집과 활용, 조사방법, 통계분석 방법 등 과학적 연구방법의 기초를 다져 각기 연구 분야에 관련된 현상과 문제들을 과학적으로 연구 개발하고 개선하는 능력을 기른다.

22. 정보사회론

현대 정보사회 속에서 도서관과 사회와의 관련성을 정치, 경제, 사회, 문화, 국제관계 등 다양한 시각에서 조망하고 연구하여 사회적 기관으로서의 도서관의 역할을 재정립함으로써 학생들의 정보사회에 대한 적응능력을 기른다. 정보와 정보사회의 기본개념 및 사회변동의 패러다임을 이해한다. 정보사회의 전개에 대한 다양한 이론적 관점들을 이해한다. 정보사회와 미디어 및 정보 네트워크를 사회적 관점에서 이해한다. 정보사회의 문제점과 사이버 일탈 등 정보사회의 역기능 및 정보윤리 등을 이해한다. 개인정보보호, 저작권 등 정보사회의 법률문제들을 이해한다.

23. 도서관정보시스템론

도서관정보시스템의 정의, 구조, 정보시스템을 설계하기 위한 시스템의 분석, 설계, 비용과 효과, 정보시스템의 운영과 평가, 정보시스템 구축 및 운영 사례 등을 다룬다. 아울러 디지털 도서관의 특징과 구축 방법도 시스템적 관점에서 학습한다.

24. 멀티미디어정보론

정보화시대 기술개발로 등장한 새로운 기록 매체를 소개하고, 이들 매체의 활용방법을 알아본다. 필름, 비디오, 오디오 자료, 슬라이드, 지도, 포스터, 사진, 그림, 팜플렛, 마이크로폼, CD-ROM, e-book 등 멀티미디어 정보자원의 선택, 조직, 관리 및 관련된 활용 기술을 학습한다. 또 도서관에서 책을 영상으로 소개하는 북 트레일러 제작 기법도 익힌다.

25. 문헌 데이터베이스론

도서관 업무와 관련된 문헌 데이터베이스의 개발과 효율적인 관리를 위해 대표적인 Database Tool의 프로그래밍 기술을 익힌다. 대단위 문헌 데이터베이스의 설계, 구축, 응용, 평가 등 도서관과 관련된 데이터 처리 능력을 배양하여 실무적으로 데이터베이스를 현장에서 활용할 수 있도록 한다.

26. 색인초록법

텍스트, 이미지, 동화상, 음성 자료 등의 색인과 초록에 대한 기초 이론과 컴퓨터를 이용한 자동 색인 및 자동 초록을 다루어 관련 시스템의 설계, 운영, 평가 기법을 학습한다. 색인과 초록의 작성방법을 학습하고 효과적인 서지 도구를 제작, 활용할 수 있는 기본기법을 연마한다.

27. 연속간행물 관리론

정보전달 매체로서 단행본과는 다른 연속간행물의 특성과 유통의 제 문제를 검토하고, 이의 수집, 정리, 이용, 배포, 이용자 봉사 등을 다룬다. 최신 정보를 생명으로 하는 연속간행물에 대한 효율적인 정보 전달 능력을 기른다.

28. 정보네트워크

정보네트워크의 개념을 이해하고, 네트워크 기반에서 제공되는 인터넷 서비스, 정보네트워크의 하부구조로서 국내외 학술정보망과 도서관정보망의 조직과 서비스 및 활용방법을 학습한다.

29. 정보처리

컴퓨터 기초 활용 능력을 개선하기 위해 컴퓨터의 기초 이론을 학습하고, 정보처리(발표자료 작성 및 통계데이터 분석)에 필요한 응용프로그램 등 컴퓨터 전반의 활용 능력을 배양한다. 이에 따라 본 교과목은 워드프로세서, 발표원고 작성, 응용프로그램 활용 등 전반적인 응용 프로그래밍을 다루고, 수리적 데이터를 도식화하는 응용프로그램을 다룬다.

30. 정보처리시스템분석론

구조적 방법론을 기초로 하여 정보시스템을 체계적으로 개발하고 관리하기 위한 기본개념과 활용방법에 대한 기초 지식을 이해하고, 정보시스템을 분석하고 설계하는데 필요한 시스템 분석 및 설계 방법론을 학습한다.

31. 정보커뮤니케이션론

정보사회의 전개과정, 정보과학의 발달, 인간 및 기계커뮤니케이션, 정보사회에서의 정보기관의 역할 이해를 통하여 사회적 커뮤니케이션 속에서의 정보의 흐름과 영향력을 개념, 방법, 기술적 측면들과 함께 다룬다. 정보서비스 업무 진행 시 기초가 되는 정보커뮤니케이션의 메커니즘을 이해한다.

32. 출판과 저작권

최근 관심이 고조되고 있는 지적 재산권의 일종인 저작권의 개념을 이해하고 저작권법에 대한 전반적인 이해와 그 문제점을 파악하여 법적 성질을 이해하고 새로운 출판형태인 전자출판에 대해서도 학습한다. 정보서비스 측면에서 저작권 보호와 공정 사용의 범위 등을 학습한다.

33. 문서관리

사무의 간소화, 표준화, 과학화, 정보화를 기하여 행정의 능률을 높일 목적으로 만들어진 정부의 사무관리 규정에 근거하여 각종 공, 사문서 작성을 위한 올바른 문장 구성법, 정보수집 및 가공, 보고서 작성의 이론과 실무를 익혀 조직 내외에서 효과적인 의사 전달 능력을 향상시키며 문서관리에 관한 올바른 이해와 지식을 바탕으로 업무수행의 수월성을 확보하고, 합리적이고 능동적인 문서처리 능력을 습득하여 문서를 쉽게 작성하고 편집하는 능력을 기른다. 이를 위해 문서의 기안과 작성, 접수와 처리, 유통과 협조, 결재 과정을 이해하고 문서의 처리, 보관, 보존 및 폐기, 보고문서의 관리기법 등을 배운다. 이를 바탕으로 공공기관 및 기업체에서 이루어지는 문서의 기안, 작성과 처리, 보관, 폐기업무를 숙지할 수 있다.

34. 기록보존자료관리

인류의 문화유산인 다양한 기록자료의 성격과 가치를 이해하고 그 관리 보존의 원리와 방법을 숙지하여 기록관리 전문가로서 기록관리 담당자의 역량을 극대화하고 국가 사회의 지식정보 자원관리와 보전방안을 학습하여 기록보존자료 관리업무를 실무에서 원활하게 처리할 수 있는 능력을 기른다.

제5장

우리나라 문헌정보학 교육

1. 한국문헌정보학 교육의 약사와 교육기관

우리나라 문헌정보학 교육은 광복 직후인 1946년부터 시작되었으며 대략 10년 주기로 변화의 양상이 두드러지게 나타난다. 변화의 양상에 따라 우리나라 문헌정보학 교육의 역사는 대략 5단계로 구분할 수 있다. 제1기는 초창기로서 1946년부터 1956년까지 조선도서관학교에서 도서관 실무교육이 시작된 시기, 제2기는 1957년부터 1969년까지 도서관학 교육이 연세대학교를 필두로 서울의 4개 대학에 전공학과로 개설되어 기초를 다진 시기, 제3기는 1970년부터 1979년까지 대학의 도서관학과가 서울과 지방의 10개 대학으로 확대 설치된 시기, 제4기는 1980년부터 1989년까지 도서관학과 설립이 전국의 21개 대학으로 팽창된 시기, 제5기는 1990년부터 현재까지 문헌정보학으로 학문명칭의 변경 및 정보기

술 발전에 따른 커리큘럼의 변화가 급속히 진전된 시기로 구분할 수 있다.[1][2]

초창기(1946~1956)

우리나라 최초의 도서관학 교육은 1946년 국립도서관 내 조선도서관학교의 개교와 더불어 시작되었다. 조선도서관학교는 광복 후 도서관 전문 인력이 부족한 상태에서 우선 실무에 필요한 사서들을 양성할 목적으로 설립된 일종의 단기 사서 양성소로서 그 교과과정으로는 분류, 편목, 서지학, 국어, 한문, 외국어 등 도서관의 자료정리에 필요한 교양과정 중심으로 운영하였다. 1946년 4월에 개교하여 4년간 77명의 졸업생을 배출하고[3] 1950년 한국전쟁 발발로 문을 닫았다. 1950년부터 1956년까지는 전쟁과 복구 등 사회적 혼란기여서 도서관학 교육도 공백 상태에 머물러 있었다.

기초형성기(1957~1969)

도서관학 교육이 체계적으로 시행되기 시작한 것은 1957년으로서 연세대학교가 도서관학과 학사, 석사과정과 사서 단기양성소인 한국도서관학당을 동시에 설치함으로써 대학교육으로서의 도서관학 교육이 출범하였다. 연세대학교 도서관학과는 미국 피바디사범대학Peabody College of

---

1) 김세훈 외 2인. 2003.『도서관 전문성 강화방안』. 서울 : 한국문화관광정책연구원. pp.19~27.
2) 한국도서관협회. <최신 문헌정보학의 이해>에서는 문헌정보학 교육사의 시기 구분을 다르게 하고 있으니 참고 바람.
3) 한국도서관협회『2018 한국도서관연감』152쪽에는 777명으로 표기되어 있는데 교정 오류인 듯.

Education and Human Development[4] [5]의 교육과정을 도입한 것으로 우리나라에서 도서관학이 학문적으로 성장할 수 있는 기초를 마련하였다. 바로 이듬해인 1958년에는 이화여자대학교에서 학부와 대학원 석사과정에 도서관학과를 설치하였으며, 1962년에는 중앙대학교, 1964년에는 성균관대학교에서 도서관학과를 개설하였다. 특히 성균관대학교는 1965년에 한국사서교육원을 설립하여 2019년 현재에도 사서 단기양성 교육과정을 운영하고 있다.

확대발전기(1970~1979)

1970년대에는 도서관학과가 전국대학으로 확대되었다. 1974년 국립대학인 경북대학교가 도서관학과를 개설하였고, 1977년에는 대구 효성여자대학교(현 대구가톨릭대학교)가, 1978년에는 경기도 용인의 강남대학교가, 1979년에는 신라대학교와 청주대학교가 도서관학과를 개설하였다. 또한 서울에서도 1976년 숙명여자대학교가 도서관학과를 개설함으로써 전국적으로 10개 대학이 도서관학교육을 실시하게 되었다. 전문대학으로는 1970년 부산여자대학, 1972년에는 숭의여자대학, 1974년 계명문화대학, 1979년 동부산대학이 도서관과를 설치하였다.

이 시기의 특징은 4년제 대학 도서관학과가 1960년대의 서울의 4개

---

4) Peabody College of Education and Human Development is one of ten colleges and schools that comprise Vanderbilt University.

5) Vanderbilt University (informally Vandy) is a private research university in Nashville, Tennessee. Founded in 1873, it was named in honor of New York shipping and rail magnate Cornelius Vanderbilt, who provided the school its initial $1 million endowment despite having never been to the South.

대학체제에서 전국의 10개 대학체제로 확대되었다는 점이며, 교과과정 운영은 선행 대학들과 대동소이하였다. 또 호남과 강원, 제주지역에는 도서관학과를 개설한 대학이 없었다는 점도 특이하다. 한편 전국의 4개 전문대학이 도서관과를 설립한 점도 이 시기의 특징이다.

팽창기(1980~1989)

1980년대에 들어서자 도서관학과가 전국의 대학에 우후죽순처럼 증가하였다. 1980년에 덕성여대, 동덕여대, 명지대, 상명대, 충남대, 전북대, 전남대, 계명대가 도서관학과를 신설하였고, 1981년에 한성대, 서울여대, 한남대, 대구대에 도서관학과가 신설되었다. 1982년에는 부산의 동의대학교가, 1983년에는 경기대, 공주대, 전주대, 광주대, 부산 경성대학교가 도서관학과를 설치하였다. 또한, 1984년에는 건국대(충주), 부산대가 도서관학과를 신설함으로써 5년 만에 전국의 20개 대학이 학과를 신설하여 1984년까지 도서관학과를 설치한 대학은 전국의 30개 대학으로 늘어났다. 전문대학으로는 1980년 창원전문대, 1981년 인천전문대가 도서관과를 설치하여 전문대학 도서관학과 설치 대학은 총 6개 대학으로 늘어났다.

안정 및 새로운 변화기(1990 이후)

1990년대에 도서관학과를 신설한 대학은 1991년 경기도 포천의 대진대학교, 1994년 충남 금산의 중부대학교이며, 이로써 전국적으로 32개 대학이 도서관학과를 운영하였다. 전문대학은 1994년 경기도 안양의 대림대, 1997년 경기도 이천의 동원대가 도서관과를 개설, 도서관과를 설치한 전문대학도 총 8개 대학이 되었다.

이 시기의 특징은 대학의 도서관학과 증설은 많지 않았으나 도서관학 학문명칭과 학과 명칭이 1991년부터 각각 '문헌정보학'과 '문헌정보학과'로 변경되었다는 점이다. 이는 시대적 조류에 부응한 것으로 정보기술의 발달로 인한 정보화 사회의 급진전에 따른 것이다. 학문명칭과 학과명칭의 변경은 연구대상의 변경 내지 확대를 의미하며, 이 시기에는 문헌정보학 교과과정에서 정보학 관련 분야가 대폭 증가하는 양상으로 전개되었다. 이에 따라 문헌정보학은 이전까지의 도서관학의 영역을 확대하게 되었고, 도서관에만 국한되지 않는 전체 문헌 정보의 관리를 연구대상으로 하는 학문으로 포괄 범위를 넓히게 되었다.

2017년 말 기준으로 전국의 문헌정보학과 개설 대학은 4년제 대학 35개교, 2년제 전문대학 4개교, 3년제 전문대학 1개교이다. 정규교육과정 이외의 사서 양성 교육으로는 4년제 대학 2개교(성균관대, 계명대), 2년제 전문대학 1개교(부산여대)에서 사서교육원을 운영하고 있다. 한편 국가평생교육진흥원 학점은행제 개설에 따라 경상대학교 부설 평생교육원, 대림대학교 부설 평생교육원, 숭의여자대학교 부설 평생교육원, 창원 문성대학교 부설 평생교육원 등에서 문헌정보학 전공 학점은행제 교육을 운영하고 있다. 2017년 말 현재 전국대학의 문헌정보학과 설치 현황은 다음 <표 5-1>과 같다.

〈표 5-1〉 전국 문헌정보학과 설치 대학 현황

대학(교) 및 학과명 (가나다순)		설치연도					
		학부	대학원		교육 대학원	사서 교육원	기록관리 대학원
			석사	박사			
4년제 대학	강남대학교 문헌정보학과	1978	2004				
	건국대학교 문헌정보학과	1983	2011	2013			
	경기대학교 문헌정보학과	1983	2000	2002	1998		
	경북대학교 문헌정보학과	1973	1978	2000			2004
	경성대학교 문헌정보학과	1974	2005	2012			
	경일대학교 아동문헌정보전공	2010					
	계명대학교 문헌정보학과	1980	1989	2000	1998	1989	
	공주대학교 문헌정보교육과	1983		2016	1986		
	광주대학교 문헌정보학과	1981	2008				
	나사렛대학교 수어통역문헌정보학과	2007					
	대구가톨릭대학교 도서관학과	1976	1996				2014
	대구대학교 문헌정보학과	1981	1996	2009	1999개설 2017폐지		
	대진대학교 문헌정보학과	1994			1997		
	덕성여자대학교 문헌정보학과	1979					
	동덕여자대학교 문헌정보학과	1980	1996				
	동의대학교 문헌정보학과	1981	2008	2010			2014
	명지대학교 문헌정보학과	1980	1989	2008	1994		2006
	부산대학교 문헌정보학과	1984	1989	1993	2000		2000
	상명대학교 문헌정보학과	1979	1984	1992	1993		
	서울여자대학교 문헌정보학과	1980	1988				2010
	성균관대학교 문헌정보학과	1964	1971	1974	1999	1965	
	숙명여자대학교 문헌정보학과	1976	1983	2006			2006
	신라대학교 문헌정보학과	1979			1996		2007
	연세대학교 문헌정보학과	1957	1957	1980	1971개설 1979폐지 2003 재개설		2008

대학(교) 및 학과명 (가나다순)		설치연도					
		학부	대학원		교육대학원	사서교육원	기록관리대학원
			석사	박사			
4년제 대학	이화여자대학교 문헌정보학과	1959	1959	1988			2011
	인천대학교 문헌정보학과	2010	2013				
	전남대학교 문헌정보학과	1980	1989	1999	2003		2010
	전북대학교 문헌정보학과	1980	1999	2002	1999		2011
	전주대학교 문헌정보학과	1983	1993				2008개설 2012폐지
	중부대학교 문헌정보학과	1994	2001		2002		
	중앙대학교 문헌정보학과	1963	1973	1983	1997		2005
	청주대학교 문헌정보학과	1979	1984	2012	1994		
	충남대학교 문헌정보학과	1979	1991	2002			2000
	한남대학교 문헌정보학과	1981	1997				2000
	한성대학교 문헌정보학과	1981	1998	2006			2008
	계	35	29	21	15	3	16
2년제 대학	대림대학교 아동문헌정보과	1994					
	동원대학교 아동문헌정보과	1997					
	부산여자대학교 유아문헌정보전공	1970				1997	
	숭의여자대학교 문헌정보과	1972					
	계	4				1	
3년제 대학	창원문성대학교 문헌정보과	1980					
	계	1					
총계		40	29	21	15	3	16

<자료 : 『2018 한국도서관연감』. pp.153~154.>

2. 우리 문헌정보학 교육체계 개선방안

유아에 대한 정보리터러시 교육

유아에 대한 정보리터러시 교육은 일상생활 속에서 이루어져야 한다. 가정에서 부모나 가족들이 소규모라도 서재를 마련하고 정보를 활용하는 모습을 보여주는 것이 바람직하다. 또 가까운 어린이도서관을 활용함으로써 도서관을 재미있고, 가고 싶은 곳으로 느낄 수 있도록 생활습관을 조성해 주어야 한다. 유치원과 어린이도서관의 협력체계를 마련하여 상호 적정한 프로그램을 유치원과 도서관을 오가며 체험으로 교육하는 것이 바람직하다. 이를 위해 작은 어린이도서관들을 활성화하고 민간 어린이도서관들을 지원하며 인근 유치원들과 협력적 관계를 공식적으로 체결하도록 제도적으로 지원하는 것이 바람직하다. 현재 유아를 위한 프로그램들이 민간 어린이도서관에서 이루어지고 있음을 보면 유치원과 어린이도서관 협력체제의 구축은 당국의 정책지원이 있다면 어렵지 않을 것이다. 유치원과 어린이도서관, 작은 도서관 간 협력은 유아 리터러시 교육의 효과를 높일 수 있다.

초 · 중 · 고등학교 정보리터러시교육

초 · 중 · 고등학교는 학교도서관의 활성화를 통해서 정보리터러시를 자연스럽게 익힐 수 있다. 따라서 학교도서관의 정상화가 가장 시급한 과제이다. 학교도서관의 정상화란 단순히 시설의 인테리어 리모델링만이 아니라 다양한 교육 참고자료와 컴퓨터 및 유자격 사서 교사를 배치하여 학교도서관이 학생들의 독서, 학습, 정보리터러시 교육의 장으로 운영되는 상태를 말한다. 학교도서관은 구성주의 교육 원리의 적용을 위해서도 필수적이다. 스스로 문제를 인식하고 자료를 찾아 구성하고 깨우쳐 나가는 교육은 학교도서관이 없이는 실현하기 어렵다. 학교도서관을 자료의 창고가 아니라 교육의 현장으로 인식하고 교육 당국과 학교 경영자가 이를 적극적으로 지원해야 한다. 구성주의 교육을 위한 도서관 활용 수업은 학생들에게 창의적이고 능동적인 학습 및 연구 능력을 길러줌으로써 전체적인 교육 정상화에 기반이 될 수 있을 것이다.

전문대학, 대학, 대학원교육

대학수준의 문헌정보학교육은 문헌정보학과에서 담당하지만, 문헌정보학과 이외의 다른 전공 학생들을 위한 정보리터러시 교육도 필수적이다. 학생들이 도서관이 공부방이라는 고착된 인식을 벗고 대학도서관을 학술활동 공간으로 활용할 때 대학도서관의 가치는 높아질 것이다. 이를 위해 교양과목으로서의 정보 리터러시, 도서관 활용, 자료수집과 글쓰기 강좌 등을 문헌정보학과에서 주관하여 해당 대학도서관 프로그램으로 운영하는 것이 바람직하다. 전문대학 문헌정보과에서는 유아교육이나 아동 중심 교과목을 대폭 확충할 필요가 있다. 문헌정보학 실무교육과 함께 아동교육에 대한 기초지식과 능력의 배양은 전문대학 출신의 능력 발전에 토대가 될 것이다. 4년제 대학에서는 기존의 문헌 정보 교과목들과 함께 인문, 사회, 과학기술 분야의 주제 과목들을 선택 필수과목으로 과감하게 개설할 필요가 있다. 전공 교수들의 협력을 얻어 사서를 위한 전공 교과를 개발(예를 들면 사서를 위한 행정학)하여 각 주제 분야의 포괄적 지식구조와 갈래를 파악할 수 있게 하는 주제 전문교육을 도입해야 한다.

같은 맥락으로 대학원에서도 문헌정보학 심화 교과를 운영함과 아울러 각 주제 분야의 심화를 위한 교과가 선택 필수과목으로 개설되어야 한다. 예를 들어 '문헌정보학 석사'에 '법률 사서'라는 타이틀이 추가될 수 있을 때 주제 전문성이 제고될 수 있다. 박사과정 역시 문학박사, 문헌정보학박사에 '역사학 전문사서', '동양학 전문사서' 등으로 주제 전문성을 부여하면 그만큼 사서직의 전문성과 위상이 제고될 수 있다고 본다. 이는 물론 전공 교수의 확보나 교과목의 개발, 문헌 정보 교과목의 축소, 문헌 정보 전공 교수들의 위축 등 현실적인 어려움이 있을 수 있으나, 현대 학문이 학문적 통합성을 요구하는 '통섭의 학'으로 가고 있는 상황에서 문헌정보학은 모든 학문 주제를 통섭할 수 있는 방향으로 문헌 정보 교육체계를 개선하는 것이 사서직의 전문성과 위상을 높임은 물론 사서직의 사회적인 소임과 역할을 다할 수 있는 길이다.

평생교육기관의 주제전문교육 강화

사서 단기양성과정인 사서교육원 과정은 기존의 타 주제 전공자를 선발하기 때문에 선발 시에 전공을 구분하여, 인문과학분야, 사회과학분야, 자연과학 분야로 학급을 편성함으로서 사서직의 공통부문인 문헌정보학 교육과 함께 자신들의 주제 분야를 문헌정보학과 접목시켜 심화시킬 수 있는 교과를 운영해야 한다. 이를 위해 1년으로 부족한 경우에는 수업 연한을 조정해서라도 주제 전문성을 높이는 교육을 실행하는 것이 바람직하다.

지역적, 전국적, 세계화 교육 참여

학회, 협회, 세미나 등 산발적인 교육 역시 관련 종사자들에게 좋은 배움의 기회가 된다. 특히 전문가 학회, 협회, 전국도서관대회, IFLA 총회 등은 학교 교육이나 평생 교육기관 교육에서는 접하기 어려운 새로운 발전적 주제를 다루기 때문에 도서관의 환경변화와 세계적인 동향을 파악할 수 있는 절호의 기회가 된다. 도서관들은 각 주제 분야 사서들이 이러한 기회를 놓치지 않도록 교육 정보를 파악하고 자기 도서관 직원의 전문성 향상을 위하여 적절한 인원의 참여를 권장해야 한다. '도메리(도서관 메일링 리스트)'와 같은 정보의 공유시스템을 활용하고, 전문 학 협회에 가입함은 물론 해외 교육도 권장하여 세계 사서로서의 눈을 뜨게 해야 한다.

3. 문헌정보학 관현 협회, 학회

협회

협회와 협의회, 단체 소개는 『2018 한국도서관 연감』의 도서관 관련 학 협회 및 단체현황을 참조하여 작성하였다.

한국도서관협회(www.kla.kr)

「도서관법」 제17조에 의거 설립된 사단법인으로 도서관 진흥과 상호간의 자료교환, 업무 협력과 운영관리에 관한 연구, 관련 국제단체와 상호 협력 및 직원의 자질 향상과 공동이익 증진에 목적을 두고 있다. 1945

년 설립 이래 73여 년간 우리나라 도서관계의 발전과 권익증진, 이를 통한 국민의 삶의 질 향상을 위하여 꾸준히 노력해 왔다. 전국의 공공, 대학, 전문, 학교도서관 1,342개 관과 도서관에 근무하는 개인 2,004명이 회원으로 가입(2017.12.31. 기준)한 전문직 단체로 9개 부회 및 4개 지구협의회를 두고 있으며 도서관계 주요 현안을 연구 조사하기 위해 교수 및 현장 사서들로 구성된 14개 전문위원회가 활동하고 있고, 협회의 사무를 처리하기 위하여 2본부 9팀으로 조직된 사무국을 두고 있다.

한국도서관협회는 도서관의 공통문제인 도서관 관련 법률 제정 및 개정 시 도서관계의 의견수렴과 전달, 도서관 분류목록법의 제정과 개정, 문헌정보학 관련 서적 출판, 도서관인 윤리 선언의 제정 공포, 사서자격증 발급대행, 도서관계 뉴스의 전파 등 우리나라 도서관계 업무의 근간이 되는 사업들을 수행하여왔다. 특히 2006년 8월에는 세계도서관정보대회IFLA를 서울에서 개최함으로써 세계도서관계와의 협력은 물론 도서관을 통한 국제관계 증진에도 일익을 담당하고 있다. 한국도서관협회는 홈페이지를 운영하면서 도서관 관련 자료를 신속하게 공개하고 있어 문헌정보학 연구자 및 도서관계에 많은 도움을 주고 있다. 사무국은 서울 서초구 반포동 국립중앙도서관 건물에 있다.

한국도서관협회는 산하에 지구협의회와 관종별 협의회를 두고 있다. 지구협의회는 서울·인천·경기지구협의회, 부산·울산·경남지구협의회, 대구·경북지구협의회, 광주·전남지구협의회가 있으며, 관종별 협의회로는 (사)공공도서관협의회, 국공립대학도서관협의회, 한국사립대학교도서관협의회, 한국전문대학도서관협의회, (사)한국전문도서관협의회,

한국신학대학도서관협의회, (사)한국의학도서관협회, 한국학교도서관협의회, (사)한국시각장애인도서관협의회를 두고 있다.

(사)공공도서관협의회(http://www.kpla.kr/)

사단법인 공공도서관협의회는 한국도서관협회 산하 단체로서 1968년에 공공도서관의 발전을 위한 조사연구 및 도서관인들의 자질과 지위 향상 및 전체 도서관 발전을 도모하기 위하여 결성되었다. 「도서관법」 제17조에 의거 도서관 상호 간의 업무 협력과 운영·관리에 관한 연구, 도서관서비스 진흥 및 도서관의 발전, 직원의 자질 향상과 공동이익의 증진을 도모함으로써 국내 공공도서관의 발전과 협력의 구심점 역할을 수행하면서 도서관인의 능력개발과 전문성 향상에 기여함을 목적으로 하고 있다.

2017년 말 현재 전국의 공공도서관 693개 관이 회원으로 활동 중이며, 임원진은 회장 1인, 부회장 2인, 이사 10명, 감사 2명으로 구성되어 있다. 회원 의결기구인 총회와 회장을 포함한 임원 및 시·도지부장, 운영위원 등 33인으로 구성된 운영위원회 및 16개 시·도 단위로 두고 있는 시·도지부로 구성되어 있으며, 협의회 업무를 수행하는 사무국이 있다. 현재 본부는 국립중앙도서관에 두고 있다.

국공립대학도서관협의회

국립대학 도서관들의 어려운 문제들을 공동으로 해결하고 상호 협력을 증진하기 위하여 1962년 서울대학교에서 가진 국립대학 도서관장 회의를 시작으로 결성되었다. 1981년 '국립대학도서관협의회'로, 1992년

'국공립대학도서관협의회'로 명칭을 바꾸어 현재에 이르고 있다. 설립목적은 국공립대학도서관이 당면한 문제 해결과 개선방안을 연구하고, 회원의 상호 협력 및 학술정보 교류를 통해 대학도서관 발전에 기여하는 것이다.

2017년 말 현재 전국 54개 국공립대학 도서관이 회원으로 참여하고 있으며, 협의회 조직은 회장 1인, 부회장 2인, 이사와 감사 등의 임원으로 구성된 이사회, 운영위원회와 사무국(사무국장, 총무)으로 구성되어 있다. 국립대학도서관보편집위원회와 전자정보위원회, 대학도서관의 주요 현안을 조사, 연구하기 위하여 전문 사서들로 구성된 전자정보분과, 법제연구분과, 교육출판분과, 특별사업분과 등 전문분과가 있으며 현재 제주대학교에 본부를 두고 있다.

한국사립대학도서관협의회(https://www.kapul.or.kr/)

1972년 전국 사립대학도서관들이 상호 협력과 도서관 직원의 자질 및 지위 향상을 도모하고 대학도서관 발전에 기여할 목적으로 결성하였다. 현재 125개 대학의 134개 도서관 소속 사서들이 정보교류와 활발한 연구 활동을 하고 있다. 매년 정기총회, 실무자 워크숍, 관리자세미나 등을 개최하며, 매년 <사대도협회지>를 발간하고 있다. 현재 본부는 이화여자대학교에 두고 있다.

전문대학도서관협의회(www.clib.or.kr/)

1996년 전문대학도서관의 상호 교류와 직원의 자질 향상을 목적으로 결성되었으며, 2017년 말 현재 105개 전문대학도서관이 회원 교로 활동하고 있다. 매년 총회 및 사서 직무교육을 실시하고 있다.

(사)한국전문도서관협의회(http://www.ksla.info/)

「도서관법」 제17조에 의거 설립된 법인으로 회원기관 간 정보자료의 공동활용, 지식정보 공유, 정보교환, 교육 및 연구 활동, 업무협조, 권익 보호 및 국제단체와의 상호 협력을 통하여 회원기관과 그 소속직원은 물론 국가의 발전에 기여함을 목적으로 설립되었다. 연구소, 정부 기관, 기업체 등의 전문도서관으로 이루어진 정회원 133개 기관, 도서관 업체로 이루어진 특별회원 50개 기관, 정년퇴직자로 이루어진 평생 회원 4명이 가입되어 있다. 조직으로는 회장, 부회장, 감사, 이사회, 사무국, 학술위원회, 편집위원회, 교육위원회, 편찬위원회, 대외협력위원회, 사업추진위원회를 두고 있다. 본부는 세종특별자치시 국립세종도서관 3층에 있다.

한국신학도서관협의회

1973년 4월, 13개 신학대학도서관을 중심으로 신학대학도서관의 발전과 신학연구 및 목회사업 발전에 기여함을 목적으로 창립되었으며, 신학대학도서관의 운영 및 회원 도서관의 유대 강화와 협력 증진에 이바지하고 있다. 2017년 말 현재 52개 도서관이 가입하여 활동하고 있으며, 신학대학도서관의 전반적인 운영을 지원하여 신학계 도서관의 위상을 높이고 있다. 연 2회 세미나를 개최하고, 신학대학도서관을 주축으로 한 컨소시엄을 구성하여, 신학대학도서관의 성장과 학술적 운영을 지원하고 있다. 또 국내외 단체와의 협력과 신학서지 활동을 지원하고 있으며, 연구회, 강습회, 전시회 및 해외 봉사, 신학 분야의 전자책 제작사업 등 신학과 관련된 사업을 지원하고 있다. 본부는 천안 백석대학교에 두고 있다.

한국의학도서관협의회

1968년 전국의 의학도서관 관련 기관이 상호 간의 발전을 도모하고 나아가 의학교육 및 연구에 기여함을 목적으로 설립하였다. 인간의 생명을 다루는 의학에 대한 정보를 전문적이고 체계적으로 관리하는 의학도서관의 운영 지원을 위한 각종 사업과 의학사서 교육을 위한 워크숍, 학술대회, 의학용어강좌 등을 개최하고 있다.

2017년 말 현재 의과대학 52개 관, 병원 84개 관, 연구소 13개 관, 제약회사 6개 관, 유관기관 16개 관 총 171개 관이 회원으로 가입되어 있다. 총 7개 지부 및 6개의 전문위원회가 활동하고 협회 전반을 운영하기 위한 사무국이 있으며 주소는 서울특별시 종로구 삼일대로 461(경운동) SK-HUB 102동 726호이다.

한국학교도서관협의회

1998년 8월 학교도서관의 제반 문제를 연구하고, 그 개선을 위해 노력하며 국내외 관련 단체와의 유대를 형성하고 회원의 자질 및 지위 향상을 도모함으로써 전체 도서관과 교육의 발전에 기여함을 목적으로 설립하였다.

학교도서관의 자주적 해결 역량을 기르고, 교육과정 운영과 독서교육 활성화를 위해 노력하고 있다. 전국 17개 시·도 지역의 사서교사협의회와 네트워크로 연결되어 학교도서관과 관련한 현안을 연구하고 교원으로서 사서교사의 역량 강화를 위해 노력하는 전문 단체이다. 주소는 경기도 화성시 동탄 순환대로 26길 21(영천동)이다.

(사)한국시각장애인도서관협의회

1986년 5월 시각장애인도서관 진흥과 상호 간의 업무 협력과 운영·관리에 관한 연구, 관련 국제단체와 상호 협력 및 직원의 자질 향상을 통해 시각장애인의 도서관정보접근과 독서문화 향유 증진을 목적으로 설립하였다.

지난 30년 동안 우리나라 시각장애인도서관계의 발전과 권익증진, 이를 통한 시각장애인의 독서문화 향상을 위하여 꾸준히 노력해 왔으며, 2017년 말 현재 전국 40여 개의 점자(장애인)도서관을 회원으로 두고 있는 장애인도서관 관련 유일한 전문직 단체이다.

장애인도서관계 주요 현안과 관련한 연구와 정책 개발 및 추진, 대정부 및 지방자치단체와 각종 건의 및 협력을 진행하며 협의회의 운영을 위한 사무국을 두고 있다. 주소는 서울특별시 강남구 개포로 613(개포동)이다.

학회

학회는 연구자들의 연구발표 및 교류의 장이다. 다음의 문헌정보학 관련 학회 소개는 한국도서관협회의 『2018 한국도서관 연감』의 도서관 관련 학협회 및 단체현황을 참조하여 작성하였다.[6] 참고로 각 학회의 회장은 해당 학과 교수들이 임기제로 맡으며 학회사무실의 주소는 학회장이 소속된 학교의 학과사무실로 하는 것이 보통이다.

한국서지학회(koreabiblio.jams.or.kr/)

한국서지학회는 서지학과 한국학에 관한 연구를 촉진, 확산하고 회원 상호 간의 협력을 도모하며, 국내외 관련 학회와의 유대를 통하여 학문 발전에 공헌함을 목적으로 한다.

1985년 창립총회 및 제1회 학술발표대회를 개최하였고, 1986년부터 학회지 『서지학 연구』를 발행하였다. (구)한국서지학회는 1947년에 창립, 한국연구재단의 등재후보지를 발간해왔고, 서지학회는 1985년에 창립하여 등재학술지를 발간해왔으나 2012년부터 두 학회의 통합이 추진되어 2013년 한국서지학회로 재출범하였다. 2017말 현재 학회사무실은 경기 대학교 문헌정보학과에 두고 있다.

한국문헌정보학회(kslis.jams.or.kr/)

문헌정보학의 연구와 도서관계의 발전을 위하여 문헌정보학 연구자들이 상호 간의 연구결과를 발표할 수 있는 공동연구의 장을 마련하고자 설립하였다. 문헌정보학 관련 연구를 촉진하고 회원 상호 간의 협력을 도모하며 국내외 관련 학회와의 유대를 통해 문헌정보학 발전에 공헌함을 목적으로 한다.

....

6) 한국도서관협회. 『2018 한국도서관 연감』. pp.435~474.

1970년 1월에 한국도서관학회 창립총회를 개최하였고, 1970년 12월부터 학회지『圖書館學』을 발간하기 시작하였다. 그 후 정보학의 영역과 첨단과학기술을 포함하는 학문으로 발전을 도모하고자 1992년에 한국도서관학회의 명칭을 한국문헌정보학회로 변경하였으며, 1993년에는 학회지의 명칭을『圖書館學』에서『한국문헌정보학회지』로 변경하였다. 1995년부터는 한국문헌정보학회 학술발표논집을 발간하는 등 활발한 학술활동을 전개하고 있다. 2017년 현재 개인 회원 900명, 단체회원 204개관이며, 2017년 말 현재 학회사무실은 이화여자대학교에 있다.

한국도서관정보학회(liss.jams.or.kr/)

1974년 문헌정보학 분야의 연구, 발표 및 회원 상호 간의 정보 공유를 통한 학술활동 증진에 기여하기 위하여 설립되었다. 전문학술지인 ≪한국도서관·정보학회지≫ 연간 4회 발행과 연 2회 학술대회를 정기적으로 개최함으로써 문헌정보학 분야의 다양한 연구문제에 대한 학술적 소통과 정보 공유의 장을 제공하고 있다.

1974년 대구시립도서관에서 '경북도서관학회'를 창립,『圖書館學論集』을 창간하였으며 1978년 학회명을 '한국도서관·정보학회'로 개칭하고 전국 규모로 확대하였다. 1999년 학회지 명칭을『한국도서관·정보학회지』로 변경하고, 계간으로 확대 개편하였다. 2001년 한국학술진흥재단(현 한국연구재단)의 등재학술지로 인가받았다. 2017년 12월 말 현재 전국 150여 개의 공공, 대학, 전문, 학교도서관이 단체회원으로 가입되어 있으며, 연구자 및 현장 사서 약 460명(정회원 454명, 준회원 6명)이 개인 회원으로 가입되어 있다. 2017년 말 현재 학회사무실은 학회장이 근무하는 부산대학교 문헌정보학과에 있다.

한국비블리아학회(kbiblia.jams.or.kr/)

1972년 창립되었다. 국내외 관련 학회와의 유대관계를 가짐은 물론 회원 상호 간의 협력 증진을 목적으로 하며 매년 2회 학술발표회를 개최하고, 4회 학술지 발간을 통해 학계와 관련 전공자, 현장 실무자들의 최근 연구 주제에 관한 관심과 논쟁 사안에 대한 문제 해결을 유도할 수 있는 공론의 장을 제공하고 있다.

학회지는 1972년 『한국비블리아』 창간 후 1996년까지는 3년 주기로 발행, 1999까지 1년 주기로, 2000년부터 연 2회 발행, 2005년부터 학회지 표제를 『한국비블리아학회지』로 변경하고 연 4회 발행하고 있다.

전국의 64개 기관의 단체회원과 600여 명의 평생회원을 포함한 개인이 회원으로 가입되어 있으며, 회장 1인, 부회장 2인, 이사 40인, 감사 2인, 편집위원 8인으로 구성되어 있다. 2017년 말 현재 사무국은 회장의 소속대학인 숙명여자대학교 문헌정보학과에 있다.

한국정보관리학회(kosim.jams.or.kr/)

1984년 5월 한국 정보관리학에 대한 체계적인 연구를 통하여 국내외 정보관리학의 이론적 토양을 마련함으로써 학문 발전에 기여하고자 창립되었다.

연 4회 『정보관리학회지』 발행하고 있으며 문헌정보학계에서는 최초로 논문별 식별기호 DOI를 도입하여 국제적 표준에 따라 문헌정보학 영역 연구자들의 학술정보 교류를 촉진하고, 국내 학술연구를 국제적으로 공유하고 있다. 정보관리학 분야의 각종 기관과 협력적인 유대를 가짐으로써 문헌정보학계와 실무 현장이 소통하는 장을 제공하는 역할을 하고 있다. 사무국 주소는 서울특별시 종로구 홍지문 2길 20(홍지동)이다.

한국기록관리학회(https://ras.jams.or.kr/)

2000년 7월 4일 기록관리학 분야의 학문연구를 촉진하고, 회원 상호 간의 협력을 도모하며, 국내외 관련 학회 및 기관과의 유대를 통하여 기록물관리 분야의 학문발전에 공헌함을 목적으로 창설되었다. 연 4회 『한국기록관리학회지』를 발간하고 있다.

전국의 대학, 전문도서관, 기록관 등 기관회원 21개 관과 학계 전문가 및 기록연구사, 대학원생을 포함한 개인 회원 293명이며, 회장 1명, 부회장 1명, 위촉직 이사 68명, 감사 2명, 고문 2명으로 구성되어 있다.

4. 문헌정보학 관련 유용한 기관 및 사이트

학생들과 연구자들에게 유용한 기관 및 사이트를 소개한다. 여기에 소개하는 사이트는 총망라한 것이 아니며, 필자가 공부하면서 자주 활용하고 있는 사이트들이다. 전국에 산재하는 도서관은 당연히 유용하므로 여기서는 생략하였다. 전국 도서관에 대한 정보는 한국도서관협회 홈페이지, 국립중앙도서관홈페이지, 각 도서관홈페이지를 활용할 수 있다.

한국연구재단(https://www.nrf.re.kr/)

1978년 12월 '학술진흥법'의 공포에 따라 1981년 4월 6일 설립되었으며, 학술연구 및 국내외 교류협력을 지원하고, 연구 인력을 양성함으로써 학문 전반의 연구 수준 향상을 도모할 목적으로 설립된 정부 산하 재단이다. 한국연구재단은 한국연구재단법(2009.3.25 공포, 법률 제9518호)에 따라 전 학문 분야를 아우르는 국가 기초연구지원시스템의 효율화 및 선진화를 목적으로 한국과학재단, 한국학술진흥재단, 국제과학기술협력재단이 하나로 통합되어 2009년 6월 26일에 새롭게 출범한 연구관리 전문 기관이다. 우리나라 학술연구 및 교육을 재정적으로 지원하는 단체로서 전국의 박사급 이상 연구자들이 연구자 정보에 등록하고 있으며, 재단에서 시행 및 지원하는 각종 연구 프로젝트에 심사를 거쳐 참여할 수 있다. 대전청사는 대전광역시 유성구 가정로 201에, 서울청사는 서울특별시 서초구 헌릉로 25에 소재하고 있다.

한국교육학술정보원(http://www.keris.or.kr)

1996년 12월 한국학술진흥재단 부설의 첨단학술정보센터KRIC로 출발, 1999년 4월 한국교육방송원 부설 멀티미디어교육센터KMEC와 통합하여 한국교육학술정보원으로 출범하였다. 한국교육학술정보원은 우리나라의 교육과 학술연구 정보 유통을 지원하는 국가적 사업을 담당하고 있다.

한국교육학술정보원KERIS은 유치원부터 초중고, 대학에 이르기까지 교육과 학술연구 분야 정보화와 관련된 다양한 사업을 추진하는 교육부 산하 공공기관이다. 최근 우리는 제4차 산업혁명의 파괴적 혁신Disruptive Innovation이 요구되는 지능정보사회에 직면하고 있다. KERIS는 이렇게 격변하는 사회 흐름 속에서 최적의 ICT 기술이 적용된 새로운 교육환경을 조성하고 교수학습 방법을 개선하여 우리나라 교육의 의미 있는 변화를 유도하고 있다. 질 높은 교육 학술정보서비스를 신속하게 제공하고 사회가 필요로 하는 공공데이터 발굴 및 개방에 앞장서며 수요자 중심의 맞춤형 서비스를 제공할 것이다. 한국교육학술정보원은 대구광역시 동구 동내로 64(동내동 1119)에 소재하고 있다.

한국과학기술정보연구원(http://www.kisti.re.kr/)

한국과학기술정보연구원KISTI은 과학기술의 불모지나 다름없던 1962년에 한국과학기술정보센터KORSTIC로 창설된 이래 산업연구원KIET, 산업기술정보원KINITI, 연구개발정보센터KORDIC를 거쳐 KISTI로 새롭게 출범하였다. 과학기술의 태동기와 함께 시작한 한국과학기술정보연구원은 시대 및 정치적 여건 변화로 인해 기관의 명칭을 달리하거나, 위상과 역할을 재정립하는 등 많은 변화를 겪어왔지만, 과학기술정보 서비스를 안내하는 길잡이로서의 명맥은 면면히 이어져 국가 발전을 견인하는 정보연구기관으로 발전하였다. 오늘날 우리나라가 세계적인 과학기술강국으로 성장하고, 세계 10위권의 경제 대국으로 진입하는 데 있어 KISTI는 국가 과학기술 R&D의 나침반으로서 그 역할을 다하고 있다. KISTI는 대전광역시 유성구 대학로 245에 본원을, 서울특별시 동대문구 회기로 66에 분원을 두고 있다.

서울대학교 규장각 한국학연구원(http://kyujanggak.snu.ac.kr/)

서울대학교 규장각한국학연구원의 역사적 기원은 조선 후기의 왕립 학술기관이었던 규장각으로 거슬러 올라간다. 규장각奎章閣의 '奎'자는 천체天體 이십팔수二十八宿의 하나로 '문장을 주관하는 별자리'의 이름이 다. 고대 중국에서 제왕帝王의 글을 '규장奎章'이라 부른 연유로, 조선에서 왕의 초상화, 친필, 저술, 인장 등을 보관하는 건물을 규장각이라 이름 지었다.

1776년 정조正祖가 조선의 제22대 군주로 즉위한 직후 정식 국가기관 으로 발족한 규장각은 역대 왕의 글, 글씨, 그림, 왕실의 족보 등을 보관 하는 기능뿐만 아니라, 전임專任 문신들이 학문을 연구하고 왕의 자문에 응하는 기능, 국정 운영의 참고자료인 국내외 전적典籍을 수집 ·보관하 는 기능, 서적을 출판하는 기능을 담당하였고, 한때는 각신閣臣들이 왕의 친위세력을 형성하면서 국정 전반에 관여하기도 했다.

규장각 자료는 구한말과 일제강점기를 거쳐 서울대학교 중앙도서관으 로 이전되었으며 현재는 서울대학교 규정각한국학연구원에서 관리하고 있다. 2006년 2월 1일 서울대학교 한국문화연구소와 서울대학교 규장각 이 명실상부한 연구기관으로 통합되어 '규장각한국학연구원'이 출범하 였다. 기존 규장각과 한국문화연구소가 가지고 있던 조직과 기능들을 하 나로 통합함으로써 규장각 소장 자료의 보존 관리와 이를 바탕으로 한 연구, 출판, 교육, 보급 등의 사업을 보다 종합적이고 효율적으로 수행할 수 있게 되었다. 본원에는 소장 자료의 효율적 관리 및 한국학 연구사업 의 원활한 수행을 위해 정보자료관리부, 기반연구부, 기획연구부, 편집간

행부, 교육교류부 등 5개의 부를 설치하여 업무를 분담하였으며, 행정실을 두어 각 부의 업무를 지원하도록 하였다. 아울러 교내 한국학 장기기초 연구사업 등을 담당하는 한국학연구사업위원회와 한문 강독 및 서예 강좌 운영을 담당하는 자하서당紫霞書堂을 내부기구로 통합하였다. 연구원 전체의 운영에 관한 주요사항을 심의하는 운영위원회를 두고, 출판간행사업, 국제교류사업, 연구사업 기획 등의 주요 사안을 논의하기 위해 각각 출판간행위원회, 국제위원회, 기획연구위원회를 두고 있다. 규장각 한국학연구원은 서울특별시 관악구 서울대학교에 소재하고 있다.

한국학중앙연구원(http://www.aks.ac.kr/)

1978년 6월 '한국정신문화연구원'으로 출발, 2005년 2월 '한국학중앙연구원'으로 명칭을 변경하였다. 한국학중앙연구원은 한국문화의 심층연구와 교육을 통하여 한국학을 진흥할 목적으로 설립되었다. 한국문화에 관한 인문사회과학적 연구, 국내외 한국학 분야 연구자 및 교수 요원 양성, 한국고전 자료의 수집, 연구, 번역, 출판, 한국학 연구 성과의 발간 및 보급, 한국민족문화대백과사전 및 디지털 한국향토문화전자대전 편찬 보급, 한국학 학술정보의 전산화 및 보급, 한국학의 연구, 보급. 확산을 위한 국내외 학계와의 교류협력, 한국문화에 대한 국제적 이해 증진 및 지원 등과 관련된 사업들을 추진한다.

한국학 중앙연구원 도서관인 장서각은 한국학의 글로벌 아카이브이다. 조선왕조의궤, 동의보감 등 유네스코 세계기록유산으로 등재된 자료를 비롯한 왕실 자료와 전국 각지의 명문가에서 수집한 자료가 더해져 살아 숨 쉬는 기록유산의 보고이다. 장서각은 수많은 문화재와 고문서를 안정적으로 소장하고 과학적으로 관리하며, 다양한 학술행사와 전시 등을 통하여 장서각의 가치와 깊이를 널리 나누고 있다. 조선왕실의 도서관인 장서각은 조선왕조의 기록을 오롯이 담은 소장 자료를 관리 연구하고 있다. 특히 학계에 소개되지 않은 왕실 문헌을 발굴, 정리 및 가공하여 국가 전적 자료센터 구축사업을 수행하고 있으며 한국학 연구 기반을 강화하고 있다. 또 다양한 학술행사와 강독회 등을 통해 장서각의 가치를 널리 공유하고 있다.

장서각은 1981년부터 전국의 민간에서 보관 중인 수십만 점의 고문헌을 조사·수집하고 있다. 장서각 기증, 기탁사업을 통해 멸실 위기에 놓인 고전적을 확보하여 국가기록유산을 보존성을 높이고 우수자료 발굴을 통해 기초 학술연구를 강화하고 있다. 또한 『고문서 집성』을 비롯한 자료집을 지속적으로 발간하여 수집한 자료의 활용성을 높여 역동적이고 살아 숨쉬는 아카이브를 만들어 가고 있다. 첨단 보존 관리 시스템과 과학적 보존 처리로 멸실 위기에 처한 기록유산의 보존 가치를 제고하여 안전하게 후대에 전승할 수 있도록 하고 있다. 체계적인 기록유산의 관리와 운영으로 최신의 서지 정보를 제공하고 있으며 고전적 및 연구 성과를 모아 학술정보 데이터베이스를 구축하여 온라인 서비스를 제공하고 있다. 한국학중앙연구원은 경기도 성남시 분당구 하오개로 323에 소재하고 있다.

국립중앙박물관(http://www.museum.go.kr)

우리나라에서 가장 먼저 설립된 박물관은 대한제국 황실이 1909년 11월에 서울 창경궁에 개관한 제실박물관帝室博物館이다. 제실박물관은 1911

년 2월 1일 이왕가박물관李王家博物館, 1938년 4월 이왕가미술관, 광복 이후인 1946년에 덕수궁미술관으로 각각 개편되었다가 1969년 5월 국립박물관에 통합되었다. 조선총독부박물관은 1926년 6월 20일에 경주분관, 1939년 4월 1일에 부여 분관을 각각 개관하였다. 그리고 이와 별도로 서울에서는 간송澗松 전형필全鎣弼에 의하여 1938년에 최초의 사립박물관인 보화각葆華閣(광복 이후 간송미술관으로 개편)이, 1940년 11월 조선총독부시정기념관施政紀念館이 각각 개관되었고, 지방에서는 지역 유지들에 의하여 개성부립박물관開城府立博物館(1931년 11월 1일), 평양부립박물관(1933년 10월), 공주박물관(1938년 10월 1일)이 각각 개관되었다.

국립박물관은 1945년 8월 15일 해방 이후 조선총독부박물관을 인수, 동년 12월 3일에 개관하였고, 1954년 1월 남산으로 이전하였다가 1955년 6월 덕수궁 석조전으로 이전하였고, 1972년 7월 국립박물관에서 국립중앙박물관으로 명칭을 변경하고, 같은 해 8월 경복궁으로 신축 이전(현 국립민속박물관)하였다. 1986년 8월 구 중앙청 건물을 개수하여 이전하였고, 1996년 12월에는 현 국립고궁박물관으로 이전하였으며, 2005년 10월 28일 현재의 용산 국립중앙박물관으로 신축 이전하였다.

국립중앙박물관은 우리나라의 역사 유물을 보존 관리하면서 연구, 출판, 교육을 담당하고 있는 역사자료의 연구, 보존, 교육의 산실이다. 국립중앙박물관에는 어린이박물관도 운영하고 있고, 박물관도서관을 운영하면서 자료이용 편의를 제공하고 있다. 위치는 서울특별시 용산구 서빙고로 137(용산동6가 168-6)이다.

국사편찬위원회(http://www.history.go.kr)

1946년 3월 '국사관설치규정'이 제정 공포되어 경복궁 집경당緝敬堂에 국사관을 설치한 것이 효시이다. 1949년 국사편찬위원회로 명칭을 바꾸었으며, 1987년에 현재의 과천 청사로 건물을 신축 이전하였다. 또한 같은 해 '사료의수집및보존등에관한법률'이 제정 공포되어 국사편찬의원회의 법률적 근거가 마련되었다. 국사편찬위원회는 통일 한국의 민족사 정립을 목적으로 역사자료의 수집, 편찬, 연구, 정보화, 세계화를 주관하고 있는 우리나라 역사의 종합 연구 편찬기관이다. 도서관으로서 자료정보실이 있으며, 2006년에 사료관을 신축하였다. 위치는 경기도 과천시 교육원로 86길이다.

한국콘텐츠진흥원(www.kocca.kr/)

1989년 4월 재단법인 한국방송개발원으로 출범하였고, 1999년 1월 한국방송진흥원으로, 2001년 11월 '한국방송영상산업진흥원'으로 명칭을 변경하였다. 2009년 문화산업진흥기본법 제31조에 근거하여 한국문화콘텐츠진흥원, 한국방송영상산업진흥원, 한국게임산업진흥, 문화콘텐츠센터, 한국소프트웨어진흥원 등 5개 관련 기관을 통합하여 설립되었다. 주요 기능 및 역할은 문화산업 진흥을 위한 정책 및 제도의 연구, 조사, 기획, 문화산업 실태조사 및 통계 작성, 문화산업 관련 전문 인력 양성 지원 및 재교육 지원, 문화산업 진흥에 필요한 기술개발기획, 개발기술 관리 및 표준화, 문화산업 발전을 위한 제작, 유통 활성화 등이다. 주요 사업은 전략시장에서 성공 가능한 국산 콘텐츠 발굴 및 제작지원, 기획만화 창작지원, 방송콘텐츠 제작지원, 패션문화산업 육성, 대중음악 해외

진출 지원, 게임콘텐츠 창작 활성화 지원, 국제게임전시회 개최, CT Culture Technology 및 융합 콘텐츠 지원사업 등이다. 위치는 전라남도 나주시 교육길 35(빛가람동 351)이다.

대한출판문화협회(http://www.kpa21.or.kr)

1947년에 설립되었으며 출판인들의 권익 옹호와 복지증진, 출판 산업의 육성을 목적으로 하는 출판계의 협력단체이다. 출판연감 발행, 출판정책자료, 국제도서전 참가, 출판물의 납본 등에 대한 업무를 담당한다. 출판협회 홈페이지에서는 출판계 소식 및 출판 관련 자료 등을 소개하고 있다.

도서관과 출판사는 밀접한 관계를 가진다. 출판사는 책을 만들고 도서관은 책을 보존, 활용한다. 또 책을 활용한 이용자들의 저술은 출판사가 책으로 만들어야 소통되기 때문에 크게 보면 출판사와 도서관은 정보 활용에 있어 순환적 관계에 있다. 협회는 서울시 종로구 삼청로 6(사간동) 출판문화회관에 있다.

도서관 메일링리스트 도메리(http://www.domeri.or.kr)

도서관메일링리스트Library Mailing List는 국내외 도서관과 관련된 이용자를 대상으로 회원 간 메일E-Mail을 이용하여 회원 상호간의 새 소식과 각종 정보를 신속하게 공유할 수 있도록 제공되는 메일링 서비스이다.

1997년 8월 22일 동의대학교 중앙도서관 홈페이지 내에 만들어 서비스를 운영한 이래 2019년 1월 현재 가입 회원 수 12,000여 명, 메일(메시지) 발송 건수 25,000여 건을 달성한 온라인 공동체로 성장 발전하였으며, 국내 도서관계에 있어 대표적이고 유일한 정보교환 및 전달의 창구로 활발하게 운영되고 있고, 회원 간 정보공유의 질이나 양적인 면으로 볼 때 우리나라에서 대표적인 메일링리스트로 평가받고 있다.

최근 회원의 성금과 도움으로 자체 독립 서버구축과 사이트 재개발을 완료하고 새로운 모습으로 재탄생한 도메리는 앞으로도 학연과 지연을 초월한 전국의 모든 도서관인에게 정보공유의 장으로 사서의 공동체 의식과 결속을 강화하고 지식 활용과 공유분위기 활성화를 통하여 도서관 발전을 위해 온 오프라인의 다양한 활동을 전개할 것이다. 가입희망자는 누구나 도메리에 가입하여 도서관계 소식을 신속하게 메일로 받아볼 수 있다.

세계도서관협회연맹 IFLA(www.ifla.org)

세계도서관협회연맹IFLA은 도서관정보서비스 및 이용자들의 관심을 반영하고 선도하는 국제기구이다. 이는 도서관정보 전문분야의 세계적인 목소리다. IFLA는 도서관 활동 및 정보서비스 분야에서 아이디어 교환, 국제협력 증진, 조사연구 및 개발을 위한 논의의 장을 제공하는 세계정보전문가들의 광장이다. IFLA는 도서관, 정보센터, 그리고 정보전문가들이 세계적으로 소통하는, 그들의 목적을 설정하고 전문성을 개발하며, 권익을 옹호하고, 세계적인 문제를 해결하는 하나의 제도적 장치이다.

IFLA의 목적, 목표, 각종 전문프로그램은 회원들의 적극적 협력과 참여가 있어야만 달성할 수 있다. 현재 회원은 세계 각국의 다양한 문화적 배경을 가진 약 1,600의 개인, 협회, 기관단체 회원들이 세계도서관연맹의 목적을 달성하기 위해 노력하면서, 각국 회원 도서관들을 세계적 수준으로 발전시키기 위하여 함께 일하고 있다. IFLA는 공식적 회원 제도를 통하여 전 세계 500,000 도서관, 정보전문가들에게 직접·간접으로 기여하고 있다.

IFLA는 광범위한 주제에 걸쳐 가이드라인, 저널, 보고서, 단행본의 출판 등 다양한 채널을 통하여 연맹의 목적 달성을 추구하고 있다. IFLA는 디지털 시대에 도서관의 중요성에 대한 인식을 증진하고 전문성을 제고하기 위하여 전 세계에서 각종 워크숍 및 세미나를 개최하고 있다. 이 모든 활동은 UNESCO, WIPO와 같은 수많은 비정부 국제기구의 협력 하에 이루어지고 있다. 세계도서관연맹의 웹사이트인 IFLANET(www.ifla.org)은 세계도서관연맹의 기본 정보 및 정책과 활동 정보를 제공하고 있다.

도서관정보 분야의 전문성 향상을 위해 IFLA는 연 1회, 매년 8월 세계 주요 도시에서 세계도서관정보대회를 개최하고 있다.

IFLA는 1927년 스코틀랜드 에든버러에서 개최된 세계 국립도서관장회의에서 처음 발의하여 설립되었다. IFLA는 1971년 네덜란드에서 법인등록을 하였고, 헤이그에 있는 네덜란드 왕립도서관이 제공한 건물에 연맹 본부를 두고 있다. 지역 사무실은 남아메리카 브라질의 리우데자네이루 및 아시아의 싱가포르에 두고 있다.

5. 문헌정보학 전공자의 진로

원론적인 이야기

　문헌정보학 전공자의 진로는 다양하게 열려 있다. 문헌정보학 전공자에게 적합한 곳은 주로 도서관이지만 도서관에 국한되는 것은 아니다. 학생들은 공부를 하는 데 있어 모든 가능성을 열어두고 전천후 진로를 모색할 필요가 있다. 그렇다고 너무 이것저것 왔다 갔다 하라는 말이 아니라 본인의 적성과 소질에 맞는 일이 무엇인지를 빨리 파악하여 그 길로 일로매진—路邁進하는 것이 가장 좋은 방법이라는 것이다. 음악이 좋으면 음악으로, 국악이 좋으면 국악으로, 의사가 좋으면 의학으로, 문학이 좋으면 문학으로 등등 좋은 분야를 택하여 노력함으로써 그 분야의 완전 전문가가 되어야 한다.

　이런 면에서 도서관은 다양한 소질의 학생들에게 모두 다 적합한 곳이라 생각한다. 음악이 좋으면 음악도서관으로, 의학이 좋으면 의학도서관으로 가서 마음껏 책과 사람들과 함께 즐겁게 살 수 있는 것이다. 음악대학을 안 나와도, 의과대학을 안 나와도 문헌정보학과를 나오면 음악도서관도 갈 수 있고, 의학도서관도 갈 수 있는 것이다. 문헌정보학도는 도서관과 정보사회에 대한 해박한 지식을 바탕으로 각자가 좋아하는 분야의 주제 전문성을 높여 도서관이나 정부, 기관, 단체, 회사에 들어가서 근무할 수 있다. 정보사회에서 정보관리는 어디에서나 필수이다. 어떤 기관, 단체든 정보관리를 하지 않으면 정보사회를 살아갈 수 없다. 따라서 문헌정보학도는 문헌정보학 전공을 기반으로 각자가 좋아하는 주제 분야를 대학 시절부터 꾸준히 연마할 필요가 있다.

준비하는 자에게 직장은 줄을 서서 기다린다. 아무리 취업이 어렵다고 해도 철저히 준비한 사람은 졸업과 동시에, 아니 졸업하기 전부터 직장이 대기하고 있다. 취업이 어렵다고 불평하는 사람은 대개 적당히 휴학하고 시간만 보내다가 졸업하는 학생들인 것 같다. 목표를 향해서 부지런히 그리고 슬기롭게 대학 생활을 하는 학생이라면 대학 문을 나설 즈음 본인이 원하는 직업과 직장을 찾을 수 있다고 생각한다. 'To be or not to be, that is the zeal and effort!'

국공립도서관 사서직 공무원

우선 공무원의 길이 있다. 공무원은 국가 공무원과 지방공무원으로 구분된다. 그러나 사서직공무원은 행정직처럼 대규모로 채용하는 것이 아니라 국가기관에 따라 소규모로 임용하는 것이 보통이다. 국립중앙도서관, 국회도서관, 법원도서관은 각기 그 도서관에 소요되는 인력을 전형절차에 따라 임용한다. 전형은 서류심사, 필답고사, 면접으로 이루어진다. 기타 교육청 소속 공무원과 지방자치단체 공무원들은 해당 교육청이나 단체에서 임용하며 최근에 지방자치단체의 민간위탁 도서관들은 수임기관에서 공무원에 준하여 직원을 채용한다. 따라서 공무원에 뜻을 둔 학생들은 각 시행기관별 정보를 잘 파악하고 대비하는 것이 좋다. 필답고사 과목들이 기관별로 약간씩 다르기 때문에 시험정보를 미리 파악해서 대비해야 한다. 사서직공무원은 다른 직종의 공무원에 비해 소규모 인력을 산발적으로 임용하지만 사서 자격을 갖춘 사람만을 대상으로 하기 때문에 일반공무원의 경쟁률에 비해 다소 유리한 편이다.

대학도서관 사서

국공립대학도서관의 사서는 국가 공무원이다. 국공립대학도서관은 서울대학교를 비롯한 전국의 국공립대학 도서관들이다. 국공립대학의 예는 서울시립대학교(서울대학교는 법인화되어 직원도 공무원 시스템은 아님), 부산대학교, 경북대학교 등을 들 수 있다. 국공립대학도서관들은 공무원으로서 직원을 채용하고, 임시직으로서도 채용한다. 이들 역시 소요 인력에 따라 특별 채용하거나, 교육공무원으로 임용, 배치한다. 국립대학 간에는 인사 이동도 가능하다. 예를 들어 부산대학교 도서관에 있다가 충남대학교 도서관으로도 이동할 수 있다. 사서는 사서 자격증이 있어야 지원할 수 있다.

사립대학교 도서관에서는 해당 도서관의 수요에 따라 대학별로 사서를 채용한다, 사립대학교 직원은 공무원이 아니므로 각 대학의 인사 채용기준과 절차에 따라 선발 임용한다. 국공립대학도서관, 사립대학도서관 공히 대학도서관은 교수, 학생, 대학원생, 연구원 등을 대상으로 도서관 봉사를 해야 하므로 다른 종류의 도서관에 비해 한 가지 이상의 주제 배경이 필요한 경우가 많다.

초, 중, 고등학교 사서 교사

사서 교사는 국공립학교인가 사립학교인가에 따라 채용방식이 다르다. 국공립학교의 경우에는 교육청에서 교원 임용고시를 거쳐 임용, 배치한다. 사립학교의 경우는 각 학교 재단에서 사서 교사 자격증을 갖춘 사람을 대상으로 개별 채용한다. 최근 학교도서관 활성화 추세에 따라 각 시도 교육청에서 사서 교사 임용이 늘어나고 있고, 사립학교들도 정식으로 사서 교사를 채용하는 학교가 늘어나고 있다.

전문도서관 사서

정부와 기업체들은 특정 분야의 연구소를 설치한 경우가 많다. 이들 연구소에 소속된 도서관은 특정 분야 연구를 지원하는 전문도서관이다. 예를 들면 대전 대덕연구단지의 연구소들에 설치된 도서관들은 해당 연구소의 연구 활동을 지원하는 것이다. 전력연구원은 전력산업을 큰 주제로 연구하며, 원자력연구원은 원자력 발전 등에 대한 분야를 연구한다. 이 연구소들은 각기 자기 분야에 맞는 연구원들을 채용한다. 서서들도 대개 연구원으로 채용되어 자료관리 업무를 맞는다. 따라서 사서들은 문헌정보학의 지식을 기초로 하면서 해당 분야의 지식을 계속 습득해야 한다. 전문도서관 사서를 지원하는 학생은 각종 연구소 인력 채용정보를 홈페이지 등을 통하여 파악하고 대비해야 한다.

기업체 도서관 사서

기업들은 문화재단을 두고 도서관을 설치, 운영하는 경우가 있다. LG그룹 연암문화재단의 LG상남도서관(디지털도서관), 선경그룹의 선경도서관(수원) 등을 들 수 있다. 이 도서관들은 해당 기업 문화재단에서 운영하며 도서관 직원도 그 기업 문화재단의 사원으로 채용한다. 수요는 많지 않지만 결원 발생 시 또는 새로운 프로젝트 발생 시에 직원을 채용한다. 채용정보는 역시 홈페이지 등을 통해 수시로 검색해 보아야 한다. 기업 문화재단들은 기업의 이미지와도 직결되기 때문에 강도 높은 전문서비스를 요구한다.

기업체의 경영정보 관리부서 직원

기업체는 경영정보를 수집, 관리, 활용한다. 대기업의 경우에는 경영정
보관리부서를 두고 있다. 은행의 경우에는 조사부를 두고 경영정보관리
와 통계조사, 경제 관련 정보의 수집 연구를 하고 있다. 필자의 경우는
국영기업체에 공개고시를 통해 사무직 사원으로 입사하여 근무 중에 사
서자격을 취득하고 경영정보관리부서에서 근무한 경험이 있다. 그 기업
에서는 사서를 계약직으로 채용하고 있었지만, 필자는 정규사원으로 들
어갔기 때문에 계약직 사서보다 유리한 입장이었고, 다른 부서 직원들과
도 잘 소통할 수 있었다. 이러한 경험에 비추어 보면 문헌정보학과 졸업
생들이 국영기업체나 일반 대기업에 도전하는 것도 좋은 방법인 것 같
다. 경쟁 입사시험을 통해 정당하게 입사하여 전공인 문헌정보학을 그
기관에서 활용하는 길을 모색하는 것은 사서직의 위상을 높일 뿐 아니라
정보사회의 선도자로서 그 기업의 발전에도 의미 있는 일을 할 수 있기
때문이다. 국영기업체, 삼성, 현대, SK 어디든 문헌 정보 전공자들이 도
전할 만한 직장이라고 생각한다.

도서관 정보화 및 DB 기업 사원

도서관의 자동화와 디지털도서관 구축 등 도서관의 개념이 급변하고
있다. 이에 따라 도서관 밖에서 도서관을 지원하는 상업 시스템이 증가
하고 있다. 전자책 출판사를 비롯하여 기존의 학술논문 및 자료들을 완
전히 DB화하여 전국 도서관에 공급하는 기업들이 늘어나고 있다. 이 기

업들은 문헌정보학 전공자들을 필요로 한다. 이 기업체들의 채용에 관한 정보는 도메리나 기타 정보네트워크를 통해서 알 수 있다.

국제기구 직원

국제기구에도 진출할 수 있는 길이 있다. 유네스코나 주한 외국 대사관, 국제원지력기구 등에서는 맞춤식으로 그들이 필요로 하는 국제 사서들을 채용하고 있다. 국제기구의 직원이 되기 위해서는 영어는 필수이고, 기타의 외국어 실력이 있어야 한다. 국제기구들의 홈페이지를 수시로 방문하면 채용정보를 알 수 있다.

한국학에 정통한 학생은 해외 대학도서관에 한국학 사서로 취업할 수 있는 길이 있다. 실제로 미국의 의회도서관, 하버드대, 코넬대, 스탠포드대, 워싱턴대 도서관에는 한국학 사서가 근무하고 있다.

대학의 문헌정보학 전공 교수

문헌정보학 전공자가 석·박사학위를 받고 연구와 실무경험이 풍부한 자는 대학의 교수 요원으로도 진출할 수 있다. 교수가 되기 위해서는 부단한 창의적 연구와 노력이 필요하며, 이론적 지식과 더불어 풍부한 실무경험이 있어야 한다. 대학 교수에 뜻을 두는 학생들은 대학 시절부터 원대한 목표를 세우고, 그 목표를 향해 단계적으로 실천해 가면 반드시 목표를 달성할 수 있을 것이다. 하이브레인넷(http://www.hibrain.net)'이라는 사이트에서는 교수 채용정보를 제공하고 있다.

제6장

도서관과 출판의 역사와 미래

1. 4차 산업혁명 시대, 도서관의 본질과 역할변화

도서관의 역사는 문명의 역사

도서관의 역사는 문명의 역사와 같다. 문명이 있는 곳엔 언제나 책이 있었고, 도서관이 있었다. 따라서 책과 도서관은 문명의 산파였다고 말할 수 있을 것이다. 영국의 도서관 역사가인 제임스 톰슨James Thompson은 1977년 『A history of the principles of Librarianship』(사서직의 역사 원리)라는 그의 저서에서 사서직의 17가지의 원리를 도출한 바 있는데, 그 첫 번째 원리가 도서관은 사회적 창조물이라는 것, 두 번째는 도서관은 사회가 보존한다는 것, 그리고 열한 번째 원리는 사서는 그 시대의 정치사회와 융합하여야만 그 역할을 제대로 할 수 있다는 것이다(사서직의 17가지 역사 원리는 참고문헌 1번 참조). 사실 서양이나 동양이나 도서관은 시대상황에 따라 명멸을 거듭해왔다. 사회가 필요로 하면 도서관이 번성했고, 사서들의 역할이 부각되었다. 하지만 전쟁, 혁명, 빈곤 등으로 사회가 불안정하면 도서관은 흩어지고 사서들은 숨을 죽였다. 이처럼 도서관은 언제나 사회와 그 운명을 같이해 왔다.

사회변동과 도서관의 체인지體仁智

"사회는 언제나 변화를 거듭하고 있다. 변화하지 않는 게 있다면 그것은 변화한다는 사실 그 자체뿐이다." 이 말은 상투적인 표현같지만 정보사회론 과목을 공부할 때 처음 만나는 말이다. 지난 10여 년간만 돌아보더라도 우리는 급격한 사회변화에 격세지감을 느낀다. 정보기술이 급속도로 발전하여 나이 든 사람들은 점점 스마트 기술에 적응하기 어렵게 되는 반면, 신세대들은 디지털 적응력이 빨라 아기 때부터 스마트폰을 사용하다 보니 디지털 유전자를 지니고 태어난다는 'Born Digital'이라는 말까지 나올 정도다. 학자들은 사회변동의 요인으로 지구환경 변화, 인구변동, 기술혁신, 정치사회문화요인 등을 들고 있는데, 이 가운데 기술발전과 인구변동이 사회변화에 가장 큰 영향을 주고 있다고 보고 있다. 물론 정치의 영향도 지대하다. 우리나라도 요즘 같으면 한반도의 지정학적 평화와 도서관의 발전을 기대할 수 있을 것 같은데 아직은 더 기다려야 한다.

그런데 중요한 것은 사회변동에 따라 도서관도 적절히 체질을 개선하는 체인지體仁智를 해야 한다는 것이다. 도서관도 조직체질을 건강하게, 사서와 고객을 인간답게, 그리고 정보콘텐츠를 지혜롭게 활용할 수 있도록 변화시켜야 한다. 이 '體仁智'라는 조어는 언젠가 어느 대학의 홍보물에서 change를 한자로 '體仁智'로 쓴 것을 보고 알았다. 그리고 이 표현 정말 의미심장하다고 느꼈었다. 변화하되 체질을 건강하게, 마음을 인자하고 덕스럽게, 그리고 지혜를 발휘하자는 뜻이 담겨 있어서이다. 이는 인생이건 조직이건 명심해야 할 삼자성어三字成語 같아 참 좋아보였다. 도서관도 꼭 이런 체인지體仁智를 했으면 좋겠다.

4차 산업혁명 시대의 도래

몇 년 전부터 '4차 산업혁명'이라는 용어와 이를 다루는 책들이 속속 등장하고 있다. 미래학자들은 이구동성으로 새 시대는 정보기술 혁신에 따른 새로운 문명세계가 열릴 것으로 예측하고 있다. 스위스 세계경제포럼회장 클라우스 슈밥Klaus Schwab(1938~)은 그의 책『The Forth Industrial Revolution』(제4차 산업혁명)에서 "현재의 지식정보관련 기술혁신 속도를 고려할 때 지금 초등학교에 입학하는 어린이가 사회에 나와 갖게 될 일자리의 70%가 현재 있지도 않는 전혀 새로운 일자리가 되는 시대가 올 것이라는 전문가들의 의견이 있다."고 소개하고 있다. 마치 자기의 예측이 아닌 것처럼 에둘러 표현했지만 사실은 미래학자들, 전문가들 누구나 이런 인식을 갖고 있다는 의미로 읽힌다. 4차 산업혁명은 인공지능(AI)혁명이라는데, 컴퓨터 기술이 인간의 지능처럼, 인간의 지능을 능가하여 발전한다고들 믿고 있다. 도서관도 컴퓨터 초창기 때의 도서관 자동화를 넘어서 이미 오래 전에 OPAC을 실현했을 뿐 아니라 디지털도서관, 스마트도서관을 구현하고 있다. 앞으로 더 진전된 인공지능기술이 도서관에 적용되면 로봇 사서가 등장하여 도서관 업무를 척척 처리하고, 이용자에게 책을 읽어주며, 도서관의 안전을 지키는 등 정보서비스에 놀라운 변화가 일어날 수 있을 것이다. 그래서 사서들이 일자리를 잃게 될지도 모른다는 비관적인 전망도 솔솔 등장하고 있다. 가정에도 인공지능, 회사에도 인공지능, 도서관에도 인공지능, 그렇다면 그때 우리 사람들은 어디로 가야 하나?

그런데 필자는 인공지능으로 인해 사서라는 직업이 없어질 거라는 예측에 대하여 좀 다른 생각을 갖게 되었다. 이는 바둑 왕 이세돌이 알파고와의 바둑 대결에서 패한 다음 한 말에 그 답이 들어 있다. "이세돌이가 진 거지 인간이 진 건 아니죠." 정말 그렇다. 인간이 인공지능을 만들었으니 인간이 진 건 아닌 것이다. 좀 더 부연한다면 아무리 인공지능이 발달한다 해도 그 인공지능을 인간이 편리하게 활용할 것이라는 것이다. 인간이 없으면 인공지능도 필요 없다. 인공지능 로봇이 사람처럼 행동한다고 했을 때, 그 로봇이 밥을 먹고 배설을 하고, 결혼을 하고, 아이를 낳을 것인가? 인공지능은 생물이 아니기에 그러한 우려는 필요하지 않을 것 같다. 오히려 인간이 직접 수행하기 어렵고, 힘들고, 위험한 일을 인공지능 로봇이나 다른 디지털 기기들이 대신하도록 하는 것, 지금 우리들이 일부 이용하고 있는 사물인터넷, 무인전철, 원자력발전소 해체 로봇, 무인자동차, 로봇 청소, 도로공사 안전지킴이 등 어려운 일을 시키는 데 활용하게 될 것이다. 그리고 보다 첨단적으로는 우주개발 프로젝트나 의료생명 프로젝트에 활용, 인간의 삶의 터전을 확대하고, 질병을 완벽하게 예방, 치료하며 수명을 연장하는 등 인간에게 유리하게 활용하게 될 것이다.

다만 인공지능으로 인해 인간이 오히려 해를 당하는 일은 없어야 한다. 가공할 무기개발, 인공지능 전쟁 등 인간을 해치고 파멸시키는 기술은 없어야 한다. 독일의 사회학자 울리히 백Ulrich Beck(1944~2015)은 1997년 『Risk Soiety』(위험사회)라는 저서에서 근대 후기 산업사회에의 인간의 모험은 모든 생명의 자기파멸을 가져올 것이라고 경고한 바 있다. 또한 영국의 스티븐 호킹 박사를 비롯한 과학자들은 인공지능 기술의 위험성을 우려하고 있다고 들었다. 인간의 기술이 오히려 인간에게 부메랑으로 돌아오는 일은 결코 용납할 수 없다. 그래서 기술 개발에도 엄격한 평화윤리가 필요하다.

시대가 변해도 도서관의 본질은 변하지 않아

이러한 정보기술의 급격한 발전에도 불구하고 도서관의 본질은 변하지 않을 것이며 변하지 않아야 한다. 도서관은 기본적으로 문명발전의 어머니요, 산파이기 때문이다. 역사적으로 볼 때 서양이나 동양이나 문명의 중심에는 언제나 책과 학교, 그리고 도서관이 있었다. 그리고 책을 통하여 교육과 연구가 이루어지고, 학교와 도서관을 통해서 교육과 연구가 소통되어 끊임없이 문명을 확대 재생산해 왔다. 따라서 책과 학교, 도서관은 인간의 생활 속에 깊숙이 들어와 인간생활 그 자체가 되어버렸다. 지금 아기가 태어나면 엄마들은 먼저 유아용 책을 구입하여 아기에게 그림을 보여주며, 읽어주고, 좀 더 자라면 동네도서관으로, 어린이도서관으로 가고, 또 초등학교에 보내고, 중·고등·대학교에 보내고, 이제 교육은 문명인의 삶 그 자체가 되어 학교를 넘어 평생교육으로 이어지고 있다. 이제 교육을 빼고는 현대인의 생활을 말 할 수 없다. 도서관은 역사적으로 교육과 연구를 지원하기 위해서 태어났다. 교육을 담당하는 곳은 학교만이 아니다. 교육은 가정, 학교, 사회가 적절히 협업해야만 그 효과를 발휘할 수 있다. 가정, 학교, 사회 가운데서 도서관은 사회교육의 주 역할을 담당한다. 그래서 가정과 학교에서 부족한 부분을 도서관에서 보완할 수 있으며, 사회에 나온 젊은 시민들도 도서관을 통하여 평생 자기교육을 실천할 수 있다.

얼마 전 2017년 11월 15일에 개관한 마포중앙도서관에 가보니 빌게이츠의 말 "어릴 적 나에겐 정말 많은 꿈이 있었고, 그 꿈의 대부분은 많은 책을 읽을 기회가 있었기에 가능하다고 생각한다."라는 글귀가 도서관 밖 돌에 새겨져 있었다. 그 돌의 다른 면에는 안중근 의사의 휘호를 번역한 "하루라도 책을 읽지 않으면 입에 가시가 돋친다."는 글귀도 새겨져 있었다. 이는 모두 책을 통해서 꿈을 키우고 인생을 깨달아 간다는 의미라서 우리에게 책의 중요성을 웅변해 주는 명언이다. 빌게이츠는 또 동네도서관에서 꿈을 키웠다는 이야기를 했다고 들었다. 이렇게 볼 때 책과 도서관은 인간의 꿈을 키우고 인간을 인간답게 해주는 문명의 이기이자 산실임에 틀림없다.

2000년대부터 미국인 존 우드Jone Wood가 동남아에서 펼치고 있는 '룸 투 리드Room to Read' 운동 역시 학교와 도서관이 없거나 열악한 후진국의 교육을 지원하고자 하는 취지에서 시작되었다. 미국 마이크로소프트사의 이사였던 존 우드는 중국 지사에 근무하며 네팔을 여행하던 중 그곳의 열악한 교육환경을 보고 회사를 그만두고 자선사업에 뛰어들었다고 한다. 그 후 돈 때문에 우여곡절도 많았으니 현재는 세계 각국에 45개 지부를 두고 네팔, 스리랑카, 베트남 등 10여 개 개발도상국 어린이들에게 도서관과 학교를 지어주고 책을 보내는 운동을 펼치고 있다고 한다.

이 내용은 언론 뉴스와 『히말라야도서관』이라는 책을 통해 국내에 소개되었고, 2010년 룸 투 리드 한국 지부도 출범했다고 한다. 또한 일본에서는 동네도서관 설립 붐이 일어나 누구나 작은 도서관을 열어 지역사회의 시민소통의 공간으로 각광을 받고 있다고 들었다. 이는 『동네도서관이 세상을 바꾼다』라는 책을 통해 국내에 소개되었다.

도서관 사업은 이제 세계적인 교육 사업이 되었다. 그래서 언제 어디서나 책을 읽고 연구하며 소통할 수 있는 곳, 이것이 도서관의 본질이라 생각된다. 학교에서든 사회에서든 도서관은 자발적 시민교육의 장이다. 교육기관으로서의 도서관은 큰 도서관도 필요하고 작은 동네도서관도 필요하다. 언제 어디서든지 편리하게 책과 정보에 접할 수 있고, 이웃들을 만나 대화를 나눌 수 있고, 도서관 프로그램에 참여할 수 있고, 그러는 가운데 저마다 지식과 지혜의 수준을 높임으로서 삶의 질을 향상시킬 수 있는 곳, 이런 곳이 진정한 도서관이라고 생각한다. 정보기술 발전으로 정보미디어가 변한다 해도 위와 같은 도서관의 본질과 역할은 굳건히 유지해야 한다. 다만 온고지신溫故知新이 필요할 뿐.

사서는 교육 문명의 매니저라는 자부심 가져야

"사서는 대학교육을 받아야 하고, 도서관에서 교육을 실행해야 한다." 이 말은 앞서 언급한 『사서직의 역사원리』에 나오는 17가지 원리 중 2가지다. 우리도 사서 교육은 대학과 대학원에서 시행하고 있다. 사서가 반드시 석·박사학위를 갖출 필요는 없지만 그래도 계속 공부를 하고, 교육을 해야 한다는 점에서 엘리트 지식인이라 할 수 있다. 따라서 사서는 스스로 본인의 지식을 지속적으로 향상시켜야 한다. 특히 우리나라처럼 사서라는 직업이 저평가되어있는 사회에서는 사서들 스스로 위상을 높일 수 있는 방법을 모색해야 한다. 누구든 자신이 아니면 자신의 위상을 높일 수 없다. 이는 자신이 아니면 자신의 재산을 늘릴 수 없는 것과 마찬가지다. 다른 분야에서, 예를 들어 행정기관에서는 도서관의 위상을 신경 쓰지 않으며, 아무리 친한 친구라도 나의 실력을 제고해줄 수는 없다. 다소 도움은 줄 수 있을지 몰라도. 그렇다면 우리 스스로 정신을 차리고 사회가 우리에게 무엇을 요구하는지를 알아차리고, 시대와 사회가 요구하는 방향으로 도서관을 경영하도록 노력하는 것이 최선의 방책이다. 오늘날 우리 사회의 문제는 입시 위주의 교육 때문에 직업교육과 인성교육이 약화되어 있다. 이런 때 도서관이 적극 해야 할 일은 인성교육과 직업교육에 도움이 되는 프로그램을 운영하는 것이다. 굳이 교육이라는 말을 내세우지 않더라도 도서관 프로그램을 통해서, 사서와 고객들과의 인간적 대화와 소통을 통해서 각계각층 모든 사람들에게 올바른 인성을 심어주는 것, 이것이야말로 오늘 도서관과 사서들이 수행해야할 중요한 과업이 아닌가 싶다. 우리는 자신감과 자부심을 가질 필요가 있다. 우리가 하는 일이 책과 정보를 관리하며 이를 모든 시민에게 효과적으로 소통시킨다는 점에서 우리는 문명을 경영하는 사람들이다. 그래서 "사서는 문명의 경영자(A librarian is the manager of civilization)"라는 말로 파이팅을 보내며 이 글을 맺는다.

참고문헌

1. 제임스 톰슨(James Thompson). 『A history of the principles of Librarianship』(사서직의 역사 원리). 런던. CLIVE BINGLEY. 1977.(이 책의 국내 번역판은 없으며 원리를 요약 번역한 내용은 이종권의 『도서관경영의 법칙』 51~84쪽에 소개되어 있음).

2. 클라우스 슈밥(Klaus Schwab) 저, 송경진 옮김. 2017. 『제4차 산업혁명』. 새로운 현재.
3. 울리히 백(Ulrich Beck) 저, 홍성태 옮김. 2006. 『위험사회—새로운 근대성을 향하여』. 새물결.
4. 존 우드 저, 이명혜 옮김. 2008. 『히말라야 도서관』. 세종서적.
5. 이소이 요시미쓰 저, 홍성민 옮김, 2015. 『동네도서관이 세상을 바꾼다』. 펄북스.

2. 역사에서 찾은 도서관의 가치와 사서직의 위상

도서관에 대한 우리사회의 일반적 인식

1866년 병인양요 때 프랑스군이 약탈해간 우리 외규장각 의궤가 2011년 아시아나 항공을 타고 우리 땅에 들어온 후 국립중앙박물관은 『145년만의 귀환, 외규장각 의궤』라는 기념 도록을 발간했다. 이 도록의 후미에는 규장각에 대한 역사학자들의 논고 2편이 실려 있었다. 그 가운데 필자는 당시 국사편찬위원장께서 기고한 "외규장각 의궤도서의 귀환을 반기며"라는 논고에서 다음과 같은 문구를 읽으며 빨간 밑줄을 그어 놓았다.

> "1991년 반환운동을 시작할 무렵만 해도 규장각, 외규장각을 아는 사람은 드물었다. 고등학교 교과서에 규장각이 정조 때 왕실도서관이었다는 내용이 있었지만 이를 기억하는 사람은 소수였다. 규장각은 단순한 서책 보관 장소가 아니라 국정프로젝트 연구기관을 겸하였으니 도서관이란 소개도 잘못된 것이다."

필자는 위의 내용 가운데서 규장각이 "연구기관을 겸하였으니 도서관이란 소개도 잘못된 것"이라는 그 원로 역사학자의 지적을 수긍하기 어려웠다. 우리나라 학자들은 대체로 도서관을 단순한 책의 보관 장소로만 인식하고 있다는 걸 분명하게 알 수 있었기 때문이었다. 역사학자들이 세계 도서관의 역사와 그 문명사적 역할을 좀 더 자세히 연구해본다면 이러한 도서관에 대한 편협한 인식은 하지 않을 것이다. 또 일반인들도 도서관의 본질적 기능과 사회적 역할을 좀 살펴본다면 도서관을 단순히 책의 보존 장소나 학생들의 공부방으로만 인식하지는 않을 것이다.

도서관에도 철학과 원리가 있다는데…

도서관에도 철학이 있을까? 보통 사람들은 도서관에 철학이 있다고 하면 의아해한다. 도서관에 무슨 철학이 있냐며 되묻기 십상이다. 그런데 문헌정보학을 공부하고 도서관의 역사를 공부하다 보면 도서관에도 철학이 있다는 걸 확실히 느낄 수 있다. 도서관의 철학은 존재론, 인식론과 같은 철학과에서 공부하는 그런 어려운 관념철학이 아니라 어떻게 하면 도서관을 도서관답게 만들 것인가에 대하여 선각자들이 고민하고 경험해온 일종의 경험철학이라 할까, 아니면 도서관을 경영하면서 발견하고 축적한 경영의 지혜라 할까, 그런 실용적인 철학이라 할 수 있다. 예를 들면, 사서들이 익히 알고 있는 인도의 도서관 선각자 랑가나단S. R. Ranganathan이 1931년에 저술한 『The Five Laws of Library Science』(도서관학 5법칙), 1995년 미국의 문헌정보학자 크로포드Walter Crawford와 고먼 Michael Gorman이 『Future libraries; dream, madness and reality』(미래의 도서관; 꿈인가, 광기인가, 현실인가)라는 저서에서 정리한 '도서관학의 새로운 5법칙'과 같은 것이다. 필자는 대학원 시절 도서관사 수업에서 교수님이 수업교재로 채택한 원서 『A history of the principles of Librarianship』(사서직의 역사 원리)라는 책을 접하게 되었다. 영국의 대학도서관 사서 톰슨

James Thompson이 1977년에 저술한 이 책은 서양도서관의 역사를 전체적으로 검토하면서 그 속에서 도서관 및 사서직의 원리 17가지를 도출해내고 있다. 이 책에 반해버린 필자는 그 후 이 '도서관의 역사원리 17가지'를 요약 번역하여 『국회도서관보』(2004년 3월호)에 기고한 바 있다.

역사에서 찾은 도서관의 철학과 사서직의 원리

제임스 톰슨의 '도서관과 사서직의 역사원리'를 여기서 자세히 다루는 것은 지면관계상 불가능하고 또 이미 다른 간행물에 소개되어 있어 인터넷에서도 검색 가능하므로 본고에서는 그 줄기만을 간략하게 살펴보고 우리 사서들이 가져야 할 도서관에 대한 역사 철학적 가치인식, 그리고 사서직의 위상문제를 아울러 점검해볼까 한다.

① 도서관은 사회가 창조한다. 세계 최초의 아슈르바니팔도서관이나 헬레니즘 문화의 산실 알렉산드리아도서관은 각기 그 당시의 사회적 요구를 반영한 것이다.

② 도서관은 사회가 보존한다. 역사적으로 책과 도서관에 해를 끼치는 것은 외부적 재난이나 전쟁 등 사회적 요인이었다.

③ 도서관은 지식의 보존과 전파를 위한 것이다. 도서관은 지식을 수집, 보존하면서 이를 전파하는데 목적을 두었다. 만일 도서관이 단지 보존창고로서만 여겨졌다면 도서관은 사회에 어떠한 영향도 미치지 못했을 것이다.

④ 도서관은 권력의 중심에 있다. 17세기에 프랑시스 베이컨은 "지식은 힘이다."라고 말했다. 그런데 도서관은 지식을 소장하고 있으므로 당연히 힘의 센터가 된다. 또 도서관은 고대에는 왕궁이나 사원

내에 있었고, 민주주의 시대에는 의회 및 시민의 중심에 있다.

⑤ 도서관은 모든 사람을 위한 것이다. 도서관은 고대에도 대중에게 개방하였다. 예를 들면 아테네의 폭군인 페이시스트라투스도 그의 장서를 공중에 개방하였다. 알렉산드리아 도서관의 사서 제노도투스는 도서관을 공중이 자유롭게 접근하여 이용할 수 있도록 최대의 노력을 기울였다.

⑥ 도서관은 반드시 성장한다. 중세 수도원에 도서관이 설립될 때에는 불과 수 백 권의 장서를 한 두 개의 책상자속에 넣어 수도원의 한 모퉁이에 보관 하였지만 그래도 도서관은 성장하였다. 특히 인쇄시대에 접어들면서 책이 대량 생산되어 도서관은 단순히 성장하는 정도를 넘어서 기하급수적으로 성장하였다.

⑦ 국립도서관은 모든 국가적 문헌과 다른 나라의 대표적 문헌을 소장해야한다. 고대 아슈르바니팔 도서관은 당시의 국내외 모든 문헌을 수집하고자 했다. 또 알렉산드리아도서관은 헬레니즘 문헌을 완벽하게 구비하는데 목적을 두었고, 고대 이집트, 페르시아, 라틴의 문헌 등 다른 나라들의 대표적인 문헌들도 수집하였다.

⑧ 모든 책은 이용하기 위한 것이다. 이는 어떤 책임 있는 사서나 학자라도 과거 3000년 동안 일어났던 수많은 재난으로 인해 손실되지 않고 남아있는 단 한권의 책이라도 대단히 소중한 것으로 여긴다. 또 에드워드 에드워즈Edward Edwards는 국가도서관의 기능에 대하여 국가도서관은 백과사전적인 장서소장처가 되어야 하며 기념비적인 문헌 뿐 아니라 하찮은 자료도 구비하여야 한다고 하였다. 누군가는 언젠가는 이용할 것이기 때문이다.

⑨ 사서는 교육을 받은 자라야 한다. 고대 이집트의 사서들은 높은 수

준의 교육을 받은 사람들이었고, 바빌로니아와 아시리아의 사서들도 마찬가지였다. 알렉산드리아 도서관 최초의 사서인 데모트리우스는 철학자로서 아테네 최고의 교양을 갖춘 문인이었다. 그 후 그를 계승한 수많은 사서들도 모두 유명한 학자들이었다.

⑩ 사서는 교육자이다. 17세기에 존 듀리는 도서관직을 안이한 생계의 수단으로 여기는 사서들을 경멸하였다. 그리고 그는 도서관 관리자가 자기 업무의 본질을 이해한다면 공공에 유익하도록 역할을 수행하면서 세계적, 보편적 학문의 진보를 위한 교육자의 역할을 하여야 한다고 강조했다.

⑪ 사서의 역할은 정치적 사회적 시스템 속에 통합되어야만 그 능력을 발휘한다. 고대 이집트의 사서들은 높은 정치적 지위에 있었고, 바빌로니아와 아시리아에서도 마찬가지여서 사원도서관의 사서들은 높은 성직자였고, 궁중도서관의 사서는 고위 공무원이었다. 사서의 역할은 그 사회의 정치적 사회적 시스템 속으로 충분히 통합되어야 한다. 사서들은 결코 내부지향적이어서는 안 된다. 19세기에 에드워드 에드워즈는 공공개혁과 정치적 로비를 통해서 영국 전역에 무료도서관 사상을 이끌어 냈다. 그의 첫 성과는 1850년 공공도서관법을 통과시킨 것이다.

⑫ 사서는 훈련과 실습을 받아야 한다. 사서는 학교를 졸업한 후에도 현장에서 끊임없는 훈련과 실습으로 도서관 업무에 숙련하여야 한다.

⑬ 도서관장서의 확충은 사서의 의무이다. 아슈르바니팔은 도서관 장서의 확충은 사서의 의무라는 원칙을 세우고 전국 각처 및 외국에 특사를 보내 모든 종류, 모든 주제의 기록물을 수집하도록 하여 니

네베도서관에 30,000장의 점토판 장서를 축적하였다. 알렉산드리아 도서관의 최초의 사서인 데모트리오스는 가능한 한 전 세계의 모든 책을 수집하고자 하였으며, 그가 듣거나 보았던 가치 있다고 여겨지는 모든 자료들을 구입하고자 하였다.

⑭ 도서관은 어떤 질서체계에 따라 자료를 정리하고 그 내용에 대한 목록을 제공하여야 한다.

⑮ 도서관은 지식의 저장고이므로 주제에 따라 정리하여야 한다.

⑯ 도서관에서의 주제별 그룹화는 실제적인 이용편의를 고려해야 한다. 이는 기계적인 분류보다는 이용자의 편의를 고려해야 한다는 의미이다.

⑰ 도서관은 주제별 목록을 갖추어야 한다. 이 원리는 도서관이 주제별로 정리된 지식의 저장고라는 사실과 관련된다.

이렇게 각 원리에 순서가 매겨져 있지만 이 번호가 곧 논리적인 순서는 아니다. 따라서 이 17가지 원리들을 도서관 설립과 보존의 사회성, 사서의 장서수집 및 확충의무, 지식의 보존, 이용, 전파, 장서관리의 합리성, 사서의 교육훈련과 전문성 등 5가지로 나누어 그룹화 하면 다음과 같다.

▪ 도서관 설립과 보존의 사회성

① 도서관은 사회가 창조한다. ② 도서관은 사회가 보존한다. ④ 도서관은 권력의 중심에 있다.

• 도서관과 사서의 장서수집 및 확충 의무

⑥ 도서관은 반드시 성장한다. ⑦ 국립도서관은 모든 국가적 문헌과 외국의 대표적 문헌을 소장해야 한다. ⑬ 도서관장서 확충은 사서의 의무이다.

• 지식의 보존, 이용 및 전파

③ 도서관은 지식의 보존과 전파를 위한 것이다. ⑤ 도서관은 모든 사람을 위한 것이다(랑가나단의 제2법칙과 비슷함). ⑧ 모든 책은 이용하기 위한 것이다(랑가나단의 제1법칙과 비슷함)

• 장서관리기술의 적절성

⑭ 도서관은 어떤 질서체계에 따라 자료를 정리하고 그 내용에 대한 목록을 제공하여야 한다. ⑮ 도서관은 지식의 저장고이므로 주제에 따라 정리하여야 한다. ⑯ 도서관에서의 주제별 그룹화는 실제적인 이용편의를 고려해야 한다. ⑰ 도서관은 주제별 목록을 갖추어야 한다.

• 사서의 교육과 전문성

⑨ 사서는 교육을 받은 자라야 한다. ⑩ 사서는 교육자이다. ⑪ 사서의 역할은 정치적 사회적 시스템 속에 통합되어야만 그 능력을 발휘한다. ⑫ 사서는 (지속적으로) 훈련과 실습을 받아야 한다.

이상에서 분명하게 드러나는 것은 사회적 존재로서의 도서관은 지식 정보의 수집, 보존, 전파를 담당하는 교육 및 연구기관이라는 것, 이를 위해 장서를 체계적이고 합리적으로 수집하고 정리해야 한다는 것, 그리고 사서들은 교육을 받은 전문가로서 도서관에서 교육과 연구를 실행하고 지원해야 한다는 것이다. 이들은 곧 도서관의 본질적 목적이며 사서의 역사적 의무와 책임 그리고 역할이라 할 수 있다.

정보사회 도서관의 본질적 가치와 사서직의 위상

정보기술의 발전으로 사회는 급속도로 변화하고 있다. 사회적 존재로서의 도서관도 이러한 변화에 대처해왔으며 앞으로도 더욱 선제적으로 대처해 나가야 할 것이다. 하지만 도서관이 정보를 수집, 정리, 보존, 분석, 연구, 교육에 제공하여 학술문화와 문명발전에 산파역할을 다해야 한다는 도서관의 고유한 가치는 변하지 않았고, 앞으로도 변하지 않을 것이다. 따라서 오늘의 도서관 경영자들은 도서관 선각자들이 역사적으로 수립해 온 도서관의 역사철학적 가치를 제대로 구현할 수 있도록 활력경영vitality management을 해야 하겠다.

또한 사서들은 반만 년 도서관의 역사에서 정립된 사서직의 교육경영자적 역할을 깊이 인식하고 스스로 사서직의 위상을 제고할 수 있도록 적극적인 노력을 기울여야 하겠다. 사서직에 대한 우리사회의 왜곡된 인식을 바로 잡기 위해서는 사서들의 꾸준한 노력이 필요하다. 우리는 사서에 입문할 때 흔히 "사서 고생하러 왔느냐"는 아재개그를 듣는다. 그런데 정말 사서 고생할 각오가 되어있어야만 사서직의 역할을 다할 수 있다고 생각한다. 사서는 한직閑職으로 조용한 곳에서 감독자의 '터치'를 덜 받는 그런 편안한 직업이라고 인식해서는 사서직의 역할과 위상을 제고할 수 없을 것이다. "사서의 역할은 정치적 사회적 시스템 속에 통합되어야만 그 능력을 발휘한다. 사서는 내부지향적이어서는 안 된다"는 역사적 교훈을 아로새겨 사회 속에 적극 융합하여 사회와 원활하게 소통함으로써 도서관과 사서직의 위상을 제고할 수 있는 길을 다함께 모색해야 하겠다.

참고문헌

1. 랑가나단(S. R. Ranganathan) 저, 최석두 역. 2005. 『도서관학 5법칙』. 한국도서관협 회.
2. 톰슨(James Thompson). 1977. 『A history of the principles of Librarianship』. LONDON; CLIVE BINGLEY.
3. 이종권. 2017. 『도서관 경영의 법칙』. 글앤북. 45~84쪽.

3. 출판과 도서관의 문명사적 역할

책의 탄생

책과 출판 그리고 도서관을 말하려면 자연스럽게 책의 탄생과 그 사회적 의미를 언급하지 않을 수 없다. 책은 문명의 산물이자 문명의 산파이기 때문이다. 문자가 있어야 기록이 있고, 기록이 있어야 문헌이 있고, 문헌이 있어야 출판이 있고, 출판이 있어야 학교와 도서관이 있을 수 있다. 책, 출판, 학교, 도서관은 그 시대의 문명을 선도하며 새로운 문명을 계속 창출해 왔다. 가정, 학교, 그리고 도서관에 책이 없다면 우리는 무엇으로 문명을 개척하고 영위할 것인가? 이처럼 책과 도서관은 문명의 발생과 더불어 태어났다. 책과 도서관은 정보커뮤니케이션을 시간적 공간적으로 무한히 확장하여 학술문명의 지평을 열었다. 인류사를 선사에서 역사로, 문맹에서 문명으로 전환시킨 것이다. 오늘날 눈부시게 전개되고 있는 4차 산업혁명도 결국은 책으로부터 유발된 고도의 정보문명에 다름 아니다.

도서관의 성립 조건

어느 사회에서나 도서관 성립의 필수조건은 문자, 매체, 건물, 사서, 이용자이다. 이들 중 하나라도 빠지면 도서관이 성립할 수 없다. 문자를 매체에 담아놓은 것이 곧 문헌文獻이다. 또 문헌을 모아서 안전한 건물공간에 보존 관리하면 문헌보존소가 된다. 여기에 사서와 이용자가 더해지면 활력 넘치는 도서관이 된다. 사서는 장서와 더불어 도서관을 도서관답게 만드는 도서관 기획 경영자이다. 이용자는 가장 중요한 도서관의 존재이유이다. 모든 문헌이나 책은 이용을 위하여 존재하기 때문에 이용자 없는 도서관은 도서관이라고 말할 수 없다. 위와 같은 사실은 반만년 정보미디어의 역사와 도서관의 역사가 증명하고 있다. 고대 메소포타미아문명의 점토판도서관들, 그리스문명의 학교도서관들, 고대 로마의 공공도서관들, 헬레니즘문화의 산실 알렉산드리아도서관, 그리고 현대 선진국들의 학교, 대학, 공공도서관들은 위와 같은 도서관 성립의 다섯 가지 조건을 모두 갖춘 도서관들이다.

인쇄와 출판의 접목

인류 초기에는 오직 필사의 방법으로 문헌을 만들었다. 따라서 출판의 개념은 인쇄술의 발달 이전에는 존재하지 않았다. 목판인쇄술은 중국에서 먼저 발명되었지만 우리나라에 들어와 품질이 대폭 개량되어 당시로서는 세계 최고의 품위 있는 책들을 찍어냈다. 서기 751년 신라 때 간행된 『무구정광대다라니경』은 현존 최고의 목판 인쇄본이다. 해인사에 보존되어 있는 고려 팔만대장경판은 지금도 인쇄가 가능한 상태다. 고려

때에는 세계 최초로 금속활자를 만들어 냈다. 1377년 청주 흥덕사에서 간행한 『백운화상초록불조직지심체요절』은 현존 세계 최고의 금속활자 인쇄본이다. 하지만 동양의 인쇄술은 기계식이 아니어서 인쇄의 속도가 더딜 수밖에 없었고, 따라서 대량의 출판 산업으로 연결되기 어려운 한계를 지니고 있었다.

하지만 서기 1450년 독일의 구텐베르크가 발명한 인쇄술은 동양의 인쇄술과는 근본적으로 달랐다. 우리보다 700년이나 늦게 인쇄술을 개발하였지만 기계식이어서 책을 대량으로 인쇄할 수 있었고, 이러한 기술은 곧 출판 사업으로 이어졌다. 구텐베르크는 자신의 만든 인쇄기로 출판사를 차려 성서를 비롯한 다양한 문헌과 책들을 출판 보급하였다. 그 후 인쇄출판업은 유럽 전역으로 급속히 확산되었다. 구텐베르크 이후 인쇄 출판업에 성공한 사람은 이탈리아의 알두스 마누티우스Aldus Manutius(1452~1516)라는 인물이다. 그는 로마의 남쪽 바씨아노Bassiano에서 출생, 대학을 졸업하고 1480년 페라라Ferrara 지역에서 과외교사를 하다가 1489년에 출판업을 창업하기로 결심하고 상업의 중심지 베니스로 갔다. 그는 운 좋게도 향료산업으로 부를 일으킨 안드레아 토렌사노Andrea Torren-sano라는 부호를 만나 그의 지원으로 1493년에 출판사를 차렸으며, 트렌사노의 딸과 결혼하였고, 그의 아들이 대를 이어 출판 사업을 지속하였다고 한다. 당시 이 출판사에서 나온 책들은 매우 많았고 모든 책을 정성들여 만들었다고 한다. 알두스가 출판 사업에 성공할 수 있었던 것은 첫째, 문헌편집을 전문가에게 의뢰했다는 점이다. 전문인에 의한 책임 편집으로 책의 오류를 크게 줄일 수 있었다. 둘째, 책의 가격을 저렴하게 책정했다는 점이다. 이러한 일종의 박리다매 영업으로 사업에 대성공을 거둘 수 있었다. 셋째, 책 자체를 상품으로 인식하여 한번 보면 사지 않을 수 없도록 질적 수준을 높였다는 점이다.[7]

출판과 도서관의 만남

앞서 살펴본 것처럼 도서관은 인쇄술의 등장 이전인 필사시대에도 존재하였다. 점토판, 파피루스, 양피지, 종이 등에 필사한 책들을 도서관에서 수집, 보존, 관리하면서 다시 필사의 방법으로 책을 재생산하면서 행정, 교육, 연구에 이용할 수 있게 한 것이다. 책을 필사하는 일은 사서들의 중요한 업무 중 하나였다. 한 때 70만 권에 이르렀던 알렉산드리아도

〈사진 6-1〉 쇠사슬에 묶인 책

(출처 : James W. P. Campbell), Will Pryce. 『THE Library A WORLD HISTORY』. THE UNIVERSITY OF CHICAGO PRESS. 2013. 90쪽)

....

7) 서울대학교 인문학연구소 안재원 교수의 "인문학을 만든 고전들" 강의자료

서관의 장서는 주로 파피루스 필사본 문헌이었다. 중세의 수도원도서관들은 필경사를 두고 기독교문헌뿐 아니라 그리스 고전문헌을 필사 전승한 것으로 유명하다. 하지만 필사만으로는 다량의 책을 생산할 수 없었으므로 책은 매우 귀할 수밖에 없었고, 따라서 인쇄출판 이전 시대의 도서관들은 중요한 책들을 책상이나 서가에 쇠사슬로 묶어놓아 이용자들이 큰 불편을 겪었다고 한다.

그러나 1450년 구텐베르크 인쇄술 발명으로 책을 대량생산할 수 있게 됨으로써 이러한 불편은 점차 해소되었다. 인쇄출판이 하나의 산업으로 자리를 잡았고, 책의 대량생산으로 도서관들이 장서를 쉽게 확충할 수 있게 되어 책은 드디어 쇠사슬에서 풀려나게 되었다. 그리고 정보와 지식이 원활하게 전파되고 효율적, 효과적으로 활용됨으로써 서양의 문화예술과 과학기술이 급속도로 발전하게 되었다. 인쇄술 후에 등장한 르네상스, 종교개혁, 지리상 발견 등 굵직한 역사적 사건들은 서양문명이 동양문명을 앞지르는 계기를 마련하였다. 지금 우리는 동양에 살고 있지만 서양의 문화예술과 과학기술을 배워 서구식 문명을 구축하고, 그 속에서 발전을 추구하며 살아가고 있다. 이는 많은 부분 서양의 인쇄술 및 출판산업의 영향이라고 할 수 있다.

도서관의 본질

도서관은 원래 교육과 연구를 위해 태어났다. 어느 시대나 교육과 연구는 문헌을 통해서 이루어졌다. 교육기관이 부족했던 시기에 도서관은 그 자체로 훌륭한 교육연구기관이었다. 고대 알렉산드리아도서관은 도서관이자 박물관이었으며 학자들의 연구기관이었다. 따라서 알렉산드리아

도서관은 수준 높은 학자들을 많이 배출하였다. 그들은 도서관의 관장, 직원, 연구원으로 근무하면서 각기 관심 분야의 학문을 연구하였다. 예를 들면 아리스타르코스는 태양계 이론을 주창하였고, 지리학자 에라스토테네스는 최초로 지구 둘레를 측정하였다. 또한 유클리드는 기하학의 기초를 세웠고, 아르키메데스는 수학, 물리학, 천문학 등 과학의 기초를 세웠다. 또 아리스토파네스는 사전을 편찬하였다.[8]

〈사진 6-2〉 고대 알렉산드리아도서관의 학자들(출처 : 다음백과)

---

8) 최정태. 2011. 『지상의 위대한 도서관』. 한길사. 26쪽.

도서관이 교육연구기관인 것은 오늘날에도 마찬가지다. 인류문명을 발전시킨 수많은 사상과 아이디어, 발견과 발명은 책을 통해서 기록, 전수되고, 도서관은 이러한 책을 보존, 관리, 이용시키는 훌륭한 교육 및 연구기관인 것이다. 물론 학교와 대학이라는 교육제도가 구비되어 있는 오늘날에는 도서관을 교육기관이라고 여기는 사람들이 많지는 않다. 그러나 도서관이 발생된 역사적 배경을 살펴본다면 오늘날에도 교육연구기관으로서의 도서관의 본질은 변함이 없고, 또 도서관의 본질이 변해서는 안 된다는 확신을 갖게 된다. 더구나 평생교육시대가 된 오늘에는 도서관이 시민 평생교육의 중심이 되어야 하며 이는 당초 교육기관으로 출발한 도서관의 역사적 본질에도 잘 부합된다. 책의 보존과 유통 및 이용에 있어 도서관이 서점과 다른 것은 도서관은 역사적 자료와 현재의 자료를 두루 갖추고 있다는 점이다. 또한 도서관은 모든 시민을 위한 교육기관으로서 영리를 목적으로 하지 않는다는 점이다. 그리고 도서관은 책을 활용하는 수많은 교육프로그램을 시민에게 제공하고 있다는 점이다.

우리나라의 도서관 인식

우리나라의 도서관들은 2천 년대 이후 급속히 발전하고 있다. 하지만 위와 같은 도서관의 역사적 본질에 부합하는 도서관은 국립도서관이나 몇몇 대학도서관 및 소수의 공공도서관을 제외하면 그리 많지 않다. 이는 우리나라가 20세기 이후 일제강점기와 한국전쟁이라는 큰 국가적 혼란을 겪었고, 경제개발의 과정에서 문화 사업은 언제나 우선순위에 밀려 정책적 지원을 받지 못한데 원인을 찾을 수 있다. 대학입시에 초점을 맞춘 교육정책의 틀 속에서 도서관은 다만 자료의 수집 및 보존관리 그 이상의 다른 어떤 교육적 역할을 수행하기 어려웠다. 그러나 21기 세계화의 물결을 따라 많은 사람들이 해외의 우수한 도서관을 견학하고 벤치마 킹하면서 우리의 도서관들도 서서히 변화하고 있다. 하지만 아직도 체계 적인 정책 및 재정지원이 부족하여 도서관의 본질적 역할을 수행하기 어 렵고, 또 도서관의 본질에서 벗어난 기형적 도서관들도 속속 생겨나고 있다. 사서가 없는 도서관, 책을 대출하지 않는 도서관, 프로그램이 별로 없는 도서관 등 도서관의 기본 기능을 배제한 도서관들이 신설되기도 한 다. 또 민간 기업에서 외국의 사례를 벤치마킹하여 개설하는 도서관들은 그들 회사의 마케팅 수단으로 활용하고 있다.

〈사진 6-3〉 2017년 5월 서울시 삼성동 코엑스에 개관한 '별 마당 도서관'

해외의 도서관제도와 정책

도서관의 종류는 이용자에 따라 구분된다. 예를 들면 국립도서관, 공 공도서관, 대학도서관, 전문도서관, 학교도서관 등이다. 국립도서관은 국 민 전체, 공공도서관은 해당지역 시민전체, 대학도서관은 해당대학의 학생과 교원, 학교도서관은 해당학교의 학생과 교사의 교육과 연구를 위해 존재한다. 그리고 어느 도서관이나 이용자를 위해 최선의 봉사를 해야 하는 것은 당연하다. 여기서는 지면관계상 선진국의 공공도서관과 학교도서관을 중심으로 도서관 정책을 간단히 살펴보려 한다.

공공도서관의 선진국은 영국, 미국, 프랑스, 독일, 일본 등이다. 영국과 미국은 1850년대 거의 같은 시기에 공공도서관법을 제정하여 시민을 위한 무료공공도서관 제도를 정착시켰다. 1852년에 설립된 영국의 맨체스터공공도서관, 1854년에 설립된 미국의 보스턴공공도서관은 시민의 세금으로 운영되는 공공도서관의 최초의 모델이 되었으며 오늘날 까지도 그 지역 시민의 사랑을 받으며 발전을 거듭하고 있다. 이처럼 시민이 무료로 이용할 수 있는 공공도서관의 존재는 각 나라의 법적 정책적 산물이다. 어떤 종류의 도서관이든 도서관은 돈이 많이 드는 계속사업이면서도 수익이 발생하지 않는 교육문화 사업이다. 따라서 정부에서 정책적으로 재정지원을 하지 않으면 유지하기 어렵다. 정부의 재정지원이 다소 부족한 경우라도 영미에서는 기부문화가 발달하여 도서관에 기부하는 시민들이 많다고 한다. 세계적인 규모를 자랑하는 뉴욕공공도서관은 기업가나 시민들의 기부로 비영리 민간단체가 운영하고 있다고 한다.[9] 이렇게 선진 여러 나라의 공공도서관들은 국가의 지속적인 재정지원, 기업가와 시민들의 적극적인 기부, 그리고 도서관에 대한 시민의 올바른 인식과 적극적인 활용 등을 바탕으로 운영되고 있다.

....

9) 스기야 이끼꼬 저, 이진영·이기숙 역. 2004. 『미래를 만드는 도서관』. 지식여행. 18쪽.

한편 도서관의 국제협력기구로 1927년에 설립된 세계도서관협회연맹 (IFLA: International Federation of Library Associations and Institutions)은 각국의 도서관제도와 정책을 지원하고 있다. 세계도서관협회연맹IFLA은 도서관 정보서비스 및 이용자들의 관심을 반영하고 선도하는 세계 도서관계의 유엔이다. IFLA는 도서관분야에서 국제협력 증진, 조사연구, 개발을 지원 하는 국제기구로 세계 각국의 다양한 문화적 배경을 가진 회원단체들에 게 각국 도서관들을 세계적 수준으로 발전시킬 수 있도록 가이드라인, 저널, 보고서, 단행본 등 다양한 방법으로 지원하고 있다. 이를 위해 공 공도서관분야에서는 "IFLA 공공도서관 선언" 및 『IFLA 공공도서관 서비 스 가이드라인』을[10) 제정, 전 세계에 보급하였다.

〈사진 6-4〉 IFLA 공공도서관 선언과 공공도서관 서비스 가이드라인

10) 쿤즈 & 구빈 편, 장혜란 역. 2011. 『IFLA 공공도서관 서비스 가이드라인』, 한국도서관협회.

학교도서관 분야의 선진국 역시 미국이다. 초·중·고등학교 학생들의 교육을 지원하는 학교도서관은 학교 교육의 기반이라 할 수 있다. 하지만 선진국에서도 학교도서관의 발전은 더디게 이루어졌다. 미국의 경우 학교도서관은 아이러니하게도 소련 때문에 발전하였다. 1957년 소련이 인공위성(스푸트니크) 발사에 성공하자 이에 충격을 받은 미국은 초등학교부터 기초교육을 강화해야한다는 취지에서 학교도서관을 대폭 지원하였다.[11] 그 후 미국의 학교도서관 정책은 사서교사의 양성, 다양한 교육미디어의 확충, 교과교사와 사서교사의 협력수업 실행 등 학교도서관기준을 확립하고 도서관을 통한 학교교육을 적극 지원하고 있다. 한편 세계도서관협회연맹IFLA은 학교도서관에 대한 세계적인 기준과 가이드라인을 마련하여 전 세계 도서관계에 보급하고 있다. 다음은 2015년에 개정된 『IFLA 학교도서관 가이드라인』[12] 그리고 해당 가이드라인을 세계 각국에서 적

〈사진 6-5〉 IFLA 학교도서관 가이드라인

11) 페기 존슨 저, 이종권 노동조 역. 2012. 『장서개발관리론』. 문헌. 33~41.
12) 슐츠 존스 & 오베르그 편, 이종권·정영주 역. 2017. 『IFLA 학교도서관 가이드라인』. 글로벌 콘텐츠

용한 『IFLA 학교도서관 가이드라인 글로벌 응용사례』이다.[13]

출판과 도서관의 상생

우리는 오늘날 책과 도서관이 사라질 위험에 처해있다는 말을 자주 듣는다. 하지만 실제로는 해마다 많은 책들이 출판되고 있고, 책의 판매량은 오히려 증가하고 있다고 한다. 영국의 경우 2001년에 1억 6천 2백만 책이 판매되었는데, 2010년에는 2억 2천 9백만 책이 판매되었다고 한다. 엄청나게 증가한 숫자다. 아마도 몇 십 년 후에는 전 세계의 책이 디지털 북으로 대체될지도 모르지만 당분간은 전례 없이 엄청난 량의 책들이 출판되어 도서관에 들어올 것으로 예측되고 있다.[14]

사실 출판과 도서관은 '원인과 결과'의 관계에 있다. 출판이 아니면 도서관이 성립할 수 없기 때문이다. 필사 시대에는 출판이 없었어도 도서관이 존재했지만 도서관의 수가 매우 적었다. 하지만 출판이 활성화된 이후에, 그리고 교육문화가 발달한 현대사회에서는 세계 각국의 교육문화제도의 발전 및 정책지원에 힘입어 도서관의 수도 빠르게 증가하고 있다. 우리나라의 경우 2000년에 공공도서관수는 400곳에 불과했지만 2017년 말에는 1,042곳으로 늘어났다. 또한 학교도서관 수는 2017년 말 현재 11,644곳으로 집계되었다.[15]

....

13) 슐츠 존스 & 오베르그 편, 이종권 · 정영주 역. 2017. 『IFLA 학교도서관 가이드라인 글로벌 응용사례』. 글로벌콘텐츠

14) James W, P. Campbell, Will Pryce. 2013. 『THE Library A WORLD HISTORY』. THE UNIVERSITY OF CHICAGO PRESS. 15쪽.

15) 한국도서관협회. 2018. 『2018 한국도서관연감』. 38~39쪽, 235쪽.

이제 출판계는 계속 좋은 책을 생산하여 도서관과 전 시민에게 널리 보급하고, 도서관은 각 종류별 도서관에 적합한 장서를 개발하고 교육과 연구에 제공함으로써 도서관의 본질적 역할을 충실히 수행해야 한다. 도서관은 도서관의 필수 요소인 장서, 건물, 사서, 교육 프로그램을 충실히 개발하여 모든 시민들의 요구에 부합하는 도서관을 경영해야 한다. 전국의 학교마다 학교도서관을 확충하고 사서교사를 배치하여 학교도서관에서 다양하고 폭 넓은 수업을 할 수 있도록 지원해야 한다. 공공도서관은 친근한 시민문화생활의 광장이 되도록 쾌적한 건물, 참신한 장서, 충실한 평생교육프로그램을 언제나 새롭게 실행해야 한다. 이 모든 활동에는 책이 필요하다. 학교와 도서관의 교육문화 창달을 위해서는 언제나 출판문화의 창달이 선행되어야 한다.

참고문헌

1. 안재원. 「인문학을 만든 고전들」(서울대 평생교육원 강의자료).
2. 최정태. 2011. 『지상의 위대한 도서관』. 한길사. 26쪽.
3. 스기야 이끼고 저. 이진영·이기숙 역. 2004. 『미래를 만드는 도서관』. 지식여행. 18쪽.
4. 쿤즈 & 구빈 편. 장혜란 역. 2011. 『IFLA 공공도서관서비스 가이드라인』. 한국도서관협회.
5. 페기 존슨 저. 이종권·노동조 역. 2012. 『장서개발관리론』. 문현. 33~41쪽.
6. 슐츠 존스 & 오베르그 편. 이종권·정영주 역. 2017. 『IFLA 학교도서관 가이드라인』. 글로벌콘텐츠.
7. 슐츠 존스 & 오베르그 편. 이종권·정영주 역. 2017. 『IFLA 학교도서관 가이드라인 글로벌 응용사례』. 글로벌콘텐츠.
8. James W, P. Campbell, Will pryce. 2013. 『The Library A WORLD HISTORY』. THE UNIVERSITY OF CHICAGO PRESS. p.15.
9. 한국도서관협회. 2018. 『2018 한국도서관연감』. 38~39쪽, 235쪽.

제**7**장

도서관 정책칼럼

1. '인물금人物金'의 조화調和

"경영은 '인人물物금金'을 조화롭게 관리하는 것이다." 대학시절 경영학 원론 수업시간에 교수님으로부터 들은 이야기다. 그 교수님은 경영의 요 체를 인人, 물物, 금金으로 요약 제시하시면서 여기에 부연설명을 하고 강 의를 마무리하셨다. 오래전의 일이지만 그 수업은 경영이란 무엇인가에 대해 나에게, 적어도 나에게만은 명쾌한 마인드를 심어주신 것 같다. 그 때는 사회경험이 적어 그 의미를 속속들이 체감하지 못했지만 그 후 회 사생활을 하면서, 그리고 도서관 경영에 대하여 공부하면서 '인물금의 조화'가 얼마나 중요한지를 뼈저리게 느끼게 되었다.

'인물금'은 문자 그대로 '사람Man', '물자Material', '자금Money'이다. 인간의 모든 생활은 사람과 물자와 돈 없이는 성립되지 않는다. 이 셋 가운데 어느 것이 가장 중요한가의 문제는 사람마다 생각이 다를 것이다. 그러나 요즘 사람들이 가장 중요시하는 것은 역시 돈인 것 같다. 누구나 돈을 좋아하고, 돈을 벌려고 안간힘을 쓴다. 돈이면 무엇이든 다 해결할 수 있다고들 이구동성으로 말한다. 물자는 돈의 연장이라고 여긴다. 돈으로 집을 짓고, 책을 사며, 컴퓨터를 산다.

그러나 잘 생각해보면 물자는 돈과 본질적으로 다르다. 돈으로 살 수 있는 물자들이 많지만 아직 발견 또는 발명되지 않아 돈으로 살 수 없는 새로운 물건들도 무한히 잠재되어 있다. 돈은 금붙이나 종이에 그 값어치를 숫자로 매겨 놓은 교환 수단으로 그 자체가 재료로 사용될 수는 없다. 그러나 물자는 그 자체에 내재된 저마다의 직접적인 용도와 역할이 있기 때문에 돈과는 본질적으로 다르다고 할 수 있다.

사람은 어떤가? "사람이 중요한가, 돈이 중요한가?, 사람이 중요한가, 물자가 중요한가?"와 같은 가치론적 '우문愚問'을 던지려는 게 아니다. 그러한 우문에 대해서는 사람이라면 누구나 '현답賢答'을 알고 있기 때문이다. 그러나 "경영에서 사람이 왜 중요한가? 그리고 어떤 사람이 중요한가?"라고 질문한다면, 명쾌한 답을 내 놓기가 쉽지 않을 것이다. 이는 경영의 본질에 관한 질문으로써 저마다 인간과 경영에 대한 다소의 이론과 실제를 통찰해보아야 알 수 있기 때문이다.

이제 도서관 경영으로 들어가 보면, 도서관에도 사람과 물자와 자금이 지속적으로 적절히 조달되어야 하고, 이 요소들이 조화롭게 융합되어 돌아가야 한다. 사람은 물자와 자금을 운용하는 주체다. 경영자는 건물, 자료, 비품, 그리고 서비스를 최적화하기 위해 기획, 조정, 통제하는 구심점이다. 전문 직원들은 경영자의 지휘 아래 정보자료를 매개로 하여 과거와 현재, 고객과 고객을 소통시키는 '인간적 도서관'의 주체이다.

요즘 도서관이 양적으로 팽창되고 있다. 지방자치단체들도 앞 다투어 도서관을 짓고 있고, 독지가들의 관심도 높아지고 있다. 그러나 많은 단체들이 물자와 돈에 신경을 쓰면서도 정작 중요한 전문 인력에 대해서는 주의를 기울이지 않는 것 같다. 사서들을 엉뚱한 자리로 전보하는가 하면, 고객 서비스 현장에 전문 인력 대신 임시 인력을 배치하는 사례가 비일비재하다. 도서관의 수가 절대적으로 부족한 우리나라에서 도서관이 늘어나는 것은 매우 바람직한 일이다. 그러나 어떤 도서관이든 처음 문을 열 때부터 '인, 물, 금'의 조화를 이룰 수 있도록 보장해 주는 도서관 정책이 절실히 필요하다. '인, 물, 금'이 조화롭게 운행되지 않는 도서관은 '짝퉁'도서관이 될 수밖에 없기 때문이다.

2. 서서들의 전문성과 인간성

사서직의 전문성향상에 대한 논의는 수십 년 전부터 있어왔다. 사서 자격 취득요건은 법령으로 정해져 있지만, 과연 무엇이 전문성이고 어떻게 해야 그 전문성을 향상시킬 수 있는지에 대해서는 뚜렷한 해법이 나오지 않고 있다. 혹 어떤 방안이 제시되더라도 연구는 연구로서만 끝날 뿐 대학의 문헌정보학 교과과정에 반영되지 못하고, 제도적으로도 아무런 반응이 없는 것이 우리의 현실인 것 같다.

필자는 대학에서 '정보서비스론' 수업을 진행할 때마다 과제물로 현장 체험기를 써내게 한다. 도서관 서비스 현장을 직접 경험해 보고 본인이 사서라면 어떻게 할 것인지를 생각해보라는 뜻에서이다. 그런데 학생들은 십중팔구 본인이 체험한 도서관의 서비스가 별로 만족스럽지 못하다는 보고서를 낸다. 사서들은 대부분 이용자와 격리된 사무실에서 근무하기 때문에 만나기 어렵고, 운 좋게 만나서 질문이라도 하면 귀찮아하고, 어떤 경우는 "학생이 그런 걸 왜 물어보느냐"고 핀잔을 주기도 한다는 것이다. 물론 사서 인력이 부족하고 내부 업무처리에 바빠서 그렇다고 해도 사서들의 불친절은 도서관의 이미지와 신인도를 격하시키는 자해 행위나 다름이 없다. 정보서비스의 기본은 '인간적 도움'이라고 수없이 배운 사람들이 현장에 가면 왜 그렇게 변하는지 안타깝기만 하다.

사서의 전문성 문제는 두 가지로 생각할 수 있을 것 같다. 첫째는 '문헌정보학적' 전문성이다. 이는 대학에서 문헌정보학을 이수하면 습득할 수 있는 기본적 능력이라 할 수 있다. 문헌정보학은 복합 학문적 성격이 짙기 때문에 문헌정보와 지식정보를 다루는 광범한 지식과 기술을 배우고 익혀야 한다. 그런데 중요한 것은 강의실 수업으로 그치는 수험용 학습보다는 도서관 현장의 체험을 통하여 도서관 서비스를 피부로 느끼는 공부가 더 중요하다고 본다. 문헌정보학의 이론과 실무를 체계적으로 연마하면서 인간으로서 인간을 대하는 예절과 태도 등 실천적 인간관계교육을 강화해야 한다고 본다.

둘째는 주제전문성이라 할 수 있다. 주제전문성은 문자 그대로 주제에 대한 지식을 말한다. 큰 주제로서의 인문학, 사회과학, 자연과학, 그리고 보다 세분된 분야에서 철학, 문학, 역사학, 예술학, 경영학, 법률학, 의학, 농학, 또는 대상 고객별로 어린이 청소년 전문, 실버전문, 다문화전문 등으로 대학 문헌정보학과에서는 다루지 못하는 주제 분야를 사서들이 선택하여 스스로 전문성을 연마해야 한다는 것이다. 사서들은 "사서 고생한다"는 말이 나올 정도로 고생을 한다. 이는 일을 찾아서 할 때만 그렇다. 사서들이 주제전문성을 높이려면 평생 공부하지 않으면 안 된다. 흔히 "사서들은 책을 많이 만지기는 하지만 책을 읽지는 않는다."고 한다. 사서가 책을 읽지 않는 한 주제전문성은 높아질 수 없다. 독서지도를 해야 할 사서들이 책을 읽지 않고 어떻게 독서지도를 할 수 있을까?

제도적인 문제를 떠나서 보면, 사서가 전문성을 제고하는 방법은 간단하다. 우선 문헌정보학적 지식과 기술의 바탕위에서 따뜻하고 원숙한 인간관계 기술을 연마하고, 부지런히 책을 읽고 글을 쓰면 된다. 나아가 사서는 도서관이라는 '우리'에만 머물지 말고, 도서관 밖의 보다 넓은 세상을 보아야 한다. 그래야만 전문성을 인정받을 수 있고 도서관을 사회 속으로 통합시킬 수 있다.

3. 도서관의 '공부방' 딜레마dilemma

우리 사회도 도서관에 대한 인식이 변화되고 있다. "도서관은 공부하는 곳이다." "도서관은 조용한 곳이다." 이러한 전통적 인식들이 2000년대 이후 조금씩 바뀌고 있다. 이는 그동안 도서관계에서 대다수 도서관들이 주로 수험생들의 공부방으로 이용되는 현실을 개선하고, 도서관을 진정한 시민문화공간으로 육성하고자 노력해온 결과라고 생각된다. 또한 민간 어린이도서관이 늘어나면서 도서관을 공부하는 공간이 아니라 책을 가지고 노는 장소, 책과 친해지는 장소, 책을 활용하여 재미있는 프로그램을 실행하는 장소로 운영하고 있는 것도 도서관에 대한 인식변화에 영향을 주고 있다.

그러나 아직도 대다수 시민들은 도서관이 공부방의 역할을 해주기를 바라고 있는 것 같다. 도서관의 목적, 특히 공공도서관의 목적은 도서관의 소장 자료를 이용하여 시민들의 자발적 평생학습을 돕고, 여가활동을 통한 교양 증진과 문화적 수준을 높이도록 도와주는 데 있다는 것을 시민들이 이해 못하는 것은 아니다. 그러나 보다 현실적인 문제는 학생들과 수험생들의 공부가 더 중요하다고 생각하는 것이다. 그래서 도서관들이 열람실을 없애거나 줄이려고 하면 이용자들의 불만이 일어나고 나아가 시민들의 반대에 부딪치는 것이다.

그런데 한발 물러서서 도서관은 '사회적 산물'이며, '사회적 존재'라는 큰 틀에서 보면 도서관은 사회적 요구를 무시할 수 없고, 무시해서도 안 된다는 점을 발견할 수 있다. 사회적 요구는 다양하기 마련이지만 그 다양한 요구 가운데서도 가장 많은 요구를 무시해 버린다면 도서관이 사회적 존재로서의 역할을 다하지 못하는 결과가 되기 때문이다. 그래서 도서관들은 여러 가지 대안을 생각하고 고민하지 않을 수 없다. 도서관의 목적과 본질은 확실히 유지하면서도 다양한 사회적 요구를 포용할 수 있는 방안을 모색하는 것이 이 문제를 풀어가는 지름길이라고 생각된다.

필자는 가까운 도서관을 자주 이용한다. 자료를 찾아보기 위해서, 원고를 쓰기 위해서, 또는 번역을 하기 위해서 등 이용 목적은 그때마다 다르지만, 늘 불편을 느끼는 것은 도서관에서는 나의 자료와 도서관자료를 함께 이용할 수 있는 쾌적한 공간이 없다는 것이다. 자료실에는 내 책을 가지고 들어갈 수 없어 결국 열람실을 이용하게 되는데, 열람실에는 도서관 자료가 없어 불편하다. 결국 자료실에서 책을 대출받아 열람실에서 볼 수밖에 없다. 도서관은 도서관자료를 이용하는 곳인데 이를 이용할 편리한 공간이 없으니 자가당착自家撞着인 것 같다.

사서들은 다른 도서관들을 좀 이용해볼 필요가 있다. 직접 이용을 해보면 무엇이 불편한지를 느낄 수 있다. 필자가 사서로서 도서관들을 이용해본 결과 우리의 현실에서는 도서관은 조용한 공간도 필요하고, 조금 시끄러운 공간도 필요하다. 도서관은 이용자들의 연령대에 알맞은 자료와 공간을 편리하게 제공해야 한다. 사서들이 배워왔던 랑가나단 선생의 도서관 철학을 현재 어떻게 구현하고 있는지도 가끔은 생각해보아야 한다. 사실 공부방 문제는 어쩌면 논란의 대상이 아닐 수도 있다.

결론적으로 말하자면 도서관들이 공부방을 없애려 할 것이 아니라 공부하러 오는 이용자들에게 더욱 공부를 잘 할 수 있는 자료와 환경을 제공하는 것이 도서관에 대한 사회적 요구에 부합하는 길이 아닐는지? 도서관들이 인력 부족, 운영시간 연장문제 등 예산과 연관되는 난제들이 맞물려 있어 어렵겠지만 그들의 고객인 이용자를 배려한다면 열람실과 자료실을 통합 운영하는 것이 가장 바람직한 방법이라고 생각된다.

4. 도서관과 평생교육, 그 이상과 현실

도서관은 본래 교육을 위해 태어났다. 대학도서관, 학교도서관이 교육기관에 속해 있는 것만 보아도 도서관은 '교육용'이라는 것을 알 수 있다. 전문도서관은 교육을 넘어선 '연구용'이다. 공공도서관은 어떤가? 19세기에 영미에서 탄생한 공공도서관은 시민의 문맹퇴치와 공교육의 지원을 주요 사명으로 삼았다. 유네스코공공도서관선언과 IFLA공공도서관 가이드라인은 공공도서관이 시민을 위한 평생교육기관임을 강조하고 있다. 학교도서관과 대학도서관이 각기 해당 학교의 교육과정을 지원한다면, 공공도서관은 모든 시민들이 자발적으로 정보자료를 이용하여 평생학습할 수 있도록 지원하는 교육과 문화의 기반infra인 것이다.

한편 평생교육은 20세기 말에 세계적으로 체계화되기 시작했다. 유네스코는 1970년 평생교육을 정책목표로 삼고 이를 세계적으로 확산하는 노력을 전개해왔다. 평생교육은 시간적으로는 인간이 살아가는 전 생애life-long에 걸쳐서, 공간적으로는 인간이 살고 있는 모든 장소life-wide에 걸쳐서 이루어지는 모든 교육 및 학습활동이라고 할 수 있다. 이러한 평생교육 사상은 도서관의 사상과 일치한다. 도서관이 각계각층 모든 사람들의 자발적 학습을 지원하는 것은 곧 평생교육을 지원하는 것과 같다.

그런데 지금까지 우리나라의 평생교육은 도서관의 사명과 평생교육의 보편적 이상에 비추어 볼 때 그 효율과 효과를 제대로 발휘하지 못하고 있는 것 같다. 도서관은 문화프로그램이라는 이름으로 여러 가지 강좌를 늘려가고 있으나 비체계적 단발성 프로그램에 그치는 경우가 많고, 평생교육기관의 프로그램 역시 지역 평생학습센터나 대학 부설 평생교육원 등에서 인기위주의 강좌들을 진행하는데 그치고 있어 평생교육의 이상을 실현하기에는 역부족인 상태에 있다. 특히 사립대학의 평생교육 프로그램은 수강료 수입을 위해 존재하는 것 같은 인상을 준다.

이렇게 우리나라에서 도서관과 평생교육이 본래의 이상과 동떨어지게 진행되는 원인은 도서관과 평생교육을 관할하는 법률과 정책부서가 다르다는 데 있다. 도서관법과 평생교육법은 서로 호응관계에 있지 않으며, 따라서 평생교육관련 정책부서인 교육부가 도서관의 평생교육을 지원하는 데는 한계가 있다. 또한 정부와 지방자치단체에 도서관과는 별도의 평생교육 조직과 인력 그리고 시설을 운영하고 있어 같은 목적을 추구하는 도서관과 평생교육기관이 시너지를 내지 못하고 있다. 따라서 도서관은 도서관대로 평생교육은 평생교육대로 다른 길을 가고 있다.

수레바퀴는 두 개라야 균형을 유지하며 굴러갈 수 있다. 자동차처럼 바퀴가 네 개라면 더욱 안정적이다. 우리나라 평생교육은 이상적으로 도서관과 평생교육기관이라는 수레의 두 바퀴를 가지고 있다. 그러나 현실적으로는 이러한 두 바퀴가 같은 축으로 연결 되지 못하여 각자가 마치 모노 사이클처럼 불안정한 상태로 비틀거리고 있다. 도서관과 평생교육이 체계적인 안정을 찾고 그 이상을 실현하기 위해서는 정책부서의 조직과 인력, 예산을 국가적 차원에서 통합적으로 경영해야 한다고 본다. 교육청산하 도서관과 지방자치단체 산하 도서관의 정책부서 일원화가 어려운 만큼이나 평생교육의 도서관 통합도 어려운 일이기는 하다. 향후에는 이러한 사회 요소요소에 존재하는 부서 이기주의를 불식하고 교육과 문화의 시너지를 극대화하는 정부가 탄생하기를 기원해본다.

5. 인간적 도서관의 꿈

우리들은 대체로 낯선 사람들과의 인사에 매우 인색하다. 늙으나 젊으나 낯선 사람들에게는 말 붙이기를 꺼린다. 낯선 사람이 다가와서 말을 붙이는 것은 어색하고 두렵기까지 하다. 같은 아파트 엘리베이터에서도 잘 모르는 사람을 만나면 외면하고 침묵하는 게 보통이다. 말을 붙이는 것이 실례되는 것처럼 느껴지기도 한다.

그러나 인간관계란 문자 그대로 사람들 사이의 의존 관계이기에 사람을 피하면 인간관계가 성립되지 않는다. 사람은 사람을 대할 때 인간人間이 된다. 사람들을 도와주고 사람들로부터 도움을 받으며 살아가는 사회가 인간사회다. 도서관도 마찬가지다. 도서관에서의 인간관계는 직원들 간의 인간관계와 직원들과 고객들, 고객들과 고객들과의 인간관계가 있다. 이 모든 인간관계는 인사로부터 시작된다.

직원들은 아침 출근 때부터 먼저 보는 사람이 반가운 인사를 건네야 한다. "관장님 안녕하세요?", "000씨, 좋은 아침." 등으로 한마디 미소 띤 인사를 나누는 것은 그 직원과 그날의 상쾌한 출발을 약속하는 것이다. 직원이나 관장이나 거리가 멀다는 핑계로 못 본 척하고 슬쩍 자리에 앉아 컴퓨터부터 켠다면 그날의 기분은 한참동안 어색할 것이다.

도서관에 오는 고객들에게는 직원들이 먼저 다가가 반갑게 인사해야
한다. 직원들이 고객보다 높은 자리에 있다고 생각하고 먼저 인사를 받
으려 하면 곤란하다. 직원은 공복civil service이고 고객은 손님customer이
다. 직원들은 고객이 있기 때문에 도서관이라는 직장이 있다. 따라서 고
객을 은인으로 대해야 한다. 직원들은 고객의 연령에 관계없이 어린이에
게든 노인에게든 먼저 적절한 인사를 건네야 한다.

업무에 들어가면 대부분 딱딱한 관공서 분위기로 바뀐다. 도서관도 공
식조직이므로 상하간 위계질서 유지를 위해 어느 정도의 공식적 분위기
는 필수적이지만 이는 내부직원에게만 해당되는 이야기다. 외부 고객에
게는 공식적이고 딱딱한 지시적 분위기 대신 언제나 인간적이고 협조적
인 분위기를 느끼게 해야 한다.

회원자격제한, 불필요한 서류요구, 사물함관리, 이용시간과 절차에 대
한 규제는 최소화해야 한다. 회원자격은 그 지역사회의 행정단위에 거주
하는 주민, 대학의 경우에는 해당 대학의 구성원에 국한하는 경우가 대
부분이다. 그러나 최대의 도서관서비스를 위해 회원자격에 지역제한을
두지 않는 것이 '국민고객'에 대한 예절이다. 회원증을 발급할 때 주민등
록등본 제출을 요구하는 도서관이 있는데 이 경우 서류를 요구하기보다
는 확인될만한 신분증으로 갈음하는 것이 고객 불편을 덜어주는 방법이
다.

대부분의 도서관은 대출기간이 짧고, 1회 대출 책 수도 너무 적다. 대
출기간은 2주, 대출 책 수는 1인당 3권~5권 정도가 보통인데 이는 고객

의 이용시간을 통제하여 기간 내 읽도록 독촉하는 효과는 있을 수 있지만, 독자로서는 '어' 하다보면 1주일, 2주일은 금방 지나간다. 따라서 다 읽지도 못하고 반납하는 경우가 허다하며, 며칠이라도 연체되는 경우에는 반납하고 바로 대출받을 수도 없어 불편하다. 지연반납에 대한 벌칙도 지나친 경우가 많아 고객의 기분을 언짢게 한다.

고객의 입장에서 보면 아직 도서관은 너무 인색하다. 어느 도서관이든 그들이 내건 서비스헌장을 구현하려 한다면 경직된 업무관행을 끊임없이 개선하는 노력이 필요하다. 인사에 인색한 직원들을 위해 아침마다 공개적 인사시간을 마련하는 것도 좋을 것 같다. 직원들에 대한 서비스 친절 교육도 지속적으로 실시할 필요가 있다.

6. 도서관과 책의 위상, 그리고 '책 방송'

"책은 이용하기 위한 것이다", "모든 책을 독자에게로" 1930년대 인도의 도서관학 석학 랑가나단S. R. Ranganathan 선생의 도서관학 5법칙에 나오는 중요한 법칙이다. 이러한 어떻게 보면 당연하고도 '촌스러운' 법칙을 모르는 사서들은 없을 것이다. 그런데 우리의 도서관 현실을 들여다보면 과연 이 법칙들을 얼마나 실현하고 있는지 의심스러울 때가 많다. 누구나 다 알고 있는 평범하고도 당연한 말씀인데, 현실에서는 잘 실천되는 것 같지 않으니 알다가도 모를 일이다.

필자는 서울대학교 평생교육원의 "앵커처럼 말하기" 프로그램에 한

학기 동안 수강생으로 참여한 적이 있다. 그 프로그램을 진행한 조수빈 아나운서는 매주 좋은 책 한 권씩을 추천하여 수강생들에게 읽을 것을 권했고, 가능하면 읽은 책을 간단히 소개하는 시간을 갖자고 제안했다. 그러나 그 의도는 잘 실현되지 못했다. 수강생들 중에는 "추천한 책을 보니 맨 뻔한 얘기만 써 있더라"는 반응도 나왔다. 이에 조 아나운서는 "뻔한 것이 중요한 것 아니냐"고 반문했다. "뻔한 것을 실천하는 것이 중요하다"는 일침이었다.

이러한 에피소드를 보면서 필자는 속으로 "과연 뻔한 것이 중요한 거지"하고 맞장구를 쳤다. '평범 속에 비범이 있다'는 말과 같이, 진리는 먼 곳에 있는 것 같지 않다. 수없이 들었던 '촌스러운' 말들이 바로 진리이며, 이러한 말씀은 실천을 통해서 빛을 발하게 된다. 모든 책은 이용하기 위해 존재하며, 모든 책을 독자에게 제공해야 한다는 평범한 진리의 말씀을 제대로 실천할 때 도서관은 빛을 발할 수 있다. 폐가제에서 개가제로 바꾼 것은 이러한 진리를 부분적으로 실천한 것이라고 볼 수 있다. 하지만 아직도 많은 책들은 접근이 불편한 폐가 서고에 들어 있고, 어떤 도서관은 책을 장식품처럼 '높아도 너무 높은' 서가에 진열해 놓은 경우도 있어 개가제의 의도를 무색하게 한다.

책은 장식품이 될 때 위상이 낮아진다. 북 카페에 무질서하게 꽂혀 있는 책들, 쇼윈도에 안경 받침대로 책을 펼쳐놓은 모습은 일반인에게는 멋있게 보일지 모르나 책과 도서관을 사랑하는 사람들의 눈에는 곱게 보이지 않는다. 북 카페의 원래 의도가 커피와 경양식을 판매하는 수익사업에 있다고 해도, 책book이라는 이름을 걸고 영업을 할 경우에는 고객들이 책을 잘 이용할 수 있도록 수서, 정리, 북토크 등 도서관의 기본 서비스를 실시하는 것이 책의 가치를 존중하는 길이다.

도서관 진리의 실천은 중앙의 정책 문제만은 아니다. 전국에 산재되어 있는 모든 도서관의 관장님들, 사서 및 직원님들, 책을 이용하여 영업을 하고 있는 북 카페 업주님들, 주민 센터 마을문고의 책을 관리하는 공무원님들, 자원봉사자들, 나아가 모든 시민 여러분들이 책과 도서관에 대한 올바른 인식과 정책 마인드를 가져야만 평범한 진리가 실현될 수 있다고 본다.

어려운 일이기는 하다. 일이 공동의 책임일 때는 누구의 책임도 아니게 되기 때문이다. 그래서 모든 사람의 인식전환은 매우 어렵고, 컨센서스의 형성도 매우 어렵다. 그러나 어려운 일을 푸는 방법이 없는 것은 아니다. 그 방법 중 하나가 바로 도서관 마케팅이다. 도서관이 다양한 마케팅 채널을 개발하여 날마다 시민과 소통하는 것이 최상이라고 생각된다. 그런 면에서 최근 출판계와 도서관계의 협력 사업으로 시도되고 있는 '책방송'설립 추진은 매우 고무적인 뉴스로 다가온다. (하지만 후에 들으니 재정지원이 없어 책방송 프로젝트는 추진되지 못했다고 한다.)

7. 실사구시實事求是의 도서관

헨리 데이비드 소로우의 책 『월든』에는 독서에 대한 명언이 들어 있다. 그 가운데 나에게 감명을 준 구절은 "때때로 터져 나오는 웅변가의 열변이 아무리 훌륭하더라도 글자로 기록된 가장 고귀한 말들은 일시적인 구어口語보다는 훨씬 높은 차원에 있다."(120쪽)와 "자장가를 듣듯이 심심풀이로 하는 독서는 우리의 지적 기능들을 잠재우는 독서이며, 따라서 참다운 독서라고 할 수 없다. 발돋움하고 서듯이 하는 독서, 우리가 가장 또릿또릿하게 깨어 있는 시간들을 바치는 독서만이 참다운 독서다."(123쪽)이다.

이 글을 읽어보니 나 자신 얼마나 참다운 독서를 해왔는지 뜨끔해졌다. 우리 주위엔 독서를 권장하는 사람들이 많이 있다. 학부모님을 위시하여 선생님, 교수님, 그리고 우리 사서님들. 여기엔 필자 자신도 분명 포함되어 있다. 그런데 책 읽기를 날마다 권장하고 있는 여러 선생님들은 얼마나 참다운 독서를 실천하고 계시는지, 도서관 이용자들에게 어떤 책이 왜 좋은지 소상하게 북토크라도 하고 계시는지, 생각해보니 나 자신 부끄러움이 앞을 가렸다.

그리고 다시 도서관의 사회적 역할을 생각해 보았다. 당연한 말이겠지만 도서관의 역할은 사회 각계각층이 내실 있게 책을 읽을 수 있도록 쾌적한 환경을 제공하는 것이다. 나아가 사서들은 고객들에게 좋은 책의 내용을 소상하게 안내함으로써 그들의 역할을 충실히 수행할 수 있다는 생각이다. 그러나 이 당연한 말이 보편적으로 잘 실천되지 않는 이유는 무엇일까? 사서들은 날마다 책을 만지며 살고 있다. 그런데 대부분은 어루만지고만 있다. 정리하느라고, 분류하느라고, 대출 반납하느라고. 그래서 고객의 눈에 비치는 사서들의 모습은 '책 정리하는 사람', 한가하게 '책이나 보는 사람' 등으로 각인되어 있는지 모른다.

그러나 만일 사서들이 각기 주제전문성에 따라 책을 꼼꼼히 읽고, 서평을 쓰고, 북토크를 실행하는 프로그램을 운영한다면 이야기가 달라질 것이다. 사서들이 실력이 있다는 평가도 이런 내실 있는 프로그램을 꾸준히 실천할 때 쌓일 수 있다고 본다. 흔히 책 소개 또는 문사철文史哲 프로그램 등은 저자 또는 해당 분야 전문가나 교수를 초청해서 강의를 듣게 하는 경우가 많다. 그런데 이러한 일의 일부를 사서선생님들이 할 수 있다면 얼마나 좋을까?

필자는 대학에서 독서지도론이나 장서개발론 수업을 맡으면 언제나 서평 과제를 부과한다. 본인의 주제전공이나 선호에 따라 5권의 책을 선정하여 서평을 쓰게 하고, 이를 북토크할 수 있도록 준비하여 발표까지 시킨다. 그리고 도서관에서 근무할 때 이러한 북토크 프로그램을 체계적으로 실행해 볼 것을 권장한다. 덕분에 필자는 예비 사서들이 쓴 많은 서평을 읽어보는 행운을 누리고 있다.

도서관이 현대 문명사회에서 '실사구시'의 역할을 다하기 위해서는 도서관 스스로 '시민의 대학'이라는 사명을 확고히 실행해야 한다. 사서들은 스스로 '시민의 교사'라는 자부심을 가지고 실질적으로도 '시민의 교사'가 되도록 노력해야 한다. 도서관의 위상, 사서직의 위상이 낮다고, 그리고 이 모든 문제가 제도적인 요인에서 비롯된다고만 탓할 것이 아니라 우리 스스로 도서관과 사서의 위상을 제고하는 실천적인 노력을 기울일 필요가 있다.

도서관의 역사와 철학은 '사서는 교육을 받은 자', '사서는 교육자'라야 한다는 것을 우리에게 일깨워주고 있다. 오늘의 도서관들도 그 뿌리와 정신을 역사와 철학에서 찾을 때 도서관이 진정 '실사구시의 도서관'으로서 그 위상을 높일 수 있다고 본다.

8. 정부에 바라는 도서관 정책

도서관은 아직도 그늘인가

금년 2월에 출범할 새 정부의 도서관에 대한 정책이 무엇인지 궁금하여 인터넷에 있는 새누리당 대선공약을 살펴보았다. 그러나 공약집에는 도서관이라는 말이 단 한 줄도 보이지 않았다. 우리나라에 각종 도서관이 교육과 사회문화의 인프라로서 이미 자리매김이 되어 있다면 공약에서 굳이 언급할 필요가 없을 것이다. 그러나 우리나라의 도서관은 아직 도서관의 본질적 기능과 사회적 역할을 다하고 있다고 보기는 어렵기 때문에 공약을 훑어본 후 필자는 대학입시에 낙방한 것만큼이나 씁쓸한 허전함이 가슴에 남았다.

도서관의 본질적 목적은

알려진 바와 같이 도서관의 본질적 목적은 공식교육의 보완과 평생교육의 진작, 그리고 정보문화 발전의 기반으로서 시민사회에 교육과 문화의 장을 충분하게 제공하는 데 있다. 도서관은 책과 정보자료를 각기 그 도서관의 목적에 알맞게 개발 보존하면서 각종 프로그램을 통하여 시민 모두에게 세계문화를 체험적으로 제공해야 한다. 그런데 이 목적이 너무나 거창해서인지 우리 도서관들은 아직 역부족이다. 인력과 예산이 체계적으로 운영되지 않아 사서들은 임시직, 비정규직, 계약직 등 저임금과 고용불안에 내몰리고 있다. 건물과 시설도 임시방편적이어서 열악하기 짝이 없는 도서관이 많다. 일전에 SBS에서 "사라지는 공공도서 100만 권 어디에?"라는 보도가 있었다. 이 기사는 서울 교육청 산하 22곳에서 최근 5년 동안 150만 권의 책을 구입했는데 실제 소장도서는 43만 권에 불과하다고 했다. 어떤 폐기기준에서 100만 권이 폐기되었는지는 알 수 없지만 이는 보존 서고 등 시설의 빈약과 국가적인 도서관의 보존정책 빈곤이 낳은 결과가 아닌가 싶다.

도서관 안팎의 관료주의 몰아내야

도서관은 언제나 주역이 아닌 보조역에 머물러 있다. 도서관의 주인은 국민이라고 하지만 실제로는 도서관의 정책과 예산을 좌우하는 정부 부처와 모 기관이 배후에 존재하면서 도서관을 보호하기도 하고 도서관을 격하시키기도 한다. 그래서 정부가 바뀔 때마다 또는 장관이나 상위부서가 바뀔 때마다 도서관은 그들의 정책 마인드에 따라 좌우된다. 도서관도 관료주의의 지배하에 있기 때문에 관료주의의 역기능을 그대로 떠안고 있는 셈이다. 그러나 국민에게 제대로 된 도서관을 돌려주려 한다면 도서관의 외부와 내부의 관료주의는 이제 거두어들여야 한다. 도서관의 정책은 국가의 중요한 교육문화정책이다. 교육과 문화정책은 정부가 바뀔 때마다 개선되고 강화되는 것이 바람직하다. 이런 의미에서 우리 정부 수립 이후 60여 년간 이루지 못하고 있는 도서관정책부서의 통일도 새 정부에서 해결해 주었으면 좋겠다. 문화체육관광부든 교육부든 국가 전체의 도서관 정책이 일관성을 가지고 추진될 수 있도록 방향을 잡아주어야 한다.

도서관을 사서와 시민에게 돌려줘야

도관은 결국 시민을 위한 것이다. 따라서 모든 도서관을 시민에게 돌려주어야 한다. 도서관의 경영과 시민 서비스는 전문성을 갖춘 사서에게 돌려주어야 한다. 정부는 일관성 있는 도서관 정책 방향을 제시하고 도서관의 시설을 쾌적하게 유지하며, 자료는 충분히 개발 보존하고, 프로그램은 균형 있게 개발 실행할 수 있도록 정규직 전문 인력과 예산을 좀 더 지원해야 한다. 전국의 모든 도서관은 전국구도서관으로서 지역을 초월하여 모든 국민에게 서비스를 개방해야 한다. 새 정부는 더 이상 파행적 도서관, 본질을 모르는 도서관이 나오지 않도록 정책 방향을 잘 잡아주시길 희망한다.

9. 도서관장 보임의 '이론'과 '실제'

도서관장을 누가 담당하는 것이 좋은가?

이러한 질문은 단적으로 우문愚問에 속한다. 이는 초·중·고등학교의 교장은 누가 담당하고, 대학의 총장은 누가 맡아야 하는지, 법원장은 누가, 검찰청장은 누가 맡아야 하는지 등과 동일한 종류의 물음이기 때문이다. 두말할 것도 없이 학교장은 교사가 승진하여 맡고, 대학 총장은 교수가, 법원장은 판사, 검찰청장은 검사가 승진하여 각기 그 전문성에 따라 해당 기관을 경영한다. 그리고 여기에 이의를 제기하는 사람은 아무도 없다. 그런데 이상하게도 도서관장 자리로 오면 사정이 달라져서 위와 같은 당연한 논리와 상식이 통하지 않는다.

따로 노는 법과 현실

도서관법 제30조 1항에는 "공립 공공도서관의 관장은 사서직으로 임명한다"라고 되어 있다. 위와 같은 당연한 상식이 현실적으로 잘 실현되지 않기 때문에 법으로 정하지 않아도 될 것을 법으로까지 정하고 있는 것이다. 이 조항을 신설할 당시 입법연구자들 사이에 수많은 토론과 논란의 과정을 거쳤을 것이고, 굳이 이런 문제까지 법률로 정해야 하는지에 대한 반대의견도 만만하지 않았을 것이다. 그러나 사서직과 도서관의 전문성을 확립하기 위하여 이렇게라도 법률로 정해 놓으면 도서관의 본질 구현을 위한 경영 질서가 잡히게 될 것이라는 희망이 투영된 조항이라고 생각된다. 그러나 법조항의 표현은 매우 엉거주춤하다.

그런데 이 법조항은 신설된 지 10년이 다 되어가지만 아직도 잘 지켜지지 않는다. 필자는 어느 지역에서 분기 1회 개최되는 공공도서관장 협의회에 참석한 경험이 여러 번 있었다. 그런데 협의회에 참석하는 공립 공공도서관장들이 사서인 경우는 극히 드물었다. 공립 공공도서관장의 십중팔구는 사서자격이 없는 일반직 공무원들이었으며 그 가운데는 퇴직 무렵에 잠시 쉬어가는 한직으로, 지방자치단체장의 배려차원에서 발령을 받은 분도 더러 있었다. 법은 제대로 작동되어야 마땅한데 어찌된 일인지 우리 상황은 법과 현실이 따로 놀고 있다.

사실 도서관관련법들은 강제성이 매우 약하다. 도서관에 관련한 법과 정책은 장려 및 조장정책에 속하기 때문인지 학교나 행정기관들이 도서관법과 정책을 잘 지키지 않아도 아무런 법적 제제를 받지 않는다. 도덕은 자율성, 법은 강제성이 특징이라고들 이야기하지만 법률에 따라서는 선언적 의미 또는 임의 조항이 많아서 해당 기관들에게 하나의 가이드라인은 될지언정 아무런 법적 구속력을 발휘하지 못한다. 위의 "사서직으로 임명한다"는 법 조항은 그 자체의 표현도 애매할 뿐 아니라 사서직으로 임명하지 않으면 어떻게 조처해야 한다는 실천보장규정이 뒤따르지 않는다. 따라서 의무사항도 강제사항도 아니어서 지방자치단체장들이나 기관장들은 "관장은 행정경험이 있어야 한다"면서 사서를 관장으로 임명하지 않는 것을 오히려 당연시여기고 있다.

사서들도 리더십 길러야

법이 있어도 무용지물이니 사서들은 답답하다. 사서들에게 도서관장 보직을 달라는 것은 기본적으로 사서들에게 높은 자리를 보장해 달라는 의미와는 다르다. 적어도 다른 전문기관과 마찬가지로 도서관도 그 본질적 전문성을 유지하고 도서관으로서의 사회적 역할수행에 충실할 수 있도록 보장하기 위한 것이다. 문헌정보학에서 누누이 강조하는 도서관의 역사적 본질과 사서직의 전문성을 현실에서 구현하기 위한 것이다. 우리 사서들도 이러한 도서관의 사회적 역할을 다하기 위해 초임 때부터 스스로 도서관 경영자로서의 리더십을 갖추어 나가야 한다. 사서들이 순종을 넘어서 소통과 융합의 리더십을 철저히 배양해야 한다. 남들이 인정해주지 않더라도, 우선은 공식적인 관장 보직을 받지 못하더라도 사서들은 스스로 '셀프 관장'의 자리를 차지해야 한다.

10. 불기도서관不器圖書館

겨울방학 때 제주도에 잠시 다녀왔다. 직업이 직업인지라 필자는 어딜 가면 꼭 도서관과 박물관을 들러보는 습성이 있다. 그날 역시 관광은 접어두고 한라도서관과 우당도서관 그리고 국립제주박물관을 탐방했다. 그런데 한라도서관을 견학하고 나오니 버스도 택시도 잡을 수가 없었다. 할 수 없이 큰길을 따라 무작정 걸어 나오는데 한 500M쯤 걸었을까, "不器圖書館"이라는 작은 간판이 눈에 들어왔다. 너무 반가워서 그 도서관에 들어가 보았다. 직원이 한명 있었는데 매우 친절했다. 도서관은 작은 규모지만 정리 정돈이 깔끔하게 되어 있었다. 직원에게 불기不器가 무슨 뜻이냐고 물었더니 논어論語에 나오는 군자불기君子不器에서 이름을 얻었노라 했다. 의미가 심장하게 느껴졌다.

不器圖書館이라. 집에 돌아와서 논어論語를 찾아보니 위정편爲政篇 12번째 문장에 "君子不器"라는 말이 있었고 그 뜻은 "군자는 한가지에만 쓰는 그릇이 되어서는 안 된다The accomplished scholar is not a utensil."는 해석이 나왔다(더 클래식 동양고전컬렉션 <논어> 153쪽 및 성백효 역주 <논어집주> 64쪽). 과연 그렇군! 하고 무릎을 쳤다. 군자君子, 즉 인격과 지식이 잘 갖추어진 사람은 한 가지 그릇(틀)에 머물지 않고 열린 마음을 가지고 소통한다는 뜻이라 생각되었다. 요즘 말로 말하면 통섭을 한다는 뜻일 것이다. 따라서 불기도서관은 도서관이라는 기존의 고착화되어 있는 틀에 얽매이지 않아야 좋은 도서관이 될 수 있다는 의미로 다가왔다.

우리들은 알게 모르게 자신의 틀에 얽매여 살고 있는 것 같다. 그래서 보다 넓은 세상과 소통하지 못하고 울타리를 치고 있다. 학자들도 정치인들도 다른 사람의 의견을 포용하고 융합할 줄 모르는 경우가 많은 것 같다. 오래전에 나온 박상균 교수의 『도서관학만 아는 사람은 도서관학도 모른다』의 책 제목처럼 사서들은 도서관학만 배워서는 참 도서관의 실체와 존재 이유를 모르게 될지도 모른다. 도서관이 사회적 존재라면 도서관에서 일하는 사서들은 먼저 그가 속한 사회를 파악하고 그 사회와 소통하면서 사회가 요구하는 도서관 정보서비스를 제공하는 것이 정답일 것이다. 그런데 이 도서관, 저 도서관을 둘러보아도 왠지 필자의 눈에는 사서들이 사회와 제대로 소통하지 못하는 것 같아 안타까운 심정이다.

도서관에는 대체로 2가지 도그마dogma가 존재하고 있는 것 같다. 하나는 관료주의 도그마이다. 관료주의는 계급사회에서 주로 나타나는 현상이다. 직급이나 직위가 높으면 아무래도 목에 힘이 들어간다. 고객이 사무실에 들어오는데도 그냥 앉아 있을 뿐만 아니라 저 뒤에 있는 소위 높은 분들은 고객에게 눈길조차 주지 않거나 아니면 눈이 휘둥그레 가지고 왜 오셨냐고 다짜고짜 이유를 묻는다. 또 하나는 사서라는 직업적 도그마이다. 사서들은 전문직이라고 믿고 있고 실제로도 전문직이어야 하지만 너무 전문성만을 강조하다보면 융통성이 떨어지기 마련이다. 필자도 사서이지만 사서들과 대화를 하다보면 어떨 땐 매우 답답함마저 느낄 경우가 있다. 업무개선 제안을 하면 으레 불가능한 쪽으로 이유와 변명을 늘어놓는다.

지난 해 말 『답을 내는 조직』이라는 책이 나왔다. 제목만으로도 귀가

솔깃하여 구입하여 읽어보니 과연 옳은 말들이 많았다. 그 책에서 가장 인상 깊은 말은 "하려고 하면 방법이 보이고, 하지 않으려고 하면 변명이 보인다."는 문구였다(29쪽). 군자불기君子不器든 불기도서관不器圖書館이든 우리는 하나의 고착된 틀에 매이지 말고 적극적으로 고객과 소통하며 인간적 도서관을 만들어가야 한다. 그러나 한 가지 중요한 것은 "사서가 없으면 도서관이 아니다"라는 것만큼은 사회를 향해서 행동으로 설득해야 한다. 전국 곳곳에 생겨나고 있는 문고나 작은 도서관들이 도서관의 제 역할을 다하려면 우선 전문 사서를 배치해야 하며, 그 사서들이 君子不器하여 사회와 융합해 돌아갈 때에만 좋은 도서관을 구현할 수 있을 것이다.

11. 도서관의 정도正道와 정책政策

우리는 언제나 크고 작은 선택의 기로에 직면해 있다. 아침에 일찍 일어나는 일, 이브자리를 개는 일, 식사를 하는 일, 나아가 학업, 직업, 경제, 결혼, 철학, 종교 등 우리 삶의 하루하루는 모두 선택의 과정이라 할 수 있다. 이러한 갖가지 선택의 과정에서 우리는 게으르고 무지하여 착각하고 갈등한다. 우리들 개인이 어떤 길을 어떻게 선택하여 성실하게 사느냐가 각자의 성공을 좌우하게 된다.

어떤 일이든 최적 선택을 하기 위해서는 명확한 기준이 있어야 하고, 이를 성실하게 이행할 수 있는 강력한 실천의지가 지속적으로 작동되어야 한다. 그러나 우리는 어떤 일에서든지 명확한 기준이나 실천의지가 부족하여 그때그때 주먹구구식으로 일을 처리하는 경우가 흔한 것 같다. 개인이건 조직이건 여러 가지 계획들은 많이 세우지만 '작심삼일作心三日'이라고 모든 것을 계획대로 실천하지는 못한다. 그 원인은 주로 시대에 맞는 적정 정책의 부재와 일상적 게으름에서 빚어지는 실천의지 빈약, 그리고 망각이라 할 수 있다.

그러나 어떤 조직이든 경영의 선순환을 돌리기 위해서는 정책의 적절한 개선, 그리고 구성원들의 정책 이해 및 실천이 뒤따라야 한다. 또한 정책 실천에 있어 융통성과 순발력도 아울러 발휘해야 한다. 도서관들 역시 과거에 미흡했던 정책을 개선하고, 미래 환경변화에 대비한 새로운 선택을 지속적으로 실행해 나가야 한다. 건물의 외관은 물론 내부 공간의 배치에서부터 자료의 선택, 수집, 정리, 열람, 그리고 각종 프로그램서비스 등 항상 직원들이 깨어 있는 상태에서 추진해야 할 일들이 산재해 있다. 과거에는 최적의 선택을 했던 것이라도 시간이 흐름에 따라 다시 변화를 주어야 할 부분들도 늘 발생하게 된다. 시대와 고객환경에 적절하게 대응하면서 신선한 이미지를 불러일으키는 활기찬 도서관이 되도록 노력해야 한다.

도서관이 갖추어야 할 기본적 정책은 인사노무정책, 시설관리정책, 자료개발정책, 프로그램정책, 고객서비스정책 등이다. 이들 정책요소들은 저마다 제다운 도서관을 경영하는 데 필수적인 사항들이라 할 수 있다. 정책규정은 상위 법률들의 법정신에 근거하여 기본적 취지를 훼손하지 않고 유의미하게 살려나갈 수 있도록 해야 하며 도서관 단독으로보다는 도서관의 감독기관과 의사결정 협의체에서 결정해야 한다. 또 해마다 변동사항을 반영하여 개선해 나갈 필요가 있다.

이론은 이러하지만 경영은 언제 어디서나 현실의 벽에 부딪친다. 특히 도서관은 도서관 경영을 간섭하고 지배하려는 '시어머니'가 많아서 이론에서 배운 도서관 경영의 정도正道를 실천해 나가는 것이 쉬운 일이 아니다. 문헌정보학 전공자를 제쳐두고 지방자치단체 간부, 의회의원, 지역언론이 억지 간섭을 하고 나서는 것은 도서관 발전을 저해한다. 어느 지역이든 도서관에 관심을 가지고 도서관이 올바른 경영을 하도록 도와주는 것은 참으로 고마운 일이지만 인사문제 등에 헤게모니를 점하려는 간섭은 삼가야 한다.

미국의 정치가 벤자민 프랭클린은 일찍이 "정직은 최선의 정책이다 Honesty is the best policy." 라고 말했다 한다. 정책은 우리 생활의 행동과 태도를 올바르게 가늠하는 방향타이기에 도서관 정책도 도서관 경영이 정도를 갈 수 있는 정직한 정책이 되어야 할 것이다.

12. 도서관의 자격

제목을 '도서관의 자격'이라 한 것은 모 방송 프로그램 '남자의 자격' 에서 따 온 것이다. 우리나라에서 도서관의 자격을 정한 법률은 '도서관 법'이라 할 수 있다. 도서관법 제2조에 규정된 '도서관의 정의'에는 "도서관이라 함은 도서관자료를 수집, 정리, 분석, 보존하여 공중에게 제공함으로써 정보이용, 조사, 연구, 학습, 교양, 평생교육 등에 이바지하는 시설을 말한다." 라고 되어 있다. 이 조항의 끝말이 '시설'을 강조하고 있는 것처럼 보여서 마치 도서관은 시설이 전부인 것같이 느껴질 수 있으나 이를 실질적이고 거시적인 관점에서 잘 풀어보면 그 시설 속에 존재하는 책과 사람이 더 중요하다는 것을 누구나 읽을 수 있을 것이다. 다시 말하면 정보이용, 조사연구, 학습, 평생교육 등은 사람이 주체가 되어 이루어지는 역동적인 활동이기 때문이다. 또한 도서관은 인간과 인간, 책과 인간 사이를 원활하게 소통시키는 지적 생산의 활발한 무대이기 때문이다.

그러나 현실은 법조항만으로 제대로 돌아가지는 않는다. 좋은 법이 있다 해도 사람들의 올바른 해석과 적용, 그리고 법고창신法古創新의 실천이 뒤따르지 않는다면 법은 무용지물이 된다. 반면, 좀 부족한 법일지라도 그 법정신을 올바로 해석하고 연구하며, 새롭게 가치를 창출하여 실천하려고 노력할 때 그 법은 그 가치를 십분 발휘하게 된다. 그래서 도서관법의 '법고창신'은 도서관법을 잘 해석하고 실천하면서 새 시대 도서관의 기능과 역할이 무엇인지를 지속적으로 연구하여 창출, 보완하고 실천해 나가야만 그 가치를 실현해 나갈 수 있을 것이다.

도서관법에서 도서관의 자격을 규정해 놓긴 했지만, 지금까지의 도서관현상을 전반적으로 살펴볼 때 우리는 사서 역할의 중요성 인식과 사서와 고객, 고객과 고객의 관계 형성 과정을 너무나 간과해 온 것은 아닌지 의문시 된다. 이는 우리가 아직 도서관의 '필요충분조건'을 갖추지 못하고 있다는 의미이기도 하다. 실제로 '시설'만 있고 사서가 없는 도서관이 아직도 많을 뿐 아니라 사서와 고객의 관계, 고객과 고객의 관계가 제대로 형성되지 못하고 있는 도서관이 부지기수인 것이다. 따라서 진정한 '도서관의 자격'을 취득하기 위해서는 사서와 이용자의 대화가 일상적으로 활성화 되도록 심혈을 기울여야 한다. 한 마디로 도서관은 시민 누구든지 책을 읽고, 대화하며, 평생 연구하고, 공부할 수 있는 인적, 정보적, 물적 여건을 갖추고 이들 사이에 활발한 소통이 이루어지도록 경영해야만 진정한 '도서관의 자격'을 갖추었다고 말할 수 있을 것이다.

도서관은 도서관만을 위해 존재하는 단순한 '시설'이 아니다. 도서관은 훌륭한 인재와 지도자를 길러내기 위해, 모든 시민의 지적인 삶을 풍요롭게 하기 위해 존재하는 민주사회의 교육 문화적 기본 장치라 할 수 있다. 미국의 제33대 해리 트루먼Harry S. Truman 대통령은 "모든 독서가가 리더는 아니지만 모든 리더는 독서가다(Not all readers are leaders, but all leaders are readers.)."라고 말했다 한다. 또 법정스님은 『아름다운 마무리』에서 "어떤 책이 좋은 책인가, 읽을 때마다 새롭게 배울 수 있는 책, 잠든 내 영혼을 불러 일으켜 삶의 의미와 기쁨을 안겨주는 책, 수많은 세월을 거쳐서 지금도 책으로 살아 숨 쉬는 동서양의 고전들(법정 『아름다운 마무리』 120쪽)"이라 적어 놓았다.

이 모든 현철 선인들이 천명한 독서 활동과 평생교육을 제대로 실행하기 위해서는 도서관 전체가 모두 활성화되어야 한다. 이 활성화는 사서의 활성화, 자료의 활성화, 고객의 활성화로 구성된다. 어느 것 하나라도 활성화되지 못한다면 도서관은 제 기능을 발휘하기 어려울 것이다. 이들이 활성화된 도서관이라야 비로소 '도서관의 자격'이 있다고 말할 수 있을 것 같다.

13. 도서관을 넘어서

『동네도서관이 세상을 바꾼다』 서평

우리는 누구나 동네에 살고 있다. 시골 동네건, 도시 동네건. 우리가 살아간다는 것은 서로 만나 소통하는 것이다. 혼자 하루 종일 집에 있어 보라. 살맛이 나는지?

정말 오래간만에 도서관에 관한 '비전문' 서적 한 권을 읽어보았다. 책 이름은 "동네도서관이 세상을 바꾼다."이다. 빌게이츠에게서나 들어봄직 한 책 제목이다. 이 책은 일본의 개인 도서관에 관한 소소한, 그러나 알 찬 이야기들을 담고 있다.

우리는 도서관이라면 으레 큰 건물을 연상한다. 넓은 열람실이 펼쳐져 있는 조용한 학습 분위기의 무료 공부방, 몇십만 아니 몇백 만권을 자랑 하는 많은 장서가 있는 공공, 대학, 국가도서관, 적어도 우리나라 일반 국민들의 마음속에는 학창시절의 경험을 바탕으로 각인된 도서관의 '일 그러진' 자화상이 그려져 있다. "도서관은 공부하는 공간"이거나 아니면 "자료를 수집, 정리, 보존, 이용시키는 커다란 공간"이라는 것이다.

그러나 이 책을 보면 저자의 도서관에 대한 인식은 우리와는 180도 다 르다. 도서관은 공부하는 곳이라기보다는 사람과 사람이 만나서 소통하 는 곳이라는 걸 저자는 실천으로 항변하고 있는 것 같다. 장서가 많을 필 요도 없다. 사람이 모이면 된다. 저자에 의하면 도서관은 사람이 있는 곳 이면 어디든 열 수 있다. 책과 만나고, 사람과 만나고, 그들과 대화를 나누고, 커피도 마시고, 그렇게 살아가는 가운데 저마다 훈훈한 인간미와 행복을 느끼는 곳, 그게 바로 동네도서관이라는 것이다.

저자는 사서도 아니면서 도서관 밖에서 도서관을 정의하고, 도서관 밖에서 새로운 도서관을 만들고 있는, 그러면서 도서관 개관에 뜻이 있는 사람들에게 도서관 설립을 자문까지 하는, 도서관계에서 볼 때는 좀 '주제넘은' 인물이다. 어쩌면 우리나라 사서들이 보면 이 분은 도서관의 본질을 훼손하는 행동을 자유롭게 하고 다니는 사람인지도 모른다. 개인 가옥에도, 서점에도, 커피숍에도, 대학에도, 호텔에도, 사찰에도 기존의 도서관이 있건 없건 상관없이 도서관을 만드는 데 열성적이다. 그런데 이 책을 읽으며 전혀 거부감이 들지 않는 것은 무엇 때문일까?

우리나라 도서관들은 2000년대 이후 급속도로 진화되어왔다. 우선 도서관 수가 빠르게 증가하고 있다. 도서관에 관심을 가진 사람들은 문헌정보학 전공자든 아니든 저마다 여러 좋은 목소리를 내고 있다. 지방자치단체나 문화재단, 개인들이 크고 작은 도서관을 열고 있다. 우리로서는 매우 바람직한 현상인지도 모른다. 그러나 도서관의 활성화 측면에서는 아직도 걸음마 단계라고 해야 할 것 같다. 도서관 수가 턱없이 부족하고, 사서 공무원 정원은 묶여 있고, 그래서 비전문 임시인력으로 도서관의 일을 땜질하라고 하고, 예산은 부족하고 등등 어느 것 하나 제대로 돌아가는 게 없다. 이와 같은 현상은 도서관의 종류를 불문하고 우리 앞에 놓여있는 엄연한 현실이다. 공공도서관에 대한 중앙정책부서의 이원화, 민간위탁으로 인한 공공경영의 혼선, 심심찮게 일어나는 도서관의 명칭변경, 사립도서관들에 대한 지원 미비, 대학도서관 진흥의 답보, 초·중·

고등학교 도서관의 '왕따', 이 모든 것이 복잡하게 어울려 돌아가고 있다. 이 책은 위와 같은 우리 도서관의 경영 현실에 대하여 하나의 색다른 나침을 제공하고 있다.

우리는 무슨 물건이든 그 기능이 없어지면 버려야 한다. 자동차가 아무리 디자인이 좋아도 움직이지 않으면 필요가 없다. 또 좋은 디자인과 성능을 가진 자동차라도 모셔두기만 하면 아무 소용이 없다. 우리의 도서관은 이 둘 중 하나와 비슷하다. 고장 난 자동차처럼 잘 움직이지 않는 도서관, 그리고 물건을 아끼느라 잘 관리만 하는 도서관이 아직도 많은 것 같다.

이제 동네도서관이 답이다. 큰 도서관은 큰 도서관대로 그 기능을 살리고, 동네도서관은 동네방네 소통의 공간으로서 뜻있는 사람들이 문을 열어놓고 사람과 사람이 책과 함께 대화하는 곳으로 만들어야 한다. 이 책은 '제6장 동네도서관의 철학'에서 "큰 냄비를 만든다고 맛있는 카레를 끓일 수 있는 것은 아니다."라고 말한다. 그렇다. 큰 도서관이 모든 기능을 다 할 수는 없다. 이는 큰 도서관이 동네도서관보다 못하다는 뜻이 아니라 도서관의 요체는 역시 사람이라는 것이다. 도서관은 크든 작든 사람들이 서로 행복한 대화를 나누면서 살아가는 곳이라야 한다. 여기도 도서관, 저기도 도서관이 있어 그곳에서 사람들이 인간적 수다를 떨 수 있게 만들어야 한다. 인문학은 사람을 사람답게 만드는 '학學'이라고 생각한다. 이러한 인문학을 실현하는 곳이 바로 동네도서관임을 이 책을 통해서 새삼 깨달았다(국회도서관. 2016.12. 『도서관이 권하고 전문가가 평하다』 92~93쪽)

제**8**장

나의 문헌정보학적 세상읽기

1. 교육의 뿌리, 가정

가정은 인간의 생명이 탄생하는 곳이다. 한 인간의 영원한 생명 샘 가
정, 사람은 가정에서 나서 가정에서 자란다. 등교, 출근, 외출, 여행을 해
도 결국 가정으로 돌아온다. 가정이 삶의 원천이기 때문이다. 가정에서의
생활은 인간의 기초적 생활습관을 형성한다. 어릴 때부터 형성되는 생활
습관은 노년에 이르기까지 지속되며 중간에 바꾸기는 매우 어렵다. 가정
생활 그 자체가 교육인 것이다生活卽教育.

가정교육의 중요성을 논한 책 『한국 가정교육의 뿌리』는 가정교육의
성격을 다음과 같이 개관하고 있다(손인수. 1995. 한국 교육의 뿌리. 서울 : 배
영사. p.16).

"가정은 아이를 낳는다는 생물학적인 재생산을 비롯하여 육아나 문화의 전승에 종사하는 독립된 하나의 단위이다. 따라서 가정은 어린이 청소년을 교육하는 장소로서 더욱 적극적인 역할이 기대된다. 가정교육은 비형식적 자연적으로 이루어지면서도 그 친화력은 전인격적인 범위에 미치게 된다."

가정은 한 인간이 최초로 접하는 사회다. 엄마 아빠와의 인간관계로부터 가족 성원들과의 관계가 형성되며 이러한 가족 사회적 관계가 기반이 되어 학교와 일반사회의 관계로 확대되어 나간다. 따라서 가정에서의 교육은 사회적 인간관계의 바탕이 된다. 가정에서의 부모의 가르침은 비형식적인 과정 속에서 은연중 이루어진다. 그러나 부모의 가르침은 그 집안의 가풍을 형성한다. 소위 '뼈대 있는 집안'이란 가풍이 뚜렷하게 확립, 실천된 결과 자손들이 바르고 올곧은 인간으로 활동하는 집안을 말한다. 우리나라의 명문가들은 자녀교육에서 공부뿐만 아니라 다른 사람들을 배려하는 생활교육을 중요시 했다(최효찬. 2005. 『5백년 명문가의 자녀교육』. 서울 : 예담).

가풍은 가훈을 중심으로 실천된 결과 나타나는 한 집안의 인간됨의 기품氣品이다. 가훈은 가정교육의 사명, 목적, 목표를 나타내 준다. 가정의 전통인 가풍이 은연중 전승되고 형성되는 것처럼 보이지만 가정 구성원들이 받아들이고 실천할 수 있는 가훈이야 말로 가정교육의 기초이다. 인간됨의 목표가 뚜렷할 때 그러한 목표를 향해서 모든 가족 성원들이 노력할 수 있기 때문이다. 액자 속 장식품으로서의 가훈이 아니라 실천 덕목으로서의 가훈이 필요한 것이다. 역사적으로 훌륭한 가문으로 알려진 집안에는 훌륭한 가훈이 존재하였음을 여러 사례를 통하여 알 수 있다(손인수. 앞의 책. pp.22~27 / 최효찬. 앞의 책. p.19 "서애 유성룡 종가의 가훈 : 책 읽는 아버지가 되라." p.251 "시아버지가 며느리에게 <논어>를 가르치는 가풍").

이러한 가훈과 가풍은 생활예절, 인성교육에 중요한 영향을 미친다. 오늘날 버릇없는 아이들이 늘어나고 집단 따돌림, 비행 청소년 등 문제아가 늘어나는 것은, 핵가족화에 따라 가정에서 실천 덕목으로서의 가훈과 가풍이 형성되지 못한 데 그 원인의 일단을 찾을 수 있을 것이다.

가정은 인성교육만이 아니라 지식교육에 있어서도 문해력의 기초를 형성하는 곳이다. 엄마 아빠와 그림책을 보며 대화하는 가운데서 글자와 수자를 터득해가며 말하기 듣기를 자연스럽게 익힐 뿐 아니라 가족과 친구, 지역사회의 문화를 배워나간다. 위에 인용한 설명대로 가정은 가장 기초적이고 전인적인 교육의 장인 것이다. 결국 가정은 인성교육의 기초가 수립되고 문해력이 형성되며 사회적 문화가 싹트는 곳, 다시 말해 한 인간의 기초적인 인격이 이루어지는 곳이기 때문에 교육의 장으로서의 가정은 전 생애에 걸쳐 매우 중요한 의미를 지니고 있다.

2. 교과서박물관

"이 책은 유네스코와 운크라에서 인쇄기계의 기증을 받아 대한 교과서 주식회사에서 박은 것이다." 필자가 초등학교 저학년 때 받은 교과서에는 이렇게 인쇄되어 있었다. 충남 조치원에는 대한교과서주식회사의 교과서 박물관이 있다(주소 : 세종특별자치시 연동면 청연로 492-14, 전화 044-861-3141-5). 몇 해 전 여름휴가를 이용하여 대전에 가는 길에 교과서박물관에 들러보았다. 박물관인데 문헌정보학과를 나온 사서가 근무하고 있었다. 옛 책들이 진열장에 이름표를 달고 전시되었었다. <방학생활>, <승공통일>, <국어>, <산수>, <사회생활>, <자연>, <UNION ENGLISH>, <TOM & JUDY> 등등 낯익은 책들이 추억을 되살려 주었다.

그때 문득 '어린이는 어른의 아버지'라는 시구詩句가 떠올라 그 출처를 기억에 의존하여 확인해 보고 싶었다. 내 기억에는 <TOM & JUDY>라는 중학교 영어 교과서에서 배웠던 것 같아 사서에게 찾아달라고 했다. 그랬더니 담당 사서도 <TOM & JUDY>를 정리한 기억이 있다며 서고로 안내했다. 서고는 진열장과는 별도로 이동식 밀집 서가로 구성되어 있었고 오래된 교과서들이 빽빽하게 정리되어 있었다. 서가에는 <TOM & JUDY>영어 교과서가 몇 권 있었다. 그런데 중학교 3학년용 <TOM & JUDY>교재는 없었고, 다른 학년용 <TOM & JUDY>에서는 아무리 찾아도 그 시구詩句가 나오지 않았다. 그래서 약간 실망하며 우리 집에 보존되어 있으리라는 희망을 가지고 발길을 돌렸다.

교과서박물관에는 교과서 인쇄에 사용했던 인쇄 기계, 활자 등도 전시되어 있었다. 그 활자와 기계들을 보며 "아 저 기계들이 유네스코와 운크라에서 기증받은 것이구나."하고 생각했다. 그래서 유네스코와 운크라가 고맙기는 하지만 예전엔 우리 인쇄술이 더 앞섰었는데 기계화를 못해 원조까지 받았다는 점이 아쉽다.

연꽃이 피어나는 차령산맥 모퉁이 휴게소에서 연꽃 국수를 후루룩 들이키고 나서 자동차를 몰고 집으로 돌아온 나는 종이상자에 넣어 두었던 해묵은 교과서들을 꺼내기 시작했다. 드디어 <TOM & JUDY> 중학교 3학년 교과서를 찾아냈다. 그 책의 서지사항은 강성익, 송욱, 이홍훈. 1966. Tom and Judy(for junior course 3). 문교부 검정 제1813호(1965. 12. 1) 중학교 외국어과용(서울 : 대동문화사)이다. 그리고 궁금했던 그 시구를 그 책 42쪽에서 찾았다. William Wordsworth의 시詩 'Rainbow' 였다. 기분이 좋아 바로 번역을 해 보았다.

Rainbow[1]

My heart leaps up when I behold

A rainbow in the sky:

So was it when my life begin;

So is it now I am a man:

So be it when I shall grow old,

Or let me die!

The Child is father of the Man;

And I could wish my days to be

Bound each to each by natural piety.

— William Wordsworth(1770~1850)

....

[1] 강성익, 송욱, 이홍훈. 1966. Tom and Judy(for junior course 3). 문교부 검정 제1813호(1965. 12. 1) 중학교 외국어과용. 서울 : 대동문화사. p.42.

무지개

하늘에 떠오른 무지개를 보면

내 마음 울렁이네.

내 생명이 태어났을 때

그리고 어른인 지금도,

또한 늙어 죽는 날 까지도

무지개는 내 마음 울렁이게 하리니!

어린이는 어른의 아버지;

다가오는 나날도 이 자연의 신비에

내 마음 영원히 울렁이게 하소서.

번역을 해 보니 동심을 영원히 간직하기를 바라는 마음을 표현한 시다. 그러나 '어린이가 어른의 아버지'라 한 것은 상식을 뛰어 넘는 것이다. Wordsworth가 윤회사상을 알고 있었을까? 윤회사상이 아니면 어린이는 어른의 아버지가 될 수 없다. 어른 속에 남아 있는 동심을 가지고 그렇게 표현 했을 수는 있을지 몰라도.

사람은 참 묘한 것이다. '애 늙은이'라는 말도 있고 '늙으면 애가 된다.' 는 말도 있으니 어린이나 어른이나 유사한 특성을 일부 공유하고 있는 것은 사실인 것 같다. 어린이도 가끔은 매우 어른스러울 때가 있다. 철든 아이는 부모의 돈 걱정을 대신한다. 어른도 아이가 되는 수가 있다. 산에 오르면 야훠- 소리를 지르고 싶고, 다음과 같은 동요를 부르고 싶은 것이다.

산골짝에 다람쥐

아기 다람쥐

도토리 점심가지고

소풍을 간다.

다람쥐야 다람쥐야 재주나 한번 넘으렴

팔딱 팔딱 팔딱

날도 참말 좋구나.

이래서 세상은 재미있다. 어린이는 어른스럽고 어른은 아이들 같고...
그렇지 않고 어른과 어린이가 시종일관 완벽히 구분되는 인간발달 특성
만 보인다면 세상은 별로 살맛나지 않는 동네일 것이다. '아이도 아닌 것
이, 어른도 아닌 것이.'(2006.9.16)

 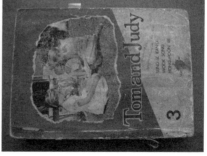

3. 발표 공포증

나는 산골에서 태어났다. 그곳은 계룡산의 계곡 가운데서 동남쪽으로

뻗어 내린 골짜기로 아래쪽에는 암용이 출현했다는 '암용추'가 맑고 파란 웅덩이를 이루고 있었다. 우리 집은 청정한 '우적계곡ujok valley'의 산 중턱에 웅장한 수태樹態를 자랑하는 느티나무가 넓고 시원한 그늘을 드리워 주었다. 또 아래쪽으로는 큰 바위 위에 작은 바위가 신부新婦의 족두리처럼 얹어져 있었다. 그래서 우리 집은 일명 '족두리 바위 집'이다.

나는 이 아늑한 산골 외딴 집에서 계곡을 놀이터 삼아 혼자 중얼대고 노래하며, 여름에는 여치와 매미를 잡고, 겨울에는 산토끼를 열심히 쫓아 다녔다(잡지는 못함). 또한 조그만 논 뙈기에서 송판에 철사를 덧대어 만든 썰매를 타고 놀았다.

계룡산 남쪽 마을은 분지로 형성된 지역으로 그 일대를 통칭하여 '신도안新都案'이라 불렀다. 신도안에는 '대궐터', '종로터'도 있었다. '우적골'은 임금馬이 자취跡를 남기고 간 곳이라 하며 한다. 이태조가 '신도안'에 도읍을 세우려고 무학대사와 함께 내려왔다가 현몽에 따라 한양으로 올라갔다는 것이다. 그래서 '새 도읍을 정하는 방안'이란 뜻으로 '신도안'이라 부르게 되었다고 한다. 나는 이성계가 머물렀다는 그 우적계곡에서 태어나 자랐다. 그래서 비록 산골에 살았어도 날마다 '대궐터'를 지나 '종로터'에 있는 학교를 다니고, 임금 마을로 돌아왔으니 계룡산의 '어린 왕자'였던 셈이다.

그러나 그곳에서는 집이 띄엄띄엄 있어서 사람 구경하기도 어려웠다. 구장이 연락할 일이 있으면 "종권아ㅡ, 하고 길게 소리쳐야 했다. 그곳 아이들은 명산 정기를 받아서인지 공부를 제법 잘 했던 것 같다. 그런데 산골 아이들이라 너무들 순진하여 부끄럼을 많이 탔다. 동네에 오면 골짜기가 떠나가도록 크고 낭랑한 목소리로 노래하고 떠들었지만 학교에 가면 꿔다 논 보리자루같이 침묵을 지켰다. 선생님이 질문을 하시면 겨우 기어들어가는 목소리로 대답했다. 그러나 중학생이 되니 혼자 고민이 되기 시작했다. 발표에 공포증을 느껴 여러 사람 앞에서 말하는 것이 무척 떨리고 두려웠다. 이를 간파한 아버지께서는 나에게 다음과 같이 용기를 주셨다.

> "사람들을 저 산의 소나무 같이 보고 연설하라."
> "사람들을 개미같이 착 아래로 깔아보고 연설하라."

이러한 좀 '무지한' 듯 느껴지는 선친의 '자연주의' 교육은 나의 발표력 향상에 큰 도움을 준 것 같다. 나는 아버지의 말씀에 용기를 얻어 연습과 연습을 거듭했고, 23세 때 대전 KBS의 아나운서시험 음성테스트에도 합격하였다. 그 이후로 나는 100명이건 1000명이건 대중 공포증은 없어졌다. 강의를 많이 하다 보니 평소에 말하는 것처럼 하면 된다.

그런데 서울 S대학에서 강의를 맡고 수강 학생 전원을 다 발표에 참여시킨 적이 있다. 그 때 한 학생이 쉬는 시간에 나에게 다가와서 본인의 사정을 호소하며 발표에 공포증이 있어 병원을 다니며 치료 받고 있으니 발표를 제발 면제해 달라는 것이었다. 발표를 못하는 대신 발표에 상응하는 리포트 과제를 달라고 했다. 그래서 나의 옛 사정을 떠올리며 일단 그 학생의 요청을 수락한 후 다음날 그에게 메일을 보냈다. "나도 옛날에 자네 같이 대중 공포증이 있었다네. 그런데 아버지의 용기교육을 실천하려고 노력 했더니 공포증이 없어졌다네.”라 쓰고 선친께서 전해주신 위 교육 내용을 그대로 적어 보냈다. 그랬더니 다음에 그 학생이 찾아와서 매우 고마워하면서 열심히 고쳐보겠노라고 했다.

그 학생은 공부를 잘 했다. 시험 답안이나 리포트를 잘 쓰는 편이었다. 나는 그에게 A플러스 학점을 주었다. 나는 시간강사였지만 그는 다음에 도 내 수업을 듣겠다고 하면서 눈물겹도록 고마워했다. 그 후 그 학교 수 업이 없어 그를 만나지는 못했지만 그는 아마도 나의 선친께서 창안한 '자연주의 교육'의 영향을 받으면서 서서히 대중 공포증에서 벗어나리라 고 생각한다.

4. 삶의 공식

우리는 살아 있어야 인간이다. 인간의 삶, 그것은 바로 나 자신의 삶이 다. 내가 없으면 삶이 없다. 내가 없으면 인간을 논할 수 없고 삶을 말할 수 없기 때문에 나의 삶이란 유일무이하고도 중요한 가치를 지닌다. 삶 은 다음과 같은 공식으로 표현할 수 있을 것 같다.

삶 = 개인 수(인간 * 시간 * 공간)

life = n(MTS)

M : man, T : time, S : space

대한민국 국민 전체의 삶 = 50,000,000(인간 * 시간 * 공간)

삶은 '초려삼간草廬三間'이런가? 인간의 삶은 삼간으로 융합된다. 하나는 인간人間 그 자체 즉, 나 자신이다. 둘은 시간時間이다. 시간이 없으면 삶이 존재할 수 없다. 태어나는 시간부터 죽는 시간까지가 우리의 삶이다. 셋은 공간空間이다. 우리는 유기체적 존재이기 때문에 들어갈 공간이 필요하다. 공간이 없으면 우리의 삶이 견디어 낼 곳이 없다. 삶은 인간과 시간과 공간의 곱셈공식이다. 이들 가운데 한 가지만 결여되어도 우리의 삶은 제로(0)가 되어 존재할 수 없다. 따라서 우리의 삶이란 인간이 시간과 공간을 관리하는 과정이라고 정의할 수 있을 것이다. 시간과 공간을 잘 관리하는 사람은 그만큼 성공적인 삶을 누릴 수 있다. 시간과 공간을 잘 관리하지 못하는 사람은 그만큼 삶의 질이 떨어질 수밖에 없게 되어 있는 것이다.

시간 관리의 형태는 사람마다 다르다. 그래서 삶의 모습은 각양각색이다. 아침형인간은 아침에 일찍 일어나서 낮에 근무하는 직장인의 생활패턴이다. 그러나 그러한 시간관리가 성공을 보장할 수는 없다. 공식적인 낮 시간은 창조력이 부족하기 때문이다. 그래서 직장인들도 중요한 기획을 할 때는 밤새워 일한다.

공간관리도 마찬가지다. 직장인은 위계질서가 뚜렷한 사무실에서 일한다. 사무실을 떠나면 느슨해진다. 학생들은 교실에서 수업을 받고 독서실이나 도서관에서 공부한다. 가정환경이 아무리 좋아도 집은 휴식공간이지 학습의 공간, 창조의 공간이 되기는 어렵다.

시간과 공간의 컨트롤은 삶의 성패를 좌우한다. 그런데 이 평범한 진리를 깨닫고 실천하는 사람은 드문 것 같다(나 부터도). 누구나 성공을 바라면서도 시간 관리와 공간관리는 서투르다. 누구나 느끼면서도 실천은 부족한 것이 우리 인간의 약점이다. 이 약점을 극복하는 사람만이 성공적인 삶을 살 수 있을 것이다.

5. 밤의 창조력

계획은 밤에 짠다

낮은 육체적 활동에 알맞은 시간이다. 우선 시야가 탁 트인다. 밝은 광명천지가 된다. 강력한 태양의 전등이 지구를 비추니 멀리까지 내다볼 수 있다. 구름이 끼는 날이라도 헤드라이트를 켜지 않고 운전할 수 있다. 일식이라도 되거나 소낙비 먹구름이 끼면 낮도 밤처럼 된다. 그렇게 되면 사람들의 육체적 활동은 줄고 밤의 효과를 낸다. 사색을 하고 글을 쓰게 된다.

낮에 활동하는 사람들은 밤이면 잠을 자는 것이 정상이다. 활동하였으니 쉬어야 하는 것은 자연의 순리이다. 그런데 자세히 관찰해 보면 낮에 창조되는 일은 적다. 낮에는 사람을 만나고, 전화를 받고, 회의를 하고, 발표를 하고, 영업을 하고… 등등 사회적 커뮤니케이션을 주로 한다. 대부분 일상적인 틀 속에서 돌아가는 일들이다. 낮에 획기적인 계획과 창안이 이루어지는 경우는 드물다. 일상 속에서 자료를 수집하여 두고 창의적 계획은 밤에 짜는 것이 보통이다.

김부장은 열심히 일하는 중견간부이다. 일상의 일들을 빈틈없이 챙기면서도 항상 아이디어를 생각하고 있다. 업무를 하는 가운데 자료를 모아둔다. 부하직원들에게도 하루하루 할일을 점검하고 매일 보고하게 한다. 건강을 위해서 출퇴근은 늘 걸어서 한다. 집이 회사와 별로 멀지 않기 때문이다.

그런데 중요한 계획을 할 시기가 왔다. 그는 그동안 모아 두었던 자료를 검토하고 아이디어를 수렴하기에 바쁘다. 그러나 낮에는 할 수가 없었다. 주위도 산만하고 일상적인 일을 처리해야 하기 때문이다. 그래서 저녁을 배달시켜 먹은 후 조용히 작업탁자에 앉아 머리를 짜내기 시작한다. 그 옆에는 아이디어맨 이과장이 끙끙대며 앉아 있다. 이리 고치고 저리 고치고 말을 다듬고 도표를 새로 바꾸고 하는 사이 어느새 새벽 4시가 되어온다. "어이 이과장, 눈 좀 붙이자……" 눈을 떠보니 아침 7시. 밤새 만든 보고서를 경영진이 출근하기 전에 책상위에 단정히 갖다 놓았다. 그리고는 사장이 출근하자마자 보고를 한다. 사장은 흐뭇한 미소를 짓는다. "또 밤 새웠구먼…… 그래 수고 했네. 좀 들어가 쉬었다 오게." 김부장과 이과장은 그 한마디에 모든 피로가 가셔버렸다. 그래서 들어가기는커녕 그대로 일상 업무에 태연히 임하고 있었다. 창조의 힘과 일의 보람이 이들을 신나게 만든 것이다. 건강에 해로울 것도 전혀 없는 듯 했다. 50대의 나이에도 40대 초반처럼 얼굴은 피둥피둥 개기름이 흘렀고, 항상 밝은 미소를 띠면서 인정받는 간부로 승진의 날을 다져가고 있었다. 그리고 그는 1년 후 승진을 했고 이과장도 역시 승진하였다. 밤의 창조가 이루어낸 결실이다. 모르긴 해도 아마 그들은 그와 같은 밤의 창조를 계속할 것이다.

논문은 밤에 쓴다

이과장은 주경야독으로 공부하는 직장인이다. 고등학교 학력으로 좋은 회사에 입사 하였지만 공부에 원한이 맺혀 입사 후에 대학을 졸업하고 대학원의 석사 박사과정에 진학하였다. 직장생활을 하느라 학업에 소요되는 기간은 길었지만 포기하지 않고 학문의 길을 걸었다. 그는 공부하는 일에는 이골이 나 있었기 때문에 주어진 자료를 읽고, 해석하고, 발표하는 일은 그다지 어렵지 않게 해 나갈 수 있었다. 그러나 박사학위논문을 쓸 때는 몇 날 며칠 동안 밤을 새우지 않을 수 없었다. 아이디어를 짜내고 고치기를 수십 번 반복하고 지도교수의 지적을 받으면 또다시 고치고 틀을 새로 짜고……. 그 일은 직장인이 낮 시간에 하기는 불가능했다. 그래서 퇴근 후 밤에 시도를 하였으나 몇 번을 실패하고 말았다.

그는 결국 20년이나 다니던 회사를 박사학위를 위해 그만 두었다. 그가 회사를 떠나면서 하는 말은 희망에 넘쳐보였다. "이 좋은 직장에서 20여년이나 근무를 하고 이만큼 자랐으니 앞으로의 10년은 나의 자아실현을 위해 전력을 다하겠습니다." 그 후 그는 학위논문 작성에 전념하였다. 그러나 낮에는 부족한 자료를 찾아다니기에 바빴다. 아이디어를 짜내고 글을 쓰는 작업은 밤에라야 가능했다. 밤을 새워 새벽까지 쓰다보면 무엇인가 진전이 있었다. 그는 회사를 그만 둔지 8개월 만에 박사학위를 받고 50의 나이로 대학 강단에 섰다.

S대학의 박교수는 학술논문을 쓰고 있었다. 6개월 전 한국학술진흥재단에서 따낸 연구였지만 논문을 쓰기는 쉽지 않았다. 논문에 필요한 자료는 모아왔지만 이것을 논리적으로 구성하여 새로운 논문의 틀을 만들

기란 간단한 일이 아니다. 그래서 그는 차일피일 논문 쓰기를 미루어왔다. 학기 중에 강의도 많고 학과장으로서의 일도 만만치 않아 조용히 앉아 논문을 구상하고 문장화할 여유가 없었고, "아직 시간여유가 많은데 뭐" 하는 느긋함도 함께 작용하고 있었다. 그리고 이러한 태도는 교수 연구자라면 누구든지 가지고 있는 행동특성이라는 것도 잘 알고 있었다.

그런데 보고서를 낼 날이 어느새 2주일 앞으로 다가 왔다. 다급한 마음이 들었다. 그래서 그날부터 연구실에서 야간작업을 하기로 결심을 했다. 조금 쓰다 그만둔 "들어가는 말"부터 새로 쓰기 시작했다. 참신한 문구가 쉽사리 돌아 나오지 않았지만 이렇게 저렇게 문장을 바꾸어 가면서 말을 만들어가니 조금씩 진전되는 느낌이 든다. '시간은 자정을 지나 새벽으로 가는데,' 한 시간에 한 페이지 정도 진도가 나갔다. 어느 정도 가능성이 느껴졌다. 아침에 조교를 불러 작업에 속도를 내기로 마음먹고 새벽 5시에 소파에 누워 눈을 붙였다. 그러나 수잠을 자다가 깜짝 놀라 깨었다. 논문에 대한 생각이 머릿속에서 작동하고 있었던 것이다. 다시 컴퓨터 키보드를 두드리기 시작했다. 각주로 쓸 것은 왜 이렇게 많은지 귀찮지만 표절시비를 방지하기 위해 인용근거를 다 밝혀가며 계속 키보드를 쳤다. 학생들이 나오는 9시. 그는 어느새 본론으로 진입하여 다소 자신감을 느끼며 오후 강의를 위해 사우나로 향했다. 털 많은 턱수염이 구두 솔처럼 만져졌다. "오늘도 내일도 이렇게만 하면 문제없어." 그는 이렇게 속으로 다짐하며 그날도 다음날도 밤을 새웠다. 논문은 제출기간 전날에 탈고할 수 있었다. 밤의 집중적 작업이 한편의 논문을 완성시킨 것이다.

역사는 밤에 쓴다

이과장은 사사편찬의 책임을 맡았다. 그의 전공이 역사편찬에 안성맞춤인데다가 문장력도 좋은 것으로 알려져 있었다. 국가적인 중요 행사에서 사장의 연설문을 썼고 회사의 홍보를 맡아 기자들을 상대로 많은 보도자료와 홍보자료를 작성하였으며, 각종 보고서와 화보집을 발간하였기 때문이다.

멋모르고 전보발령을 받은 이 과장은 부임 날 기관장과의 첫인사에서 "자네가 우리기관의 숙원사업인 역사편찬을 좀 해 주어야겠네." 하는 숙제를 받았다. 1년 전부터 계획하였으나 전임자가 해결하지 못하였다는 이야기도 했다.

이과장은 내심 "아 이거 발령 잘못 받았구나!" 하는 생각도 들었지만 한편으로는 "좋다. 실력발휘를 할 좋은 기회다!" 라는 자신감도 동시에 교차하였다. 1년 만에 해내라는 회사 간부의 권위주의적인 지시가 마음을 짓누르는 것 같았지만 군대식 회사이니 하(까)라면 해(까)야 되는 것이다.

그 후 그는 고민에 빠져 있었다. 무엇부터 어떻게 실마리를 풀 것인가? 자료 수집을 위해서는 그 기관에 오랫동안 근무하다 퇴직한 선배사원을 초빙하여 1년간 같이 작업하라 했다. 우선 아웃라인을 짜는 것이 중요했다. 다른 회사의 사사들을 수집하고 사사편찬의 노하우를 소개한 서적을 구입하여 구상하기를 한 달. 그는 퇴근 시간 후 사무실에 남아 밤늦게까지 이 작업을 하였다.

간부회의에 아웃라인을 중간보고하고 승인을 받은 후에는 본격적인 작업에 착수하였다. 전국 사업소에 역사자료 수집에 대한 협조 공문을 보내고, 사보에 게재하고, 국립중앙도서관, 서울대도서관, 부산문서보존소 등 유명 도서관과 기록관을 찾아다녔다. 이런 일은 낮에라야 가능했다.

그러나 자료는 수집만 한다고 역사가 정리되는 것은 아니다. 거기서 옥석을 가려 체계를 세우고 사실에 입각한 문장을 만들어야 역사서술이 된다. 이러한 일은 낮에는 불가능하다. 일상 업무도 많고 주위가 산만하여 집중되지 않는다. 그는 회사의 자료실에다 창고에서 굴러다니던 간이침대와 매트를 옮겨 놓았다. 그리고는 밤을 새워 작업하기 시작했다. 잠은 조금씩 나누어 수잠을 잤다. 자면서도 생각은 역사편찬에 머물러 있었다. 그리고 날이 새면 정상적인 업무를 했다. 그러한 고행이 지속되면서 역사는 서서히 쓰여지고 있었다. 최근사 부문에 당시 기관장 업적을 돋보이게 서술 하라는 요구로 그 부분은 다른 사람이 다시 윤색하는 등 우여곡절도 많았지만 어쨌든 1000페이지가 넘는 책은 모습을 드러냈다. 밤이 이루어낸 작은 결실이었다. 그는 전임자가 도망간 자리에 가서 수많은 밤을 새워 역사를 썼다. 그 결과 그의 상사를 승진시키는 데 한몫을 했지만 정작 그 자신은 승진시기가 안되어 '칭찬'만 받았다. 그러나 그는 보람을 느꼈다. 자기 손으로 남이 하지 못한 일을 했다는 전문가적 자부심을 가지고 있었기 때문이다. 그리고 그것이 하나의 밑거름이 되어 후일 그의 강의 소재는 풍부해졌다.

카이스트는 밤의 대학?

카이스트는 야간대학이 아니다. 그러나 밤의 대학이다. 교내 곳곳의 연구실과 도서관은 밤에도 대낮처럼 밝다. 밤낮으로 적막감이 감도는 대학. 서울에 있는 대학의 자유분방함이나 낭만은 없어 보였다. 이따금 삼삼오오 지나가는 학생들, 식당이나 매점을 가는 듯하다. 가끔 자동차를 몰고 오가는 교수와 학생들 그들에겐 밤과 낮이 따로 없었다. 밤 1시. 도서관으로 들어가 보았다. 빈자리가 별로 없었다. 의자에다 본드를 붙인 듯 학생들이 자리에 꼭 달라붙어 있었다. 더러는 책상에 얼굴을 대고 잠깐 수잠을 잤다. 그러나 그들도 어느새 일어나 책장을 넘기며 무엇인가 쓰고, 계산하고 있었다.

마침 아들 친구의 아버지가 교수로 재직 중이어서 학부모 모임에서 알게 되었는데, 그 교수는 중학생인 그의 아들과 단짝친구인 내 아들을 자기 연구실에서 방과 후에 공부할 수 있도록 배려해 주었다. 어린아이들이 밤을 새면 어쩌나 하는 걱정도 들었지만 경험 많은 교수님의 배려라 믿음이 갔다. 걱정이 되어 새벽에 전화를 걸어보면 그 교수님 아니면 대학원생이 받았다. 잘 하고 있으니 걱정 마시라 한다. 새벽 2시 3시까지 특히 주말과 휴일에는 아침에야 집에 돌아왔다. 물론 그 교수님이 자기 차로 데려다 주었다. 교수연구실에서 교수님과 함께 그리고 대학원생들과 함께 공부 분위기를 느끼며 중학생인 아이들이 이미 카이스트를 체험하고 있었다.

6. 생활 지리 도서관(Library IN Living Geography)

생활 지리. 우리의 일상생활의 배경이 되는 인문지리를 이렇게 표현해 보았습니다. 『내셔널 지오그래픽』과 비교하여 우리가 매일 돌아다니는 지역을 말이죠. 요즘 '생활SOC'라는 말이 유행하는데요, 아마도 근린생활의 기초시설을 뜻하는 것 같습니다. SOC는 Social Overhead Capital의 약자라지요, 우리말로는 사회간접자본이라고 경제학적으로 번역했네요. 국민 누구나 편리하게 이용할 수 있도록 국가가 마련한 거대 자본, 즉 도로(교량, 터널), 항만, 철도, 운동장 등등이라지요. 이에 비교하여 생활SOC 란 우리의 일상생활에 필요한 세세한 SOC, 즉 주거지역의 공원, 도로, 유치원, 학교, 도서관, 복지관, 공중화장실 등을 말하는 것 같습니다.

너는 돌아다니면서 꼭 필요한 것이 공중화장실임을 실감합니다. 그래서 다니는 길목마다 좀 더 좋은 화장실을 알아두게 되는데요, 예를 들면, 수서역 SRT 화장실, 수원역 3층 애경백화점 화장실, 대전우체국 화장실, 국민은행 화장실 등입니다. 그런 화장실은 냄새도 향기롭고, 비데 bidet라는 것도 있어 화장할 때 참 쾌적하고 좋더라고요. 그래서 그런 곳을 이용할 땐 마음을 정화할만한 책도 좀 있었으면 좋겠다는 생각을 하게 됩니다.

먹고 화장을 한 다음, 너의 경우는 도서관에 가고 싶습니다. 요즘 자주 거론되는 생활 밀착형 도서관 말이에요. 그런데 네가 나다니는 길목에서 좋은 도서관을 만나기는 쉽지 않더라고요. 또 있더라도 길손에게 좋은 서비스를 하는 도서관은 별로 없지요. 큰 도서관은 서비스가 별로 없고 친절하지도 않아 갈 때마다 기분이 별로고 작은도서관은 인근에 없으니 차라리 도서관을 하나 차리는 게 좋겠습니다. 사실 너는 송파에서 작은 도서관을 하다가 이사하느라 접었지만 이사한 곳에서 다시 개인도서관을 개관할 각오는 하고 있답니다.

우리나라에는 지난 10여 년 동안 공공도서관이 제법 많이 늘어났습니다. 2018년 한국도서관연감에 의하면 2017년 말 현재 우리나라에는 공공도서관 1,042곳, 작은도서관 6,058곳이 있습니다. 이 가운데 경기도에는 공공도서관 250곳, 작은도서관 1,438곳이 있어 공공도서관의 23.9%, 작은도서관 23.7%가 경기도에 몰려 있는 셈입니다. 경기도는 도서관정책을 잘 추진하는 것 같습니다. 화성시에는 작은도서관팀 조직도 있더군요.

2018년 8월 하순부터 9월 말까지 너는 운 좋게도 경기도 내 작은도서관 99곳을 탐방할 기회가 있었습니다. 스마트 폰 길 찾기 앱을 찍고 처음 가보는 도서관들, 그들의 모습은 천차만별이었지만 하나 공통되는 점이 있다면 정규직 사서나 직원이 없다는 것, 자원봉사들이 겨우 꾸려간다는 것입니다. 그래도 열정적인 담당자가 있는 도서관은 다양한 독서프로그램을 실행할 뿐 아니라 인근 단체 및 학교와 MOU를 맺어 협력프로그램을 하고 있었습니다. 또 한 가지 아이러니한 것은 열정적인 봉사자가 있는 사립도서관보다 정규직원이 있는 공립도서관들이 프로그램 면에서는 덜 활발하다는 것입니다.

지역에 따라 공공도서관 활성화를 위한 연구와 노력은 지속하고 있는 것 같지만 그 정책 방향의 설정과 예산지원은 매우 미흡한 것 같습니다.

전문가들의 연구결과 및 의견이 정책에 별로 반영되지 않으며, '책 읽는 도시' 같은 좋은 정책도 자치단체장이 바뀌면 사라지는 경우가 있어 참 안타깝습니다. 아직도 도서관을 독서실로 여기는 사람들도 도서관의 활성화에 발목을 잡고 있습니다.

앞으로의 도서관 활성화 방안은 대략 3가지인 것 같습니다. 첫째는 도서관에 열정적인 사람을 배치해야 합니다. 자원봉사자를 모셔오더라도 열정적이고, 긍정적이고, 합리적인 분이 도서관을 경영해야 합니다. 둘째, 일자리 정부는 도서관에 일자리가 많다는 걸 좀 알아주십시오. 최근 대통령께서도 작은도서관 활성화를 언급하셨다는데 그 말씀을 구체적으로 정책에 반영하여 주세요. 셋째는 지역 주민들이 도서관이 독서실과는 다른 주민 소통의 공간이며 인성교육의 장이라는 점을 이해할 수 있도록 정책당국과 도서관인 모두가 마케팅에 나서야 하겠습니다.

화장실을 잘 경영해야 좋은 화장실이 구현되는 것처럼 도서관도 잘 경영해야 좋은 도서관이 될 수 있을 것입니다. 너는 이 글을 쓴 다음 대전 우체국 화장실에 또 가보고, 최근 목척교 옆에 문을 연 애트(AT)라는 북카페에 가서 커피 한 잔 마실까 합니다. 그 북카페를 진짜 좋은 작은 도서관으로 만들라고 꼬드겨 볼까 합니다. 그 카페엔 쾌적한 세미나실이 있을 뿐 아니라 네가 좋아하는 역사, 전통 건축 등 인문학 책이 많이 있답니다. 그런데 화장실이 어떤지는 잘 모르겠네요. 하하.

찾아보기

이종권

성균관대학교 대학원 문헌정보학과 졸업(문학박사)
전 건국대학교 강의교수, 제천기적의도서관 관장
문정작은도서관 아카데미 원장, 성균관대학교 외래교수
현 대림대학교 평생교육원 교수
E-mail : 450345@hanmail.net
블로그 : http//bellpower.tistory.com

주요 논문

「조선조 국역불서의 간행에 관한 연구」(석사). 성균관대학교 대학원. 1989.
「공공도서관 서비스 질의 고객평가에 관한 연구」(박사). 성균관대학교 대학원. 2001.
「우리나라 사서직의 평생교육 체계에 관한 연구」. 2007.
「그로컬시대의 시민과 도서관」. 2007.
「공공도서관에서의 어린이 문학 이용 활성화 방안」. 2009.
「공공도서관의 평생교육 프로그램 체계화 방안 연구」. 2011.

주요 저서

『자료보존론』(공역). 사민서각. 1999.
『바른교육 좋은 도서관을 위하여』. 미디어성지. 2004.
『도서관 전문성 강화방안』(공저). 한국문화관광정책연구원. 2004.
『도서관에 피어나는 아카데미 연꽃』. 조은글터. 2008, 문헌. 2013.
『책읽는 세상은 아름답다』. 조은글터. 2008.
『문헌정보학이란 무엇인가』. 조은글터. 2008.
『바른 국어생활』(공저). 국립국어원. 2009.
『실크로드 여행일기』. 조은글터. 2009.
『어린이도서관 서비스 경영』(공역). 도서출판 문헌. 2010.
『남에게 행복을 주는 사람은』. 도서출판 문헌. 2010.
『공공도서관서비스경영론』(공저). 도서출판 문헌. 2011.
『도서관 경영학 원론』. 도서출판 문헌. 2011.
『21세기 시민사회를 위한 명품도서관 경영』. 도서출판 문헌. 2011.
『장서개발관리론』(공역). 도서출판 문헌. 2012.
『도서관경영론』. 글로벌콘텐츠. 2014.
『신나는 스토리텔링』. 국립어린이청소년도서관. 2015.
『청소년 서비스 101』. 국립어린이청소년도서관. 2015.
『인문과학 정보원』. 문헌. 2015.
『IFLA 학교도서관 가이드라인』 글로벌콘텐츠. 2017.
『IFLA 학교도서관 가이드라인 글로벌 응용사례』. 글로벌콘텐츠. 2017.
『인문학의 즐거움』. 문헌. 2017.
『도서관 경영의 법칙』. 문헌. 2017.
『너는 인문학도서관에 산다』. 글샘. 2018.

개정 4판 문헌정보학이란 무엇인가

2019년 4월 22일 인쇄
2019년 4월 30일 발행

지은이   이 종 권
펴낸이   한 신 규
편 집   김 영 이
펴낸곳   **문현**출판
주 소   05827 서울시 송파구 동남로11길 19(가락동)
전 화   Tel.02-443-0211 Fax.02-443-0212 / E-mail : mun2009@naver.com
등 록   2009년 2월 24일(제2009-14호)

ⓒ 이종권 2019 / ⓒ 문현 2019, printed in Korea

ISBN   979-11-87505-23-5 93020 정가 21,000원